KiWi

KiWi 18 George F. Kennan
Im Schatten der Atombombe

Eine Analyse
der amerikanisch-sowjetischen Beziehungen
von 1947 bis heute

George F. Kennan

Im Schatten der Atombombe

Kiepenheuer & Witsch

Übersetzung aus dem Amerikanischen
Kapitel 1–4 Hainer Kober
Kapitel 5–6 Hartmut Velbinger (in: *Wolken der Gefahr*, München 1978)
Kapitel 7–9, 11–16 Barbara Bortfeldt
Kapitel 10 Alexander J. Seiler (in: *Tagesanzeiger Magazin*, Zürich, 1 / 9. 1. 1982)

Die vorliegende Übersetzung folgt einer Ausgabe
von Pantheon Books, einer Abteilung von Random House, Inc.
Titel der Originalausgabe *The Nuclear Delusion*

Schutzumschlag Hannes Jähn, Köln
Gesamtherstellung Clausen & Bosse, Leck
ISBN 3 462 01544 3

Inhalt

Einleitung

Das Erscheinen dieses Buches wird für seinen Autor (zumindest hofft er es) das Ende eines Zeitraums von etwa fünfunddreißig Jahren markieren. In dieser Zeitspanne habe ich in meinen Artikeln und Reden, wo immer ich konnte, zu einem besseren amerikanischen Verständnis der Außenpolitik, speziell der Politik gegenüber der Sowjetunion, beizutragen versucht. Die in diesen Band aufgenommenen Beiträge dürften eine recht repräsentative Auswahl der Ergebnisse dieses Bemühens darstellen.

Zu keinem Zeitpunkt dieser dreieinhalb Jahrzehnte hatten die hier behandelten Themen unmittelbar mit meiner eigentlichen beruflichen Beschäftigung zu tun. Sechs dieser Jahre verbrachte ich im diplomatischen Dienst der USA. In der übrigen Zeit nahm ich die Pflichten eines Universitätslehrers auf dem Gebiet der jüngeren Diplomatiegeschichte wahr – nicht die eines Auguren aktueller politischer Ereignisse. Insofern sind diese Beiträge, wie viele ähnliche Arbeiten, unter denen sie ausgewählt wurden, meist ganz unabhängig von der diplomatischen oder akademischen Arbeit entstanden. Selten waren es spontane Arbeiten. In vielen Fällen handelte es sich um Reden, zu denen ich mich bereitfand, weil ich mich aus dem einen oder anderen Grunde entsprechenden Bitten nicht verschließen mochte. In ihnen allen spiegelt sich jedoch, ob sie nun von außen angeregt oder spontan entstanden sind, das ehrlich empfundene Bedürfnis, anderen Menschen Eindrükke und Ansichten über die sowjetisch-amerikanischen Beziehungen zugänglich zu machen, die – ihren Wert dahingestellt – aus vielen Jahren beruflicher Beschäftigung mit Rußland und der Sowjetunion gewonnen wurden und aus dem zwingenden Gefühl für die immense Bedeutung der angeschnittenen Fragen erwuchsen.

Als im Mai 1945 der Krieg in Europa zu Ende ging, war ich als Botschaftsrat unter Botschafter Averall Harriman in Moskau tätig. Schon damals war ich außerordentlich niedergeschlagen und besorgt – besorgt fast bis zur Verzweiflung – über das, was, wie mir schien, das Ergebnis des Krieges für die Beziehung zwischen der Sowjetunion und den Westmächten heraufbeschwor. Man hatte der sowjetischen Führung, praktisch ohne nennenswerten Protest westlicherseits, erlaubt, die offiziellen Grenzen der Sowjetunion weit nach Westen auf eine Linie zwischen Ostsee und Schwarzem Meer vorzurücken, wodurch die drei baltischen Staaten ihre Unabhängigkeit verloren, ein Großteil Polens gewonnen und das ganze Land auf Kosten Deutschlands um etwa dreihundert Kilometer nach Westen verschoben wurde, die West-Ukraine stillschweigend geschluckt und die Provinz Bessarabien erneut annektiert wurde (sie hatte einstmals zum alten russischen Reich gehört). Darüber hinaus hatten die sowjetischen Truppen mit unser aller Billigung und Segen große Teile des verbleibenden Ost- und Mitteleuropas überrannt. Und es war – mir zumindest – klar, daß Moskau fest entschlossen war, das politische und wirtschaftliche Leben in diesem gesamten Gebiet nach seinen Vorstellungen und seinem Geschmack umzugestalten. Infolge dieser Veränderungen wurden Millionen von Bewohnern dieser vielfältigen Regionen – der neu einverleibten wie der militärisch besetzten – vertrieben und mußten sich, enteignet, mittellos und verzweifelt, eine neue Heimat in anderen Teilen Mittel- und Westeuropas suchen, wo immer die Menschen sie aufnahmen. All dies war geschehen oder geschah noch immer ohne einen Friedensvertrag, ja, ohne irgendwelche diplomatische Bemühungen, die man wirklich als politische Verhandlungen mit den sowjetischen Führern hätte bezeichnen können. Dennoch war all das für den Augenblick und die absehbare Zukunft unwiderruflich. Für mich bedeutete dies eine Veränderung der ethnischen und geopolitischen Ordnung des europäischen Kontinents, die zu plötzlich, zu massiv, zu unnatürlich und zu wenig in Einklang mit den zugrunde liegenden ethnischen, demographischen, historischen und geographischen Realitäten des Kontinents waren, als daß sie eine stabile Basis für seine politische Zukunft hätten liefern können. Ich konnte mir nicht vorstellen, daß das, was da entstand und von Washington und der öffentlichen Meinung in Amerika anscheinend mit Gleichgültigkeit aufgenommen wurde, die Grundlage für einen dauerhaften europäischen Frieden schaffen könnte.

Hätte ich versucht, diese Befürchtung irgendwelchen verantwortlichen Leuten mitzuteilen, hätte die Antwort – wie ich wohl wußte – gelautet, daß wir davon ausgingen, alle diese Probleme durch Nachkriegszusammenarbeit mit der Sowjetunion zu regeln, entweder durch die Friedensverträge, deren Unterzeichnung wir in Bälde erwarteten, oder unter der allgemeinen Ägide der Vereinten Nationen und mit Hilfe der verschiedenen multilateralen Organisationen (wie der Welthandelsorganisation oder des Internationalen Währungsfonds), deren Gründung wir vorschlugen hatten. In alle diese Dinge hatte ich nicht das geringste Vertrauen. Alle Zukunftserwartungen beruhten auf Annahmen über das Stalinregime, von denen ich wußte, daß sie unrealistisch und irrig waren.

Was ließ sich unter diesen Umständen tun? Auf lange Sicht war keine erfolgversprechende Lösung in Sicht. Es war eine traurige Sache. Aber es war, wie jeder mit ein bißchen diplomatischer Erfahrung wußte, müßig, zu weit in die politische Zukunft blicken zu wollen. Am besten war es, sich um irgendein Provisorium zu bemühen, das uns über die unmittelbare Nachkriegszeit bringen und später als Ausgangspunkt für allmähliche Veränderungen dienen konnte. Dazu waren zwei Dinge notwendig. Erstens mußten beide Seiten zum Verzicht auf ihre unrealistischen Hoffnungen bewegt werden – die Russen zum Verzicht auf die Hoffnung, sie könnten nach dem von ihnen erwarteten einseitigen Abzug der amerikanischen Streitkräfte vom Kontinent den Rest Europas auf die eine oder andere Art politisch erobern, die Amerikaner zum Verzicht auf den einfältigen Traum von einer glücklichen und einträchtigen Zusammenarbeit mit Moskau beim Wiederaufbau eines wirtschaftlich gesunden und stabilen Europas nach liberalen Grundsätzen. Sobald das geschehen wäre und sobald man die Einflußsphären auf dem europäischen Kontinent einigermaßen realistisch, das heißt weitgehend nach dem letzten Stand der Armeen beider Seiten bei Kriegsende, abgesteckt hätte, mochte es am Ende möglich sein, so etwas wie einen Plan für den beiderseitigen Abzug der russischen und amerikanischen Streitkräfte auszuarbeiten und dadurch die Voraussetzung für die Entstehung einer neuen und unabhängigen europäischen Gemeinschaft, vorzugsweise unter französischer Führung, zu schaffen – einer Gemeinschaft, der es im Laufe der Jahre, ganz allmählich und ohne die Russen zu verschrecken oder zu provozieren, gelingen mochte, sich nicht nur ein neutralisiertes und entmilitarisiertes Deutschland, sondern schließlich auch die russisch besetzten Länder Ost- und Mitteleuropas einzugliedern. Dies war jedenfalls das erfolgversprechendste Szenario, das ich mir persönlich vorzustellen vermochte.

Nie kam mir damals der Gedanke, daß irgendeines dieser Probleme durch Krieg gelöst werden könnte oder müßte. Eine Gefahr dieser Art bestand nicht. Die Russen waren zutiefst kriegsmüde. Ihr dringendstes Bedürfnis war, die vom Krieg verwüstete Wirtschaft wiederaufzubauen. Niemand, der den Krieg erfahren hat, wie sie ihn in den vergangen vier Jahren erfahren hatten, wird die Erfahrung wiederholen wollen. Die Gefahr lag nicht in einem möglichen militärischen Angriff der Russen auf Westeuropa. Das war nicht das Problem. Dringend erforderlich war vor allem die Wiederherstellung des Wirtschaftslebens, der Moral, der politischen Kraft und des Selbstvertrauens der nicht unter sowjetischer Herrschaft stehenden europäischen Staaten. Wenn das gelungen wäre, und wenn der sowjetischen Führung vor Augen geführt worden wäre, daß ihre Möglichkeiten zu einer weiteren Ausdehnung ihres beherrschenden politischen Einflusses durch Infiltration der politischen Establishments im Westen erschöpft war, dann würde die Zeit reif sein für Verhandlungen über den totalen Abzug sowjetischer und amerikanischer Streitkräfte vom Kontinent.

Meine Stellung erlaubte es mir nicht, wie vor 1945, irgendwelche Artikel zu schreiben; und ich konnte wenig tun, um hinter den Kulissen Einfluß auf die Regierungspolitik zu nehmen. Freilich schrieb ich zwei oder drei vertrauliche Stellungnahmen für den internen Gebrauch, in denen ich zu erklären versuchte, warum wir in der Nachkriegszeit nicht auf jene Form enger Zusammenarbeit mit Moskau hoffen durften, von der wir zu träumen schienen. Diese Berichte blieben ohne nennenswerte Wirkung auf die offizielle Haltung Washingtons. Im folgenden Jahr aber ließ ich das sogenannte Lange Telegramm vom Februar 1946 folgen, das zu meiner Überraschung tatsächlich eine äußerst heftige Reaktion hervorrief. Wieder ein Jahr darauf veröffentlichte ich mit Erlaubnis des Außenministeriums den bekannten »X-Artikel«, der auf viele dieser Aspekte hinwies. Diese Schriftstücke erreichten zusammen mit anderen Kräften, die auf eine nüchterne Einstellung zum stalinistischen Rußland drängten, weitgehend ihren Zweck, insofern sie Washington von seinem naiven Optimismus heilten. Noch unter dem Eindruck dieses Erfolges wurde mir kurz darauf das Glück zuteil, an der zweiten – und konstruktiveren – Aufgabe beteiligt zu werden: ich half General Marshall, das Programm des europäischen Wiederaufbaus zu entwerfen, das verdientermaßen und für immer seinen Namen tragen sollte. Der Gedanke des Marshallplans erwies sich als psychologisch und politisch so wirksam, daß ich Anfang 1948, als die Einzelheiten des Programms für den europäischen Wiederaufbau gerade ausgearbeitet waren, den Eindruck gewann, die ersten beiden Phasen meines Privatszenarios – Abkehr von unrealistischen Träumen einer Zusammenarbeit auf westlicher Seite und von unrealistischen Hoffnungen auf politische Erfolge auf sowjetischer Seite – seien im wesentlichen abgeschlossen. Die Zeit sei gekommen, wie ich naiv annahm, nun das dritte Stadium, das der Verhandlungen, in Angriff zu nehmen – wenn auch natürlich langsam, allmählich und umsichtig.

Doch an diesem Punkt setzten meine Schwierigkeiten und Überraschungen erst wirklich ein. In den ersten sechs Monaten des Jahres 1948 entdeckte ich zu meiner Bestürzung und Verblüffung, daß die Westeuropäer, die sich unter dem günstigen Einfluß des Marshallplans gerade erholten und einer noch bessereren Zukunft entgegensahen, plötzlich zu dem Schluß gekommen waren, wirtschaftlicher Aufbau sei nicht die dringlichste Aufgabe, die größte Gefahr sei vielmehr die sich abzeichnende militärische Überlegenheit Rußlands in Mitteleuropa. Die sowjetische Führung trug zu dieser Haltung natürlich dadurch bei, daß sie nicht, wie die Westalliierten, unmittelbar nach Einstellung der Feindseligkeiten abrüstete. Unter dem Eindruck dieser Ängste kam man zu dem Schluß, das Hauptanliegen westlicher Politik müsse nun die Schaffung eines gegen die Sowjetunion gerichteten militärischen Bündnisses sein. Die Regierung der Vereinigten Staaten willigte in diesen Plan ein und übernahm die Führung in der Allianz.

Von diesem Augenblick an überstürzten sich die Dinge.

Jetzt wurde kein ernsthafter Gedanke mehr daran verschwendet, eine politische Lösung für die Probleme des Kontinents durch Verhandlungen herbeizuführen. Zur Erleichterung vieler Leute hatten wir jetzt einen neuen militärischen Gegner. Statt uns um komplizierte politische Lösungen bemühen zu müssen, konnten wir wieder auf das vertraute und bequeme Schema altmodischer militärischer Rivalität zurückgreifen, nur daß wir dieses Mal besser als bei früheren Gelegenheiten darauf vorbereitet sein wollten, diesem vermeintlich aggressiven Gegner entgegenzutreten. Die Ereignisse unterstützten diese Tendenzen auch weiterhin. Der Schock über die erste Explosion einer sowjetischen Kernwaffe im Jahre 1949 führte zur amerikanischen Entscheidung, die Wasserstoffbombe zu entwickeln, und verlagerte das Schwergewicht des Verteidigungskonzeptes in Europa von den konventionellen auf die Kernwaffen. Als dann 1950 der Koreakrieg ausbrach, galt dies in einer westlichen Gemeinschaft, die bereits darauf gedrillt war, die ost-westlichen Meinungsunterschiede in einem rein militärischen Zusammenhang zu sehen, weithin als lediglich der erste Schritt eines großangelegten militärischen Angriffs der Sowjetunion gegen jenes Gebilde, das man gerade »die freie Welt« zu nennen begann. Das brachte in Amerika ein neues und sehr viel intensiveres Programm der militärischen Expansion in Gang. Und in Übereinstimmung mit dem weitverbreiteten Eindruck, daß die größte Gefahr für den Westen die Entschlossenheit der sowjetischen Regierung sei, ihre Macht überall mit Waffengewalt auszuweiten (ein Eindruck, den ich nicht teilte), wurde jetzt der verhängnisvolle Entschluß gefaßt, die neugegründete Bundesrepublik wiederzubewaffnen und sie in den Nordatlantikpakt aufzunehmen.

Mich bedrückten diese Entwicklungen. Ich war von ihrer Notwendigkeit nicht überzeugt und konnte in ihr nur eine furchtbare Einengung der Möglichkeit sehen, die höchst gefährliche Teilung des europäischen Kontinents friedlich aufzuheben.

In diesen Jahren unmittelbar nach dem Krieg begann auch der Schatten des nuklearen Wettrüstens am Horizont zu wachsen. Erstmals mußte ich mich mit ihm in meiner Eigenschaft als stellvertretender Kommandeur des National War College im ersten Jahr (1946/47) seines Bestehens auseinandersetzen, wobei es meine besondere Aufgabe war, die Richtlinien des politisch-militärischen Lehrplans zu bestimmen. Zu den vier damals am College tätigen zivilen Dozenten gehörte Bernard Brodie, der gerade sein bahnbrechendes Buch über die Bedeutung dessen veröffentlicht hatte, was damals die »Atombombe« genannt wurde: *The Absolute Weapon: Atomic Power and World Order* [Die absolute Waffe: Atommacht und Weltordnung]. Das Thema konnte natürlich nicht ausgeklammert werden. Aber im Laufe meiner Vorlesungen und Diskussionen am College stellte ich fest, daß mir die Vorstellung, Kernwaffen könnten jemals wieder eine ernsthafte Rolle in der amerikanischen Strategie spielen, instinktiv widerstrebte. Ich sah in ihrem damals erst kurze Zeit zurückliegenden Einsatz gegen Japan eine bedauernswerte Verirrung, erwachsen aus dem schlechten Beispiel der konventionellen Bombenstrategie des eben beendeten Krieges und aus den militärischen Fixierungen, zu denen der Krieg geführt hatte. Da ich eine stattliche Zahl solcher »konventioneller« Bombenangriffe erlebt hatte, hatte ich eine gewisse Vorstellung davon, was sie anrichteten; und ich hielt sie weder für ein gerechtfertigtes Mittel unter den normalen Kriegsgesetzen, die theoretisch noch in Kraft waren, noch für ein besonders erfolgreiches. Diese Auffassung, die ich schon hinsichtlich nicht-nuklearer Bombenangriffe vertrat, schien mir völlig unstrittig in der Frage künftiger »Atomangriffe«.

Natürlich besaß unsere Regierung damals das Nuklearmonopol. Im Außenministerium wußten wir noch nichts von der Entwicklung einer russischen Kernwaffe. Davon erfuhren wir erst 1949, als die Russen ihre erste Bombe zündeten. Wir nahmen an, daß es ihnen schließlich gelingen würde. Aber wir unterschätzten, wenn auch nicht sehr erheblich, die Zeit, die sie brauchen würden, um mit dieser Aufgabe fertig zu werden. Aber die Möglichkeit – oder Wahrscheinlichkeit –, daß sie eines Tages über die gleiche Waffengattung verfügen würden, hatte wenig Einfluß auf meine Auffassung, sie eigne sich nicht als mögliches Instrument amerikanischer Militärpolitik. Auch wenn wir das Monopol auf diesem Gebiet behalten sollten oder solange wir es besaßen, durften wir diese Waffe nach meiner Meinung nie wieder einsetzen oder ihren Einsatz auch nur in Erwägung ziehen. Sollten auch die Russen in ihren Besitz gelangen, war sie als Selbstmordwaffe anzusehen, bar jeder Möglichkeit, in irgendeinem Krieg vernünftig eingesetzt zu werden. In diesem Falle mußten wir versuchen, sie so rasch wie möglich aus den Arsenalen aller Nationen verschwinden zu lassen. Wenn uns das gelingen würde, um so besser. Wenn nicht, dann konnten wir, so dachte ich, ein paar dieser Waffen für den unwahrscheinlichen Fall zurückbehalten, daß andere eines Tages versucht sein könnten, sie gegen uns zu verwenden. Aber wir durften nichts tun, was irgendeine Nation veranlassen könnte, sie in ihr Arsenal aufzunehmen. Vor allem aber mußten wir uns davor hüten, unsere Streitkräfte so auszurüsten, daß der Einsatz dieser Waffen vorhersagbar und notwendig war.

Ich will gerne zugeben, daß diese Reaktionen eher instinktiv als rational waren. Ich hatte den Eindruck, daß diese sogenannten Waffen, wenn unsere Streitkräfte und die anderer Mächte mit ihnen ausgerüstet würden und wenn man zulassen würde, daß sie eine Rolle in militärischen Planungen und Konzeptionen spielten, hoffnungslose Verwirrung auf dem gesamten Gebiet der militärischen Verteidigung stiften würden. Aus dieser Stimmung heraus bedauerte ich, wie gesagt, jedes Wort, das über sie verloren wurde. Gern hätte ich gesehen, daß man ihre Erfindung und ihren Einsatz gegen Japan als eine bedauerliche Fehlentwicklung moderner Kriegskonzepte verstanden hätte – ein einmaliges Mißverständnis, das sich, wie zu hoffen war, nie wiederholen würde. Ich hoffte, daß wir, von dieser Erkenntnis ausgehend, das gesamte Thema so weit wie möglich aus unserem Denken und unseren militärischen Planungen verbannen und alles in unserer Macht Stehende tun würden, um andere Regierungen zu einem ähnlichen Verhalten zu veranlassen.

Zu einer offiziellen Stellungnahme in diesen Fragen wurde ich erst 1949 kurz nach Bekanntwerden der ersten Explosion einer sowjetischen Kernwaffe aufgefordert. Kurz darauf stellte sich die Frage, ob unsere Regierung die Entwicklung der Wasserstoffbombe in Angriff nehmen sollte. Damals war ich seit drei Jahren Chef eines politischen Planungsstabes im Außenministerium. Meine Ansichten zu dieser Frage legte ich Außenminister Dean Acheson im Januar 1950 in einer schriftlichen Stellungnahme vor. In der Rückschau halte ich diesen Bericht in seiner Bedeutung für das wichtigste Papier, das ich jemals geschrieben habe. Die dort vertretenen Gedanken haben seither meine Einstellung zum Problem der Kernwaffe geprägt.

Ein Teil dieser Stellungnahme ist unten abgedruckt. Ich räumte ein, daß wir zum gegenwärtigen Zeitpunkt, da sich die Russen vermutlich mit Kernwaffen ausrüsteten und solange es keine internationalen Vereinbarungen über Verzicht oder Abschaffung gebe, einige dieser Waffen in unseren Arsenalen behalten mußten. Aber wie sollten wir uns zu ihnen stellen? Das sei die entscheidende Frage. Seien sie zu verstehen als »ein integraler und lebenswichtiger Bestandteil unserer militärischen Schlagkraft, den wir im Falle einer militärischen Auseinandersetzung mit der Sowjetunion vorbedacht, sofort und ohne zu zögern einzusetzen bereit waren«? Oder hielten wir sie nur zur Abschreckung bereit? In diesem Falle müßten wir dafür sorgen, so schrieb ich, »in unserer militärischen Planung nicht zu fest auf sie zu bauen«. Wir sollten eine öffentliche Position beziehen, die klarmache, daß »wir das Vorhandensein dieser Waffen beklagen und ihren Einsatz verabscheuen; daß wir nicht die Absicht haben, sie als erste gegen irgend jemanden einzusetzen; daß wir nur mit äußerstem Widerstreben und nur, wenn wir durch den Einsatz entsprechender Kriegsmittel gegen uns oder unsere Verbündeten dazu gezwungen werden sollten, von ihnen Gebrauch machen würden«.

Mit anderen Worten, wir würden den Ersteinsatz solcher Waffen vermeiden, und wir würden versuchen, auch andere für die Überzeugung zu gewinnen, daß sie niemals wieder eingesetzt werden dürften.

Ich ließ Mr. Acheson nicht darüber im Zweifel, welcher dieser Alternativen ich zuneigte. Wenn wir uns für die erste Alternative entscheiden sollten, wenn wir also unsere militärische Strategie auf den Einsatz von Nuklearwaffen gründen sollten, dann würde es schwierig werden, so schrieb ich, »sie auf die Rolle in der nationalen Politik festzulegen, die ihnen gebührt«. Ihre besondere psychologische Qualität würde ihnen für den vorgesehenen Zweck viel zuviel Gewicht verleihen. Sie würden »eine gewisse Exzentrizität« in unsere militärische Planung bringen. Schließlich würden sie unser Volk verwirren und uns dazu verleiten, »unsere nationale Stärke zu mißbrauchen und zu vergeuden«. Bevor wir diesen Weg einschlügen, sollten wir auf jeden Fall noch einmal herauszufinden versuchen, ob sich die Staatengemeinschaft nicht auf irgendeine Form internationaler Kontrolle würde einigen können.

Diese Auffassungen leuchteten weder dem Außenminister noch sonst jemandem in der Regierung ein, mit Ausnahme Robert Oppenheimers, der sich (aus etwas anders gelagerten

Gründen) meinem Versuch anschloß, die Regierung dazu zu überreden, an dieser ganz besonderen Schwelle haltzumachen. Doch schon bald wurde die Entscheidung getroffen, die Entwicklung der Wasserstoffbombe in Angriff zu nehmen. Dieser Mißerfolg war eine von zahlreichen Enttäuschungen, die mich bewogen, bald darauf aus dem Regierungsdienst auszuscheiden.

Die Auffassung, die ich Mr. Acheson offen dargelegt hatte, wurde in zwei öffentlichen Vorlesungsreihen ausgeführt und weiterentwickelt, die ich nach meinem Ausscheiden aus dem diplomatischen Dienst in den fünfziger Jahren hielt. Einmal waren es die Stafford-Little-Vorlesungen 1954 in Princeton[1]. Zum anderen waren es 1957 sechs der jährlichen Reith-Vorträge im Sonntagabendprogramm der BBC London[2]. Auszüge dieser Vorlesungen erscheinen ebenfalls in diesem Buch. Zum Teil waren sie ein Versuch, der Öffentlichkeit jene Auffassung über Nuklearrüstung vorzustellen, die von der Regierung der Vereinigten Staaten bereits so entschieden abgelehnt worden war.

Auch dieses Bemühen ließ sich kaum als Erfolg bezeichnen. Die Princeton-Vorlesungen erregten, obwohl gut besucht, außerhalb des Hörsaals wenig Aufmerksamkeit. Und die BBC-Vorträge wurden zwar von Millionen von Menschen gehört und fanden breiten Widerhall in der Presse, stießen aber bei offiziellen Stellen, vor allem in Deutschland und in den Vereinigten Staaten, auf heftige Ablehnung.

Tatsächlich führte zu dieser negativen Reaktion weniger das nukleare Problem als der ebenfalls in diesen Vorträgen geäußerte dringende Appell für ein politisches und militärisches Disengagement in Europa. Ich hatte einen Rückzug der

1 George F. Kennan, *Realities of American Policy*. New Jersey 1954.

2 George F. Kennan, *Russia, the Atom, and the West*. London 1958 (dt. *Rußland, der Westen und die Atomwaffe*, Frankfurt/M. 1958).

sowjetischen und amerikanischen Streitkräfte vorgeschlagen und für die Wiedervereinigung Deutschlands auf der Grundlage einer politischen Neutralisierung und gründlichen Entmilitärisierung des Landes plädiert. Ich hatte das getan, weil ich wenig Vertrauen in die dauerhafte Lebensfähigkeit der vorhandenen Teilung des Kontinents setzte. Sie ließ Berlin praktisch in der Luft hängen und bot meiner Meinung nach auch keine erfolgversprechende Möglichkeit für die Bedürfnisse der osteuropäischen Länder, wenn es ihnen eines Tages gelingen sollte, sich aus der unnatürlichen sowjetischen Hegemonie zu lösen. Ich hege diese Befürchtungen noch immer und meine, daß ihre Berechtigung sich heute im Falle Polens zeigt, das die Russen wohl kaum aus seiner Einbindung in den Ostblock freigeben werden, solange es keine andere Möglichkeit hat, als dann einem gegen die Sowjetunion gerichteten Bündnis beizutreten.

Aber diese Vorschläge fanden in Westeuropa nichts als Bestürzung und Entrüstung. Die Reaktion der Franzosen und Engländer zeigte, daß sie ein wiedervereinigtes Deutschland selbst als neutralisiertes und entmilitarisiertes Staatsgebilde mehr noch als die militärische Präsenz der Sowjetunion im Herzen Europas fürchteten. Die dauernde Teilung Deutschlands und des Kontinents schien ihnen für den Augenblick die sicherste Lösung zu sein, mochten dadurch auch die Möglichkeiten für die fernere Zukunft entscheidend beeinträchtigt werden.

So sah ich mich 1958 zu der Einsicht gezwungen, daß ich nichts als krasse Ablehnung mit den beiden Anliegen geerntet hatte, die ich bis dahin vertreten hatte: Verzicht auf Kernwaffen als Faktor der militärischen Konzeption der Großmächte, und Entschärfung der sowjetisch-amerikanischen Konfrontation durch Schaffung eines unabhängigen Europas als »dritte Kraft«, die zwischen ihnen stehen würde. Angesichts dieser Rückschläge blieb mir kaum etwas anderes übrig als zu dem zurückzukehren, was die Franzosen in eleganter Umschreibung des Rücktritts *mes chères études* nennen – dies tat ich denn auch für den Rest der fünfziger, die nachfolgenden sechziger und den Anfang der siebziger Jahre.

Ich sage »weitgehend«, weil es auch weiterhin die üblichen Bitten um Reden, Interviews und Artikel gab, denen ich mich nicht immer verschließen konnte; aber genausowenig konnte ich ihnen nachkommen, ohne auf aktuelle Probleme einzugehen. Das Ergebnis waren eine Reihe von Gelegenheitsäußerungen, die zumeist irgendwann gedruckt wurden. Die alten Probleme hatten sich natürlich, zumindest für den damaligen Zeitpunkt, erledigt. Aber man konnte bei jeder sich bietenden Gelegenheit versuchen, die besonderen Mißverständnisse zurechtzurücken, welche die aus Europas aufgeteiltem Zustand sich ergebenden Gefahren noch verschärften. Und das tat ich. Ich benutzte diese Gelegenheiten, um mich eingehend mit all den sattsam bekannten Punkten zu beschäftigen, die Verwirrung stifteten: atomare Erpressung, »Finnlandisierung«; der »*Adventurism*« der Sowjets – die mangelnde Bereitschaft, sich an die hergebrachten Spielregeln zu halten; der Wahrheitsgehalt der Behauptung, die Sowjets trachteten nach der Weltherrschaft; der Umstand, daß wir an sowjetisches und unser eigenes Handeln zweierlei Maß anlegten; die Beziehung zwischen der sowjetischen »Bedrohung« und unseren eigenen Problemen mit der Verschlechterung der menschlichen und ökologischen Verhältnisse. Ich versuchte auch zu zeigen, daß die sowjetische Bedrohung sich weniger dramatisch darstellte, wenn man sie von einem historischen Standpunkt betrachtete, und daß es an einem solchen Standpunkt fehle. Alle diese Bemühungen trugen mir natürlich den Vorwurf ein, die bösen Absichten der Sowjets und ihre anderen, wirklichen oder angeblichen, Niederträchtigkeiten reichlich naiv zu beurteilen. Von Zeit zu Zeit (und überflüssigerweise, wie ich fand) mußten diese Angriffe mühselig zurückgewiesen werden. Mit solchen Bemühungen, die gewöhnlich rasch in die ernsthafteren und zeitraubenderen Erfordernisse des akademischen Amtes eingeschoben werden mußten, verstrichen die Jahre, von denen die Rede ist. (Einige der Ergebnisse werden im zweiten Teil des in diesem Buch versammelten Materials abgedruckt.) Vielleicht wird eines Tages ein geduldiger Historiker – wenn es denn auf dem Planeten künftig noch Historiker geben sollte – in der Lage sein, ihren Wert zu beurteilen.

Das Jahr 1973 schien den Beginn eines merkwürdigen, aber äußerst bedeutsamen Wandels in der offiziellen amerikanischen Haltung zum Ost-West-Konflikt zu bezeichnen. Der Wandel brachte eine furchtsamere und feindseligere Einstellung zur Sowjetunion – eine Stimmung, in der sich die Sowjetunion weit bedrohlicher darstellte als in den letzten zehn Jahren und in der sich das gesamte Konzept der sowjetisch-amerikanischen Beziehungen zunehmend militärisch einfärbte. Diese Tendenz, die sich erstmals Anfang der siebziger Jahre beobachten ließ, nahm in den folgenden Jahren, zumindest in der offiziellen amerikanischen Meinung, stetig zu und erreichte ihren Höhepunkt zur Amtszeit Reagans, wo sie sich zur regelrechten Kriegsangst auswuchs, begleitet von den schrillen Tönen allgemeiner antisowjetischer Hysterie.

Ich finde die Entwicklung damals wie heute sowohl verwirrend als auch beunruhigend. Es war nicht die Tatsache an sich, daß sich solche Tendenzen im fraglichen Zeitraum bemerkbar machten, die mich mit Verwunderung erfüllte. Solche Tendenzen gab es seit dem Koreakrieg. Jeder Präsident seit Harry Truman stand in der einen oder anderen Weise unter ihrem Einfluß. Erstaunt war ich darüber, daß sie sich ausgerechnet 1973 wieder bemerkbar machten – zu einem Zeitpunkt, da sich das sowjetische Regime aus Washingtoner

Sicht sicherlich nichts Schlimmeres zuschulden kommen ließ als irgendwann in den vergangenen sechzig Jahren seines Vorhandenseins, zu einem Zeitpunkt, da das Geschick der Sowjetunion in den Händen des außerordentlich vorsichtigen und zu keinerlei Abenteuern neigenden Breschnew lag, und zu einem Zeitpunkt, da Nixon und Kissinger gerade bewiesen hatten, daß es gewisse – natürlich begrenzte, aber nicht zu verachtende – Möglichkeiten gab, die Ost-West-Beziehung unterhalb der Schwelle bedingungsloser militärischer Konfrontation anzusiedeln.

Da ich bemerkte, daß viele intelligente und ehrenwerte Leute, darunter gute Freunde von mir, zu den Vertretern dieses neuen kriegerischen Kurses gehörten, versuchte ich die Gründe zu verstehen, die sie dafür geltend machten. Einer lautete, daß Moskau auch weiterhin unseren Bestrebungen in der Dritten Welt und den dort von uns unterstützten Regimen nach Kräften Schwierigkeiten bereite. Das bezeichneten Leute, die an unserem eigenen Verhalten in Vietnam oder im Iran keine Verletzung geltender Spielregeln erkennen konnten, als sowjetischen »Adventurism«.

Ich konnte nicht einsehen, warum uns diese sowjetischen Aktivitäten überraschen oder alarmieren sollten. Die Russen hatten immer wieder im Laufe der Gespräche mit Nixon und Kissinger versucht, uns klarzumachen, daß »Entspannung« nach ihrer Auffassung nicht auf jenen Bereich übertragen werden konnte, den sie als »ideologische« Konflikte bezeichneten – das heißt, Wettlauf um den Einfluß in der Dritten Welt in seinen vielfältigen Formen. Auch waren, soweit ich sehen konnte, die sowjetischen Bestrebungen in dieser Hinsicht nicht intensiver, vor allem nicht erfolgreicher als in früheren Jahrzehnten. Offen gesagt, die Russen waren keine sehr guten Kolonialisten oder Neokolonialisten – wenn überhaupt, dann schlechtere als wir. Die Haltung der Regierungen in der Dritten Welt gegenüber beiden Supermächten war zynisch und von der Sorge um den eigenen Vorteil geprägt. Diese Regierungen nahmen offensichtlich von beiden Supermächten, was sie kriegen konnten. Aber die Gefahr, daß sie allzusehr unter amerikanischen oder sowjetischen Einfluß geraten könnten, die sah ich kaum.

Ein anderer Grund für den Rückgriff auf Rhetorik und Verhaltensweisen des Kalten Krieges wurde darin gesehen, daß Moskau sich nicht an die 1975 in Helsinki unterzeichnete KSZE-Schlußakte (sie hatte nicht eigentlich verpflichtenden Charakter) hielt. Auch für dieses Argument konnte ich mich nicht recht begeistern. Seit der Konferenz von Jalta habe ich darauf hingewiesen, daß es kaum von Nutzen (ja sogar gefährlich) ist, Moskau zur Unterzeichnung hochgestimmter und nobler Grundsatzerklärungen zu veranlassen. Ich habe deutlich zu machen versucht, daß solche Worte für die sowjetischen Führer einfach etwas anderes bedeuten als für uns, und daß es im Umgang mit ihnen besser sei, sich an ganz unmißverständliche Vereinbarungen zu halten, die alle Fragen nach Beweggründen beiseite lassen und nur festlegen, was beide Seiten zu tun, wann sie es zu tun und unter welchen Bedingungen sie es zu tun haben. Diese Warnungen wurden in Helsinki weitgehend in den Wind geschlagen. So sah ich schon damals in dem ganzen Helsinki-Prozeß einen großen Fehler, der eher dazu angetan war (wie sich dann ja auch bewahrheiten sollte), die Ost-West-Beziehungen schwieriger zu gestalten als sie zu verbessern.

Aber am häufigsten und heftigsten wurde als Grund für diese militant-antisowjetischen Ausfälle vorgebracht, daß die sowjetische Führung in den Jahren nach dem Vietnamkrieg, als die Entwicklung der amerikanischen Streitkräfte wesentlich eingeschränkt wurde, den Ausbau ihrer eigenen Armee stetig und unaufhaltsam vorangetrieben hätte.

Dieses Argument ist nicht so ohne weiteres von der Hand zu weisen. Die sowjetische Führung wäre in der Tat gut beraten gewesen, ihre militärischen Anstrengungen im fraglichen Zeitraum einzuschränken oder zumindest einleuchtender zu erklären, warum sie es nicht tat. Doch abermals konnte ich vielen Überzeugungen, die jetzt zur gängigen amerikanischen Auffassung gehörten, nicht beipflichten. Diese sowjetischen Führer hatten uns nie Grund zu der Annahme gegeben, daß »Entspannung« für sie die einseitige Mäßigung ihrer Rüstungsanstrengungen bedeute, wenn es keine spezifischen bilateralen Vereinbarungen zum Handeln auf dem Gebiet des Rüstungsabbaus gäbe. Und schließlich waren wir es und nicht sie, die das einzige Abkommen über die Kontrolle nuklearer Waffen – das zweite SALT-Abkommen – nicht ratifizierten, das in eben diesen Jahren ausgehandelt worden war. Ich sah viele Anhaltspunkte dafür, daß die Russen versuchten, uns bei der Entwicklung weitreichender Kernwaffen einzuholen, aber ich sah keine Anzeichen dafür und keinen Grund für die Annahme, daß sie über ein allgemeines Gleichgewicht hinauswollten.

Ebensowenig konnte ich, auch nach stundenlangem Brüten über den Bulletins des Londoner Instituts für Strategische Studien, Hinweise darauf finden, daß die Entwicklung der sowjetischen konventionellen Streitkräfte insbesondere auf dem europäischen Schauplatz, im entferntesten so dramatisch oder furchterregend war wie die Bruchstücke statistischer Informationen vermuten ließen, die regelmäßig aus dem Pentagon in die amerikanische Presse gelangten. Wenn sich das statistische Gleichgewicht ihrer und unserer Streitkräfte tatsächlich zu unseren Ungusten verschob, neigte ich dazu, die Ursachen dafür ebenso in unserer eigenen Nachlässigkeit – in unserer unkontrolliert ins Kraut schießenden Inflation und der beträchtlichen Verschwendungssucht unseres militärischen Establishments – zu sehen wie in irgendwelchen finsteren sowjetischen Plänen zur Entfesselung des dritten Weltkrieges.

Als ich dann Ende der siebziger und Anfang der achtziger Jahre beobachtete, wie diese Hysterie der Angst vor und Feindseligkeit gegenüber der Sowjetunion scheinbar unaufhaltsam zunahm, dabei aber so wenig objektive Gründe für eine solche Haltung entdecken konnte, sah ich mich zu der Annahme veranlaßt, daß sie in erster Linie psychologisch zu erklären sei. Sie schien mir auf eine weit fatalere Situation als einen bloßen intellektuellen Irrtum hinzudeuten – nämlich auf den unbewußten Wunsch vieler Menschen nach einem äußeren Feind –, nach einem Feind, an dem man seine Enttäuschungen auslassen konnte, einem Feind, der ein bequemes Ziel für die Projektion alles Bösen abgab, einem Feind, an dessen angeblich alles menschliche Maß übersteigender Schlechtigkeit man spiegelbildlich die eigene exzeptionelle Tugend dingfest machen konnte. Vielleicht war all das nur allzu verständlich angesichts der Enttäuschungen und Mißerfolge, die die amerikanische Gesellschaft in dieser Zeit durchgemacht hatte: Ereignisse wie Vietnam, die unerklärliche Studentenrevolte, die Geiselkrise, Inflation, wachsende und nicht unter Kontrolle zu bringende Kriminalität sowie allgegenwärtige Korruption und Zynismus jeder Art führten in unserem Lande zu dem Gefühl, daß die Entwicklung unserer Gesellschaft außer Kontrolle gerate. Diese Stimmungen waren, da sie häufiger unbewußt als bewußt empfunden wurden, sehr wirksam und schwer greifbar. Sie bedeuteten eine große Versuchung für alle Politiker, die bestrebt waren, der Auseinandersetzung mit den undankbaren innenpolitischen Tagesfragen aus dem Weg zu gehen und statt dessen den bequemen Beifall einzuheimsen, der in unserer Gesellschaft gewöhnlich dem zuteil wird, der kräftig ins chauvinistische Horn stößt. Die Folgen, die diese Stimmungen hatten – die immer rascher um sich greifende Militarisierung der amerikanischen Sicht der Ost-West-Auseinandersetzungen, die Annahme, wir hätten es mit einem tödlichen und unversöhnlichen Konflikt zu tun, der sowjetisch-amerikanische Krieg sei wahrscheinlich, wenn nicht unvermeidbar, die verächtliche Mißachtung hoffnungsvollerer Möglichkeiten –, sie und das offizielle Verhalten, das durch sie in die Regierungsgeschäfte Eingang fand, schienen mir eine Situation immenser, unmittelbarer und, was das Tragischste war, völlig unnötiger Gefahr zu bedeuten.

All dies wäre schon an sich schlimm genug gewesen. Ich hatte in meinem Leben zwei Weltkriege erlebt. Ein dritter erschien mir so gefährlich, daß er auch ohne Kernwaffen fast der endgültigen Katastrophe gleichkommen mußte. Aber wir lebten zugleich in einer Zeit, da Rußlands und Amerikas Kernwaffenarsenale in einem Prozeß, dessen Ende nicht abzusehen war, völlig monströse und alptraumhafte Dimensionen annahmen. Ich hatte nie die Hoffnung genährt, man könne das Kernwaffenproblem mit Hilfe des SALT-Prozesses lösen. Zu klar schien mir auf der Hand zu liegen, daß das Tempo der technologischen Innovation auf dem Gebiet der Waffentechnik das Tempo von Verhandlungen nach Art der SALT-Gespräche weit in den Schatten stellte, so daß ihre Ergebnisse in der Regel längst überholt waren, bevor man sich noch auf sie geeinigt hatte. Ich war immer der Überzeugung gewesen und hatte auch versucht, die Kennedy-Regierung davon zu überzeugen, daß nur eine Reihe vorab getroffener eindeutig unilateraler, aber reziproker Maßnahmen der Selbstbeschränkung ernsthaft hoffen ließen, das Problem zu bewältigen. Jetzt schien die Situation, vor allem nachdem es den Vereinigten Staaten von Amerika nicht gelungen war, das letzte SALT-Abkommen zu ratifizieren, sehr ernst zu sein. Wäre der schrankenlose atomare Rüstungswettlauf nicht von einer neuen Welle hysterischer Negativinterpretationen grundsätzlich aller sowjetischen Absichten begleitet gewesen, wäre er vielleicht etwas weniger bedrohlich gewesen – wenn auch nicht erheblich. Aber in Verbindung mit der offiziell verkündeten Auffassung, daß die sowjetischen Führer kaum etwas anderes als eine Neuauflage der deutschen Nazis seien, daß sie maßlos und rastlos Pläne für militärische Eroberungen in aller Welt schmiedeten, und daß dies und nichts anderes das eigentliche Problem sei, vor dem wir in unserer Beziehung zu ihnen stünden – diese Auffassung schien zusammen mit dem jetzt völlig außer Kontrolle geratenen nuklearen Rüstungswettlauf Gefahren heraufzubeschwören, die in der Geschichte der Menschheit ohne Beispiel waren, eine konkrete und unmittelbare Bedrohung all dessen, was man wertschätzte, beginnend mit der Sicherheit und Zukunft der eigenen Kinder.

Unter diesen Umständen und abermals aus Anlaß von Einladungen, die günstige Gelegenheiten für solche Meinungsäußerungen darzustellen schienen, hielt ich in den Jahren 1980 und 1981 mehrere Reden zu diesem Themenkreis – ich hielt sie, wie ich sagen darf, mit einem neuen Gefühl für den Ernst und die Dringlichkeit der Situation, die geprägt war von der atomaren Gefahr und von der Haltung unserer Militärpolitik gegenüber der Sowjetunion. Diese Reden bilden den Schlußteil der in diesem Buch abgedruckten Dokumente.

Beim Rückblick auf die Bestrebungen, die sich in allen diesen Dokumenten ausdrücken, läßt sich nicht leugnen, daß sie größtenteils erfolglos geblieben sind. Wie oben erwähnt, haben die Kernwaffenarsenale ein phantastisches Ausmaß erreicht, und es gibt keinen Grund zu der Annahme, daß sie in nächster Zeit nicht weiter wachsen werden. Die Beziehungen zu der Sowjetunion haben sich dermaßen verschlechtert, daß man bei der Lektüre der offiziellen Stellungnahmen aus Washington meinen möchte, wir befänden uns bereits in einem nichterklärten Kriegszustand, in einem nichterklärten Krieg, der in Vorwegnahme eines offen erklärten und heute offenbar als unvermeidlich geltenden geführt würde.

Ganz erfolglos waren die Bemühungen allerdings doch nicht. Soweit es die atomare Aufrüstung angeht, hat es eine ermutigende öffentliche Reaktion gegeben auf das Plädoyer – mein eigenes und das vieler anderer – für eine Änderung des Wettrüstens. Gewiß haben die Natoregierungen, die von den angesprochenen Problemen am unmittelbarsten betroffen sind, auf diese Anregungen bislang nur mit Bestürzung und entrüsteter Ablehnung reagiert. Aber die Gefahren und die politische Sterilität eines Verteidigungskonzeptes, das sich weitgehend auf seine Kernwaffen verläßt, liegen so klar auf der Hand und werden jetzt für so viele Menschen überall auf der Welt so deutlich erkennbar, daß wohl selbst die Regierungen sie letztlich berücksichtigen müssen, wenn es nicht zu einem Krieg kommt, bevor dieses glückliche Ereignis eintritt.

Bezüglich der sowjetisch-amerikanischen Beziehungen liegt die Situation jedoch leider ganz anders. Hier will es scheinen, als hätten die großen Vereinfacher den Sieg davongetragen. Die daraus resultierenden Wahrnehmungsverzerrungen sind in den Vereinigten Staaten wie anderswo so tief im öffentlichen Bewußtsein verwurzelt, daß man auf eine baldige Korrektur nicht zu hoffen wagt. Großen Teilen der Bevölkerung hier und in Europa ist mittlerweile glauben gemacht worden, daß die sowjetische Führung seit Ende des Zweiten Weltkrieges von dem Wunsch besessen ist, in Westeuropa einzufallen und von diesem Vorhaben (in zähneknirschender Wut, wie wir annehmen müssen) nur durch die Androhung eines nuklearen Vergeltungsschlages »abzuschrekken« war. Eine Abwandlung dieser in der Bundesrepublik sehr verbreiteten angeblichen Wahrheit ist die Überzeugung, daß die sowjetische Seite im Falle eines Verzichts auf die Androhung eines nuklearen Gegenschlages die westeuropäischen Natoländer zwar nicht unmittelbar angreifen, aber sie einer Reihe nuklearer Erpressungen aussetzen würde, woraufhin diesen Ländern angesichts der überwältigenden konventionellen Überlegenheit der Sowjets keine andere Wahl bliebe, als zu »kapitulieren«. Diese Auffassung wird bestärkt durch den Mythos, der weithin Glauben findet, die konventionelle Überlegenheit der Sowjetunion in Mitteleuropa sei so unaufhaltsam vorangetrieben worden und habe ein so ungeheures Ausmaß erreicht, daß sich heute nicht mehr vorstellen lasse, wie die Nato-Staaten ihr Vergleichbares entgegensetzen könnten.

Alle diese Annahmen und Szenarien sind entweder ziemlich unzutreffend oder höchst unwahrscheinlich. Aber sie sind heute im öffentlichen Bewußtsein so tief verwurzelt und so weit verbreitet, daß aller Wahrscheinlichkeit nach nichts, was ich oder irgendeine andere Privatperson sagen könnte, ein Umdenken auf diesem Gebiet herbeiführen könnte. Nur einem bedeutenden Staatsmann und politischen Führer, der sich mit dem Gewicht und der Autorität äußerte, die ein hohes Regierungsamt verleiht (in den Vereinigten Staaten müßte es wohl der Präsident sein), könnte es gelingen, die öffentliche Meinung in allen diesen Punkten zu verändern, und dafür scheint mir zum gegenwärtigen Zeitpunkt nicht die geringste Aussicht zu bestehen.

Inzwischen zeichnet sich ab (und von daher droht uns die größte Gefahr), daß Wahrnehmungsverzerrungen dieser Art wie alle falschen Prophezeiungen und alle falschen Vorstellungen von Konflikt und Feindseligkeit die Tendenz haben, sich im Sinne des *Self-fulfilling prophecy* zu bewahrheiten. Wie in diesem Buch dargelegt, habe ich persönlich nie irgendwelche Anhaltspunkte dafür gesehen, daß die sowjetische Führung zu irgendeinem Zeitpunkt in diesen Nachkriegsjahren ernsthaft erwogen hätte, Westeuropa anzugreifen. Mir schien evident zu sein, daß ihnen das Eigeninteresse aus vielerlei Gründen verbot, auch nur den Gedanken an ein solches Unterfangen zu erwägen. Diese Schlußfolgerung beruhte jedoch auf der Voraussetzung, daß die Sowjetunion den Ausbruch eines weiteren großen Krieges nicht aufgrund von Ursachen, die sich ihrer Kontrolle entzogen, für unvermeidbar und unmittelbar bevorstehend hielt.

Heute könnte ich nicht sagen, wie es sich mit all dem verhält. Sicherlich kann die sowjetische Führung nicht argwöhnen, daß die Nato beabsichtige, vorsätzlich irgendwelche Feindseligkeiten auf dem europäischen Schauplatz zu beginnen. Wie sie sehr wohl weiß, wäre kein Bündnis demokratischer Regierungen zu irgend etwas dergleichen in der Lage. Aber Kriege entstehen, wie ihr ebenfalls klar ist, nicht immer aus offenen Aggressionsakten, weit häufiger erwachsen sie, die Geschichte zeigt es, aus unübersichtlichen Situationen vor einem Hintergrund extremer politischer Spannungen. Seit Jahren sprechen und handeln die amerikanischen Regierungsvertreter nun schon, als ob das Gleichgewicht der militärischen Macht der einzige ausschlaggebende Aspekt für die Zukunft der sowjetisch-amerikanischen Beziehungen sei. Ausgehend, wie es schien, von dieser Annahme, wurden die Vereinigten Staaten und ihre Nato-Verbündeten immer wieder zu verstärkten militärischen Anstrengungen aufgerufen. Ausgehend von derselben Annahme (wenn nicht von ihr, von welcher dann?) wurden intensive Bemühungen, einschließlich einer energischen Annäherung an China, unternommen, um alle an den asiatischen Grenzen der Sowjetunion gelegenen Länder zu einem großen Ring der politisch-militärischen Einkreisung Rußlands zusammenzuschließen. Seit Jahren wird nun in den USA, oft von Leuten in höchsten Regierungsstellen, die öffentliche Diskussion über Militärprobleme in aller Offenheit unter dem Gesichtspunkt einer militärischen Konfrontation zwischen der Sowjetunion und den Vereinigten Staaten geführt, als ob dies die einzig vorstellbare Form eines bewaffneten Konfliktes sei und als ob wir in der unmittelbaren Drohung eines solchen Konfliktes »die gegenwärtige Gefahr« sähen.

Welchen Eindruck müssen alle diese Dinge auf die Personen machen, die mit der höchsten Entscheidungsgewalt in Moskau betraut sind? Können wir es mit Sicherheit wissen? Wir können im Augenblick, in dieser Phase der Instabilität und des Übergangs in der Zusammensetzung der höchsten sowjetischen Machtorgane, noch nicht einmal genau wissen, wer diese Leute sind oder inwieweit sie zu einer nüchternen und realistischen Einschätzung der außenpolitischen Vorgänge in der Lage sind. Wir wissen lediglich, daß russische Offizielle, und vor allem sowjetische Offizielle, stets zu übertriebenem Argwohn neigten. Mehr als einmal in der Geschichte des sowjetischen Staates haben sie bei anderen Staaten Anzeichen aggressiver Absicht zu erkennen gemeint, wo tatsächlich keine solche Absicht vorhanden war. Ich halte es kaum für möglich, daß diese Männer oder jene, die sie bald ersetzen werden, bei der Lektüre der kriegerischen Äußerungen einiger der Personen um Präsident Reagan und angesichts der Reisen und Äußerungen seines Verteidigungsministers und angesichts der verschiedenen militärischen Dokumente, die der Presse aus dem Pentagon und dem Weißen Haus zugespielt werden, zu dem beruhigenden Schluß gelangen, es handle sich dabei lediglich um telegene Kraftmeierei vor der amerikanischen Öffentlichkeit; daß die endlosen Debatten und Berechnungen der militärischen Denkfabriken über die Frage, welchen Schaden wir den Russen und welchen sie uns zufügen können, lediglich müßige Kunststückchen pedantischer Gelehrter darstellten; daß unsere entschlossenen Absichtserklärungen, die Russen wirtschaftlich zugrunde zu richten, um uns anschließend ihre Not zunutze zu machen, nicht ernsthaft feindliche Absichten widerspiegelten, sondern nur eine harmlose Form innenpolitischen Unfugs seien. Das ist, wie gesagt, möglich, aber nicht sehr wahrscheinlich. Ich halte es eher für wahrscheinlich, daß die neuen sowjetischen Führer hinter allen diesen Erscheinungen finstere Motive vermuten werden – daß sie insbesondere zu dem Schluß kommen werden, wir hätten den Krieg als unvermeidlich akzeptiert und aus unserem Denken alle Möglichkeiten einer friedlichen Regelung unserer Meinungsverschiedenheiten verbannt. Wenn sie diesen Eindruck gewinnen, dann werden sie wohl auch alle solche Möglichkeiten aus ihrem Denken verbannen. Wenn sie erst einmal so weit sind, dann werden all die optimistischen Einschätzungen der sowjetischen Absichten, zu denen ich in den hier abgedruckten Beiträgen und andernorts gelange, fraglich. Wenn Moskau dazu gebracht wird, einen Krieg sowohl für unvermeidlich als auch für unmittelbar bevorstehend zu halten, dann bin ich mit meiner Weisheit am Ende. Dann kann alles geschehen.

Bevor ich zum Schluß dieser Vorbemerkung komme, habe ich noch ein Bekenntnis abzulegen. Das muß hier geschehen, weil es um eine Auffassung geht, die jüngeren Ursprungs ist und in den Beiträgen dieses Buches nicht zum Ausdruck kommt.

In allen hier abgedruckten Meinungsäußerungen bin ich von der Voraussetzung ausgegangen, daß ein weiterer konventioneller Krieg in Europa eine ungeheure Gefahr darstellen würde, der der europäischen Zivilisation neuen und dauerhaften Schaden zufügen müßte, daß aber trotzdem die wichtigste und dringendste Aufgabe sei, die Kernwaffen abzuschaffen, deren bloßes Vorhandensein in solchen Mengen angesichts der Möglichkeit von Irrtum und Zufall eine Gefahr darstelle, wie sie zivilisiertes Leben noch nie erlebt habe, und daß man nach Abschaffung dieser Waffengattung mit einiger Zuversicht darangehen könne, sich mit den konventionellen Waffen durchzuwurschteln, in der Hoffnung, daß sich bei ihnen schließlich irgendeine Art von Gleichgewicht erzielen lasse, so daß auch sie nicht zum Einsatz kommen würden. Aber ich habe mich immer gegen die Auffassung gewehrt, der

Krieg ließe sich als eine Erscheinung des internationalen Lebens völlig eliminieren, teils weil das Verlangen nach Kriegsverzicht gewöhnlich in sehr allgemeinen und deshalb völlig nutzlosen Begriffen ausgedrückt wurde (etwa in dem pathetisch-unrealistischen Kellogg-Pakt), teils weil sich eigentlich keine andere letzte Sanktion zum Schutze nationaler Interessen denken läßt.

Heute muß ich sagen, daß zwar die frühestmögliche Abschaffung der Kernwaffen in meinen Augen so lebenswichtig wie je ist, daß dies aber an sich nicht ausreichen würde, um der westlichen Zivilisation auch nur eine adäquate Überlebenschance einzuräumen. Der Krieg als solcher, zumindest als Mittel, um die Meinungsverschiedenheiten zwischen den großen Industriemächten beizulegen, muß auf irgendeine Weise abgeschafft werden. Zugleich müßte der größte Teil der Streitkräfte entlassen werden, die gegenwärtig unterhalten werden, weil man einen Krieg für möglich hält (ohne diese Maßnahme wäre jeder Kriegsverzicht umsonst). Viele Gründe führen zu dieser Schlußfolgerung, aber vor allem die Erkenntnis, daß die Waffen unseres Zeitalters – auch die sogenannten konventionellen – über eine solche Zerstörunggewalt verfügen, daß sich keine klare Trennungslinie zwischen ihnen und den Massenvernichtungswaffen ziehen läßt. Hinzu gesellt sich die verwandte Erkenntnis, daß öffentliches Verständnis und offizielles Verhalten so lange dazu ermutigt wurden, das militärische Gleichgewicht in erster Linie unter nuklearer Perspektive zu sehen, daß sie in Kriegszeiten wohl kaum in der Lage sein würden, die feinen Unterscheidungen zwischen der einen und der anderen Waffengattung vorzunehmen und daß der Einsatz der immens zerstörerischen »konventionellen« Waffen aller Wahrscheinlichkeit nach übergehen würde in den Einsatz solcher Waffen, die sich nicht mehr als »konventionell« bezeichnen lassen.

Niemand kann sich darüber mehr im klaren sein als ich, wie

schwierig es sein würde, den Krieg zwischen den großen Staaten abzuschaffen. Dafür läßt sich kein sicheres Rezept liefern, vor allem weil die Richtung internationaler Politik langfristig nicht von spezifischen Verträgen oder Dokumenten bestimmt wird oder bestimmt werden kann, auf die man sich zu einem bestimmten Augenblick der Geschichte geeinigt hat und die nur die Auffassungen und Bedingungen dieses besonderen Augenblicks widerspiegeln. Nur die tief verwurzelten Gewohnheiten und Auffassungen der Menschen, vor allem der Menschen in Regierungsverantwortung, können irgendeinen überdauernden Zustand friedlicher Beziehungen zwischen den Nationen garantieren.

Eines jedoch ist gewiß: daß es ohne offenen, gründlichen und geduldigen Meinungsaustausch zwischen den Regierungsvertretern und ohne den Verzicht nicht nur auf jeden Kriegsgedanken, sondern auch auf jegliche Kriegsvorbereitungen niemals möglich sein wird, die Beziehung zwischen den Menschen auf neue Gewohnheiten und Auffassungen zu gründen.

Soweit man als regierungsferner Beobachter feststellen kann, liegen alle Kontakte zwischen der sowjetischen und amerikanischen Regierung, die Ähnlichkeit mit einem wirklichen, vertrauensvollen und nützlichen politischen Meinungsaustausch haben, viele Jahre zurück (wenn es sie überhaupt jemals gegeben hat). Die eingefleischten Verhaltensweisen beider Regierungen erschweren einen solchen Prozeß. Durch Gipfeltreffen im Scheinwerferlicht der Massenmedien oder durch irgendwelche Gespräche, die vor den Augen und Ohren der Weltöffentlichkeit stattfinden, wird er sich nicht erreichen lassen. Und er wird keinen Erfolg haben, wenn er sich nicht auf ein gegenseitiges Verständnis für die beiderseitigen Sicherheitsinteressen gründet (auch auf die, für die der andere Partner möglicherweise wenig Sympathie aufbringt) und wenn er nicht alle sachfremden Probleme ausklammert und sich ausschließlich mit der Frage beschäftigt, wie diese Sicherheitsinteressen verläßliche gegenseitige Anerkennung finden können in einer Welt, aus der massive militärische Sanktionen verbannt wären. Jeder amerikanische Staatsmann, der es auf sich nähme, solche Gespräche zu führen, stünde dann aber noch vor der allerschwierigsten Aufgabe. Wie er nämlich solche Verhandlungsergebnisse einer amerikanischen Öffentlichkeit verständlich und annehmbar machen könnte, die in der Vergangenheit zu oft auf der emotionalen Ebene angesprochen wurde, die nicht gewöhnt ist, mit einer Reihe äußerst komplexer Realitäten vertraut gemacht zu werden, und die in erster Linie von kommerziell betriebenen Massenmedien informiert wird, welche es sich angelegen sein lassen, die Wirklichkeit in grober Vereinfachung und Dramatisierung darzubieten, statt ihr Publikum dazu anzuhalten, die herbe Vielschichtigkeit dieser Wirklichkeit wahrzunehmen.

Die Bewältigung dieser gewaltigen staatsmännischen Aufgaben jedoch – und nicht nur bloß die Abschaffung der Kernwaffen – wird erforderlich sein, der westlichen Zivilisation im Angesicht der ungeheuren Gefahren, denen sie sich heute gegenübersieht, eine reelle Lebenschance zu bewahren.

Teil I

Das nukleare Problem in den Kinderschuhen

1 Frühe Überlegungen zur Atombombe

Die Atombombe und die Optionen der amerikanischen Politik

Das Problem, ob es für diese Regierung wünschenswert ist, möglichst rasch möglichst weitreichende internationale Kontrollabkommen zu erreichen, gehört zu einem grundsätzlicheren Problem, das von unseren Politikern einige sehr folgenschwere Urteile und Entscheidungen auf außenpolitischem wie innenpolitischem Gebiet verlangt. In diesem Aufsatz soll nicht der Versuch gemacht werden, das grundsätzlichere Problem erschöpfend zu behandeln oder Vorschläge zu seiner Lösung zu unterbreiten. Aber für jede Erörterung des Problems der internationalen Kontrolle ist es wichtig, das größere Problem zu sehen, von dem jenes nur einen Teil bildet, zu erkennen, welche andern Dinge logischerweise hineinspielen, und bestimmte Einflußfaktoren zur Kenntnis zu nehmen, die vom Standpunkt internationaler Kontrolle von besonderer Bedeutung sind.

Das wirkliche Problem, das sich angesichts der Frage stellt, was wir zu diesem Zeitpunkt hinsichtlich der internationalen Kontrolle unternehmen sollen, ist unsere Einstellung zu Massenvernichtungswaffen im allgemeinen und der Rolle, die wir diesen Waffen in unserer militärischen Planung einräumen. Hier lautet die entscheidende Frage: sollen wir uns auf Massenvernichtungswaffen als integralen und lebenswichtigen Bestandteil unserer militärischen Schlagkraft verlassen, was bedeuten würde, daß wir sie im Falle eines militärischen Konfliktes mit der Sowjetunion vorsätzlich, unverzüglich und ohne zu zögern einsetzen würden? Oder sollen wir solche Waffen nur in unserem nationalen Waffenarsenal vorrätig haben als Abschreckung für den Einsatz ähnlicher Waffen gegen uns oder unsere Verbündeten und als ein mögliches Mittel zu einem Vergeltungsschlag im Falle ihres Einsatzes durch andere? Von der Antwort auf diese Frage sind eine Reihe von Entscheidungen abhängig, von denen die Entscheidung über die internationale Kontrolle der Atomenergie und das Verbot der Waffe nur eine ist.

Um kein Mißverständnis aufkommen zu lassen, sei angemerkt, daß, wenn es nicht zu einem System der internationalen Kontrolle und des Verbotes von Atomwaffen kommt, nicht bestritten wird, das *einige* Massenvernichtungswaffen zum Zwecke der Abschreckung und der Vergeltung in den amerikanischen Arsenalen zurückbehalten werden müssen. Das Problem ist: zu welchem Zweck und mit welcher subjektiven Einstellung sollen wir diese Waffen entwickeln und unsere Streitkräfte an ihnen ausbilden?

Wir können von der Auffassung ausgehen, daß sie lebenswichtig für einen künftigen Krieg seien, daß unsere Kriegspläne ohne sie kraft- und wirkungslos blieben, daß wir, ungeachtet aller damit zusammenhängenden moralischen und anderen Faktoren, entschlossen sein müßten, sie bei Ausbruch eines jeden größeren militärischen Konfliktes sogleich und ohne zu zögern einzusetzen. In diesem Falle sollten wir die Konsequenz aus dieser Entscheidung sofort ziehen und uns aus allen internationalen Verhandlungen heraushalten, die uns der Möglichkeit eines Abkommens über die internationale Kontrolle und des Verbots von Atomwaffen nur näher bringen würden.

Oder wir können sie als überflüssig für unsere grundlegende militärische Situation ansehen, als Waffengattung, zu deren Besitz wir durch die Möglichkeit gezwungen sind, daß sie von unseren Gegnern gegen uns verwendet werden könnte. In diesem Falle müßten wir natürlich dafür sorgen, daß wir uns in unserer militärischen Planung nicht von ihnen abhängig machen. Da sie eine hohe Belastung für unsere Mittel und Energien bedeuten, würden wir nur die Mindestzahl bereithalten, die zum Zwecke der Abschreckung und Vergeltung erforderlich ist. Und wir könnten uns, wenn wir wollten, das Ziel setzen, uns auch diese Mindestzahl so rasch als möglich durch Einrichtung eines internationalen Kontrollsystems vom Halse zu schaffen.

Wir sollten uns daran erinnern, daß von dieser Grundsatzentscheidung mehr abhängt als nur unsere Einstellung zu den Problemen internationaler Kontrolle. Sie wird sich auch nachdrücklich auf unser inländisches Atomenergieprogramm auswirken und vor allem unsere Einstellung zur Superbombe prägen. Wenn wir uns entscheiden, Massenvernichtungswaffen nur zum Zweck der Abschreckung und Vergeltung bereitzuhalten, dann würde sich die Zahl und Explosivkraft der Waffen in unserem Besitz danach richten, welches nukleare Potential nach unserer Einschätzung erforderlich wäre, damit jedem Gegner ein Angriff auf dieses Land oder seine Verbündeten mit Massenvernichtungswaffen als riskantes, wahrscheinlich höchst verlustreiches und deshalb unvernünftiges Unternehmen erschiene. Unter diesen Umständen reduziert sich das Problem, ob man die Superbombe und andere Massenvernichtungswaffen entwickeln soll, auf die Frage, inwieweit wir sie brauchten, um diesen Zweck zu erreichen. Es könnte sich beispielsweise herausstellen, daß der gegenwärtige und künftige Vorrat an konventionellen Bomben in Verbindung mit gegenwärtigen und künftigen Möglichkeiten ihres Einsatzes diesen Zweck erfüllte und daß jeder Rückgriff auf

Massenvernichtungsmittel überflüssig wäre oder den Aufwand nicht lohnte.[1]

Wenn wir andererseits entschlossen wären, Massenvernichtungswaffen in einem künftigen Krieg vorsätzlich und vor ihrem Einsatz gegen uns oder unsere Verbündeten zu verwenden, dann müßte es vermutlich unser Ziel sein, bei möglichst geringem Kraftaufwand, in vollem Bewußtsein des drohenden Vergeltungsschlages gegen uns und in klarer Erkenntnis aller moralischen und politischen Erwägungen die Streitkräfte, die Bevölkerung und das Territorium des Feindes so gründlich wie möglich zu vernichten. In diesem Falle würde uns die Zahl und Explosivkraft der von uns zu entwickelnden Massenvernichtungswaffen wahrscheinlich lediglich von den üblichen militärischen Gesichtspunkten diktiert, wie etwa Kosten, Wirksamkeit und Abschußmöglichkeiten.

Je nachdem, für welchen dieser beiden Wege wir uns entscheiden, könnte unsere Entscheidung über die Superbombe höchst gegensätzlich ausfallen. (1949)

Die nukleare Abschreckung und das Prinzip der »Erstanwendung«

Wir müssen uns mit den Massenvernichtungswaffen als einer der großen und traurigen Realitäten unserer Tage abfinden. Wir können die Möglichkeit eines Krieges nicht ausschließen,

1 Vergessen wir nicht, daß die Sowjets behaupten, ihr Ziel bei der Entwicklung der Bombe sei lediglich, »genug« für Vergeltungszwecke zu besitzen. In seiner Rede vor der UN-Vollversammlung am 10. November 1949 sagte der sowjetische Außenminister Wyschinski: »Wir in der Sowjetunion verwenden die Atomenergie, aber nicht um Atombomben aufzuhäufen – obgleich ich davon überzeugt bin, daß wir, wenn es unglückseligerweise und zu unserem großen Bedauern erforderlich wäre, wir davon so viele haben sollten, wie wir brauchen, aber keine mehr und keine weniger.«

da Kriege sich aus vielerlei Umständen ergeben können, und ebenso können wir die Möglichkeit nicht ausschließen, daß diese schrecklichen Waffen vielleicht eines Tages eingesetzt werden. Für diesen Fall müssen wir die realistischsten Vorkehrungen treffen, die in unserer Macht stehen, aber wir dürfen uns von diesen Vorkehrungen nicht so gefangennehmen lassen, daß wir die anderen Möglichkeiten vernachlässigen. Denn es gibt auch die Möglichkeit, daß es nicht zum großen Krieg kommt. Und es gibt stets noch die andere Möglichkeit, daß, selbst wenn es zum Krieg kommt, wir vorsichtig genug sind, uns auf die konventionelleren Waffen oder einen konventionelleren Einsatz der unkonventionellen zu beschränken. Auch darauf müssen wir vorbereitet sein. Aus diesem Grunde würde ich kein Verständnis für irgendeine Politik aufbringen, die kein Gleichgewicht zwischen konventionellen und Massenvernichtungswaffen bewahren würde und die vor allem unsere politische Position von Waffen abhängig machen würde, deren Einsatz uns im Ernstfall vielleicht doch zu abenteuerlich erschiene. Je rascher wir lernen, die Massenvernichtungswaffen nur auf ihren Abschreckungswert hin zu entwickeln, desto rascher können wir von jenem Grundsatz abrücken, den man das Prinzip der »Erstanwendung« solcher Waffen nennt; je rascher wir die falsche Rechenweise ablegen können, die von der Annahme ausgeht, Sicherheit hänge von der Zahl der Menschen ab, die man mit einer einzigen Bombe töten kann, desto besser werden wir uns nach meiner Überzeugung fühlen. (1954)

Eine sterile und hoffnungslose Waffe

Das Verständnis für dieses entsetzliche Problem beginnt mit der Erkenntnis, daß die Massenvernichtungswaffe eine sterile und hoffnungslose Waffe ist, die eine Zeitlang einen provisorischen und ungewissen Schutz gegen die letzte Katastrophe bieten mag, aber in keiner Hinsicht dem Zweck einer konstruktiven und erfolgversprechenden Außenpolitik dient.

Das eigentliche Ziel politischen Handelns besteht letztlich darin, auf die tieferen Überzeugungen der Menschen einzuwirken. Dazu ist die Atombombe nicht in der Lage. Der selbstmörderische Charakter dieser Waffe läßt sie weder als diplomatisches Sanktionsmittel noch als Grundlage einer Allianz geeignet erscheinen. Solch eine Waffe kann einfach nicht dazu dienen, politische Anliegen durchzusetzen oder seinen Freunden Beistand zu leisten. Es kann keine vernünftige Beziehung zwischen solch einer Waffe und den normalen Zielen nationaler Politik vorliegen. Ein Verteidigungskonzept, in dessen Mittelpunkt eine letztlich selbstmörderische Waffe steht, kann auf lange Sicht nur zur Lähmung der nationalen Politik führen, Bündnisse zerrütten und alle Beteiligten nur tiefer und tiefer in den hoffnungslosen Rüstungswettlauf treiben.

Dies sind nicht allein meine Gedanken, sie werden von vielen anderen Menschen geteilt, und sie sind bei anderer Gelegenheit deutlich zum Ausdruck gebracht worden. Wenn ich es für angebracht halte, sie hier zu wiederholen, so um meinen eigenen Standpunkt deutlich zu machen und um darauf hinzuweisen, daß sich durch den sowjetischen Erdsatelliten nichts an ihrem Wert ändert und daß sich auch nichts an ihrem Wert ändern wird, wenn wir selbst einen Erdsatelliten ins All schießen.

Aber sogar von Leuten, die mit allem bisher Gesagten einverstanden wären, sind in letzter Zeit Gedanken geäußert worden, mit denen ich mich bei allem Respekt ganz und gar nicht einverstanden erklären kann. Ich denke hier insbesondere an die Überzeugung, die sogenannten taktischen Atomwaffen – Atomwaffen mit relativ kurzer Reichweite, die für den Einsatz gegen die Streitkräfte des Gegners und nicht gegen weit entfernte Ziele auf seinem Territorium gedacht sind – böten einen geeigneten Ausweg aus der Sterilität jener Militärdoktrinen, die auf den weitreichenden Massenvernichtungswaffen aufbauen.

Lassen Sie mich erklären, was ich meine. Zahlreiche kluge Leute haben, als sie erkannten, welche verheerenden Folgen die Wasserstoffbombe und die weitreichenden Raketen als Grundlage unserer Verteidigungspolitik hatten, für den gleichzeitigen Ausbau anderer und differenzierterer Waffengattungen plädiert, für Waffengattungen, deren Einsatz für irgendwelche lohnenden begrenzten nationalen Ziele denkbar wäre, ohne daß ein solches Unterfangen gleich auf Selbstmord hinauslaufen müßte. Manche hatten eine Politik vertreten, die sie die der »abgestuften Abschreckungsmittel« nannten. Andere hatten vorgeschlagen, die Voraussetzungen zu schaffen, um einen »begrenzten Krieg« führen zu können, worunter sie einen Krieg verstehen, der sowohl hinsichtlich seiner Zielsetzung als auch hinsichtlich der Vernichtungsgewalt seiner Waffen begrenzt wäre. In beiden Fällen ging es darum, eine Alternative zur Wasserstoffbombe als Grundlage der nationalen Verteidigung zu finden.

Ich denke, diese Überlegungen verdienen unsere Sympathie und Achtung. Sie gehen in die richtige Richtung. Gewalt ist ein unabdingbarer Bestandteil der menschlichen Beziehungen und wird es immer sein. Die Alternative zu einer hoffnungslosen Form der Gewalt kann niemals überhaupt keine Gewalt heißen. Der erste Schritt fort vom atomaren Schrecken kann nur die Entwicklung von Gewaltwerkzeugen sein, die in ihrer Wirkung flexibler, differenzierter und weniger selbstmörderisch sind. Wenn es möglich wäre, solche Instrumente in einer von den Atomwaffen klar unterscheidbaren Form zu entwickeln, wäre das fraglos der natürlichste Ausweg aus unserem gegenwärtigen Dilemma.

Leider scheint das keine Alternative mehr zu sein, zumindest soweit es die großen Nuklearmächte betrifft. Gegenwärtig werden die Streitkräfte der Vereinigten Staaten mit den sogenannten taktischen Atomwaffen ausgerüstet, und soweit ich weiß, besteht auch die Absicht, sie in England einzuführen. Wir müssen davon ausgehen, daß in der Sowjetunion das gleiche geschieht. Zwar sind sicherlich inzwischen viele Leute in den betroffenen Regierungen davon überzeugt, daß sie über die Mittel verfügen müssen, nicht nur totale, sondern auch begrenzte Kriege zu führen, doch schlagen sie dazu taktische Atomwaffen vor. Sie scheinen zu hoffen, daß wir durch den Ausbau dieser taktischen Waffen die Voraussetzung dafür schaffen können, die Nato-Staaten erfolgreich zu verteidigen, ohne unsere Zuflucht zu den weitreichenden strategischen Waffen nehmen zu müssen, daß unsere Gegner auch dazu gebracht werden können, auf den Einsatz ihrer weitreichenden Waffen zu verzichten, daß der Krieg so auf die Ziele beschränkt werden kann, die mit taktischen Waffen zu erreichen sind, und daß sich auf diese Weise die apokalyptischen Dimensionen des Atomkrieges vermeiden lassen.

Und diese These kann ich nicht akzeptieren. Zu meinen, man könne im Falle eines Atomkrieges zu einem stillschweigenden und funktionierenden Einverständnis mit dem Gegner gelangen, den Zerstörungsgrad der verwendeten Waffen und ihre Ziele betreffend, scheint mir eine sehr unrealistische, vom Wunschdenken bestimmte Hoffnung zu sein.

Aber abgesehen davon müssen wir auch daran denken, welche weiteren Folgen – insbesondere für die Menschen, in deren Land ein solcher Krieg geführt würde – der Einsatz taktischer Atomwaffen aller Wahrscheinlichkeit nach hätte. Man scheint von der optimistischen Annahme auszugehen, diese Waffen seien relativ harmlos und ließen sich ausschließlich gegen die Streitkräfte des Feindes einsetzen, ohne darüber hinaus ernsthaften Schaden anzurichten. So verhält es sich nun aber ganz gewiß nicht! Sogar taktische Atomwaffen sind zerstörerisch in einem unsere Vorstellungskraft übersteigenden Maße. Wenn uns die Erfahrung dieses Jahrhunderts irgend etwas gelehrt hat, dann daß sich die langfristigen Auswirkungen des modernen Krieges keineswegs auf das abstrakte Ergebnis von Sieg oder Niederlage beschränken. Der moderne Krieg ist nicht nur ein Instrument der Politik. Er ist eine Erfahrung für sich. Wer immer ihn führt, wird von ihm gezeichnet, gleichgültig, ob er gewinnt oder verliert. Können wir denn wirklich annehmen, daß das leidgeprüfte alte Europa, das so tief und nachhaltig von den langfristigen Auswirkungen der beiden Kriege dieses Jahrhunderts geschwächt ist, noch eine weitere und schrecklichere Katastrophe dieser Art überstehen könnte? Denken wir vor allen Dingen dieses eine Mal nicht nur in der Mathematik der Zerstörung – nicht nur in diesen grauenhaften Gleichungen von wahrscheinlichen militärischen Verlusten –, sondern denken wir statt dessen an die Menschen, wie sie sind, an die Grenzen ihrer Kraft, ihrer Hoffnung, ihrer Leidensfähigkeit, ihres Glaubens an die Zukunft. Und fragen wir uns mit allem Ernst, wieviel Rettenswertes denn eigentlich gerettet wird, wenn der Krieg nunmehr zum dritten Mal im Zeitraum eines halben Jahrhunderts das Antlitz Europas verwüstet, und dieses Mal noch weit zerstörerischer als die Male zuvor.

Leider ist das ganze Ausmaß der Gefahr nicht nur dadurch gegeben, daß in Kriegszeiten die taktischen Atomwaffen der englischen oder amerikanischen Streitkräfte zum Einsatz kommen. Es gibt noch eine weitere potentielle Gefahr und nach dem gegenwärtigen Stand der Dinge eine sehr bedrohliche. Ich spreche von der Möglichkeit, daß auch die Arsenale unserer kontinentalen Verbündeten mit Atomwaffen – strategischen, taktischen oder beiden Gattungen – ausgerüstet werden.

Auf die verhängnisvollen Folgen dieses Schrittes, läßt sich gar nicht genug hinweisen. Nach meiner Überzeugung muß das ganz einfach zu einer ernsten Verschärfung der bestehenden militärischen Spannungen in Europa führen. Für die Russen würde das hinsichtlich ihrer eigenen militärischen Pläne und ihrer Beziehung zu den anderen Staaten des Warschauer Pakts ein schwerwiegendes Problem bedeuten. Unvermeidlich würde es zu einer weiteren Komplizierung des Deutschlandproblems und des Problems mit den Satellitenstaaten führen. Moskau wird nicht geneigt sein, seinen Satellitenstaaten die unbeschränkte Kontrolle über solche Waffen einzuräumen. Wenn folglich die Kontinentalstaaten Westeuropas mit ihnen ausgerüstet werden, kann dadurch aus rein militärischen Gründen jeder russische Rückzug aus Mittel- und Osteuropa ein für allemal unmöglich gemacht werden, gleichgültig wozu sich die Großmächte auch bereitfinden mögen.

Je mehr Staaten man ferner an der Kontrolle über Atomwaffen beteiligt, desto kleiner wird natürlich die Möglichkeit, sie durch internationale Abkommen schließlich doch noch aus den Arsenalen zu verbannen, und desto größer die Schwierigkeit, unvorhergesehene Zwischenfälle aller Art zu vermeiden. Solange nur drei Großmächte beteiligt sind, gibt es zumindest eine Chance, die Dinge unter Kontrolle zu halten. Wenn diese Waffen einer Reihe weiterer Staaten überlassen werden, heißt das praktisch, dafür zu sorgen, daß sich in Zukunft jede kleinere Schwierigkeit in Europa zu einer großen auswachsen muß.

Ich bin mir bewußt, daß ähnliche Warnungen gegen die Atomrüstung der kontinentaleuropäischen Länder in letzter Zeit auch zu den Argumenten der sowjetischen Diplomatie gehören. Es entzieht sich meiner Kenntnis, warum die sowjetische Regierung diese Position bezieht. Gewiß kann ich nicht behaupten, daß alle diese Argumente unseren Respekt verdienen. Aber ich glaube, wir müssen uns davor hüten, Gedanken nur deshalb zurückzuweisen, weil sie sich zufällig mit Ideen decken, die von der anderen Seite vertreten werden.

Moskau sagt viele schlimme und törichte Dinge, aber es wäre falsch zu meinen, daß sich seine Äußerungen niemals mit den Erfordernissen von Besonnenheit und gesundem Menschenverstand vertragen. Die Russen haben nicht immer unrecht, genausowenig wie wir immer recht haben können. In jedem Falle ist es unsere Aufgabe, uns eine unabhängige Meinung zu bilden.

(1958)

Teil II Ost-West-Beziehungen im Schatten der Atombombe

2 Die amerikanisch-sowjetische Beziehung – Eine Retrospektive

I

Als im Jahre 1917 die russische Gesellschaft von der gewaltigsten und folgenreichsten Umwälzung erfaßt wurde, die sie je erlebt hatte, besaßen die amerikanischen Meinungsmacher schlechte Voraussetzungen, um die Bedeutung oder Konsequenzen dieses Ereignisses einschätzen zu können.

Teilweise lag es daran, daß man in den Vereinigten Staaten damals wenig Verständnis für die russische Geschichte besaß und kaum wußte, welchen politischen Charakter die Gesellschaft hatte, in der diese Ereignisse stattfanden. Die wissenschaftliche Beschäftigung mit Rußland war in Nordamerika höchst spärlich und rudimentär. Was man von Rußland wußte, hatte man aus den Erzählungen der wenigen Reisenden oder aus den Berichten von Pressekorrespondenten, von denen nur ganz wenige in der Lage waren, die Bedeutung der großen politischen und sozialen Unruhen zu erkennen, von denen Rußland in diesen letzten Jahrzehnten des Zarenreiches heimgesucht wurde. Die traditionelle Abneigung der Amerikaner für die zaristische Autokratie war nur zu verständlich, aber selten begleitet von einer realistischen Einschätzung der möglichen Alternativen. Und in den letzten Jahren vor dem Ersten Weltkrieg beschäftigten sich die Überlegungen von Regierung und Presse in den Vereinigten Staaten vorwiegend mit der Frage, wie die Juden im russischen Reich behandelt wurden, wodurch andere und tiefere Aspekte der langsamen Krise, in die die russische Gesellschaft damals hineinglitt, der Aufmerksamkeit der amerikanischen Öffentlichkeit weitgehend verborgen blieben.

Dies war die Situation im Jahre 1914. Aber im Verlaufe des Ersten Weltkrieges und vor allem im Jahre 1917 kam zu diesem recht oberflächlichen Verständnis noch eine weit ernsthaftere Ursache der Verwirrung hinzu: und zwar der amerikanische Kriegseintritt. Wenn richtig ist, daß es für die amerikanische Demokratie von jeher sehr typisch war, keinen Krieg führen und erleben zu können, ohne den klaren Kopf und die Urteilsfähigkeit in anderen politischen Fragen zu verlieren, dann trat diese Schwäche nie deutlicher und verhängnisvoller zutage als in den amerikanischen Ansichten über Rußland während des Ersten Weltkrieges. Nachdem Amerika nur ein paar Wochen nach den ersten beiden russischen Revolutionen von 1917 in den Krieg eingetreten war, ging es entschlossen dazu über, die russische Entwicklung nur noch vom Standpunkt des Krieges gegen Deutschland aus zu beurteilen, wobei man sich nicht an einem durchdachten und objektiven Bild dieses Krieges orientierte, sondern an dem, das man durch die grotesk verzerrende Brille der Kriegspropaganda und Kriegshysterie wahrnahm.

So wurden die beiden russischen Revolutionen dieses schicksalhaften Jahres Gegenstand gründlicher Fehleinschätzung. Die erste – der Sturz des Zaren und die Einsetzung eines Regimes, das zumindest seiner Absicht nach liberal-demokratisch war – wurde freudig begrüßt, nicht weil man ihr positive Bedeutung für die Zukunft Rußlands beimaß, sondern weil man – völlig unzutreffend – glaubte, sie werde eine Kriegsbegeisterung entfesseln, die zuvor vom vermeintlich pro-deutschen Zarenhof unterdrückt worden sei. Die zweite Revolution vom November, die die Bolschewiki an die Macht brachte, wurde mißverstanden, weil man der verbreiteten Überzeugung anhing, die bolschewistischen Führer seien deutsche Agenten. Infolgedessen begegnete man dem neuen

Regime, dem man ohnehin keine lange Zukunft voraussagte, mit Ablehnung, weniger weil man etwas gegen dieses neue Staatsgebilde hatte, als aus Ärger darüber, daß es Rußlands Ausscheiden aus dem Krieg betrieb.

Erst nach Beendigung der Feindseligkeiten gegen Deutschland war, zumindest theoretisch, die Möglichkeit gegeben, den russischen Kommunismus als ein eigenständiges politisches Phänomen zu begreifen. Inzwischen aber trübten eine Reihe neuer verwirrender und irreführender Faktoren das Bild: die blutigen und schwer zu beurteilenden Ereignisse des russischen Bürgerkriegs, die propagandistischen Übertreibungen beider Seiten, unsere eigene halb-offizielle Beteiligung an der alliierten Intervention, die Maßnahmen des neuen kommunistischen Regimes hinsichtlich der zaristischen Schulden und des ausländischen Besitzes. Erst Anfang der zwanziger Jahre, nach Beendigung des russischen Bürgerkriegs und Überwindung der Hungersnot von 1921/22, begann sich aus dem Durcheinander der Ereignisse die Bedeutung dessen, was in Rußland seit 1917 geschehen war, so deutlich herauszuschälen, daß es auch in den Vereinigten Staaten möglich wurde, das Problem vernünftig und kenntnisreich zu erörtern, das für die amerikanische Politik aus der Übernahme aller traditionellen Hebel der russischen Macht durch Lenin und seine Mitarbeiter erwuchs.

II

Bevor wir uns eingehender mit diesem Problem beschäftigen und mit den Reaktionen, auf die es stieß, sollten wir einen Blick auf ein militärisches Unternehmen der Vereinigten Staaten werfen, zu dem es in der Verwirrung dieser unmittelbaren nachrevolutionären Jahre kam und dessen wichtigste Wirkung war, daß es das gegenseitige Verständnis in den kommenden Jahren trüben sollte. Es geht um Amerikas Rolle in der alliierten Intervention von 1918 bis 20. Gerade weil dieser

Vorgang von der sowjetischen Propaganda so häufig als der erfolglose Versuch der amerikanischen Regierung dargestellt wird, das Sowjetregime zu stürzen, ist es wichtig, sich vor Augen zu führen, worum es bei dieser militärischen Aktion eigentlich ging und welche Dimension sie besaß.

Die Vereinigten Staaten schickten ihre Truppen nur in zwei russische Gebiete: in den europäischen Norden, in die Nachbarschaft von Archangelsk am Weißen Meer und nach Ostsibirien. Beide Gebiete lagen weit entfernt von den Hauptschauplätzen des damals um sich greifenden russischen Bürgerkriegs. In keinem der beiden Fälle hatte Washington die Entscheidung, diese Truppen zu entsenden, leichten Herzens oder – wie man sagen könnte – aus freien Stücken getroffen. In keinem der beiden Fälle lag die Absicht vor, diese Streitkräfte in irgendeiner Weise zum Sturz der Sowjetregierung einzusetzen. In keinem der beiden Fälle wäre die Entscheidung gefällt worden, wenn nicht gerade der Weltkrieg getobt hätte und wenn es nicht um Zielsetzungen gegangen wäre, die in erster Linie mit dem Fortgang des Krieges zu tun hatten.

Zunächst die Aktion im Norden Rußlands. Präsident Wilson war mit der Entsendung dieser amerikanischen Streitkräfte nur einverstanden, weil er die Situation dort völlig falsch einschätzte. Im übrigen zweifelte er stark an der Nützlichkeit des Unternehmens und gab nur dem heftigen Drängen der Engländer und Franzosen nach, die von Marschall Foch, dem damaligen Oberbefehlshaber der Alliierten in Europa, unterstützt wurden und die ihm die Maßnahme alle als dringend erforderlich für die Kriegsanstrengungen gegen Deutschland darstellten. Was ihn schließlich zu seiner Entscheidung veranlaßte, kommt deutlich in einem Brief zum Ausdruck, den sein Kriegsminister Newton Baker einige Jahre später schrieb. Er habe den Präsidenten, so schrieb Baker, davon überzeugt, daß die Entscheidung unklug sei:

»Aber er teilte mir mit, er fühle sich in jedem Falle zu ihr verpflichtet, da die Engländer und Franzosen sie ihm so nachdrücklich ans Herz gelegt hätten und er ihnen schon so viele ihrer Bitten abgeschlagen habe, daß sie allmählich das Gefühl gewönnen, er sei kein guter Kollege, geschweige denn ein guter Verbündeter.«

Die drei Bataillone amerikanischer Soldaten (denn darauf beschränkte sich das ganze Unternehmen) wurden nach Archangelsk entsandt und dienten dort unter englischem Kommando. Die Entscheidung darüber, wie und für welche Zwecke sie eingesetzt werden sollten, wurden von Engländern gefällt, nicht von Amerikanern. Die Aufgaben, für die sie dort verwandt wurden, kannte Wilson damals nicht, hatte er nicht vorausgesehen und hätte sie fraglos mißbilligt, wenn er von ihnen erfahren hätte. Wenn die Einheiten auch nach dem Ende des Krieges mit Deutschland in Rußland blieben, so lag es nur daran, daß der Winter 1918/19 sie durch die Eisdecke auf dem Weißen Meer dort festhielt. Als das Eis aufbrach, wurden sie so rasch fortgeschafft, als es sich bewerkstelligen ließ.

Was nun die sibirischen Truppen anbelangt, so hat Wilson der Entsendung dieser Einheiten erst zugestimmt, nachdem seine Abneigung dagegen durch sechsmonatiges Bitten der westlichen Verbündeten zermürbt worden war. Ihre Aufgabe war darauf beschränkt, die Sutschaner Kohlenbergwerke im Küstengebiet und einige Abschnitte der transsibirischen Eisenbahn nördlich der Mandschurei zu schützen – also Aufgaben, die unabhängig von irgendwelchen politischen Aspekten von großer Bedeutung für das Leben und das Wohlergehen der Bewohner dieser Region waren. Das fragliche Gebiet befand sich zur Zeit der Entsendung der Einheiten Tausende von Meilen entfernt von den Hauptschauplätzen des russischen Bürgerkrieges, und die Einheiten griffen in diesen Krieg auch nicht ein. Wahrscheinlich kam ihre Gegenwart den nicht bolschewistischen russischen Streitkräften in Sibirien nicht ungelegen und gab ihnen ein gewisses Gefühl der Sicherheit (obwohl die Beziehung zwischen diesen Streitkräften und den Amerikanern nicht gerade liebevoll war), auch mag sie die endgültige Ausbreitung und Konsolidierung der bolschewistischen Macht in diesem Gebiet etwas hinausgeschoben haben. Doch das war, soweit es Wilsons Absichten betraf, ein Nebeneffekt. Daß sie so lange blieben und nicht 1919 abgezogen wurden, lag am Argwohn der Amerikaner gegenüber den Japanern (die ebenfalls Truppen in diesem Gebiet hatten) und nicht an ihrer Feindseligkeit gegenüber den Bolschewiki.

Wer den Versuch unternimmt, die prinzipiellen Elemente der sowjetisch-amerikanischen Beziehung zu verstehen, läßt diese bedauerlichen Episoden der letzten Wochen und unmittelbaren Folgezeit des Ersten Weltkrieges besser beiseite als die gefühlsbesetzten Nebeneffekte einer kriegsbedingten Verwirrung, Müdigkeit und Kurzsichtigkeit, die sie in der Tat waren, und konzentriert seine Aufmerksamkeit auf die langfristigen Konfliktursachen, die die Beziehung in den folgenden Jahrzehnten erschweren sollten.

III

Die erste und fundamentalste dieser Konfliktursachen war natürlich das ideologische Engagement der bolschewistisch-kommunistischen Führung. Das war etwas gänzlich Neues für die Erfahrung amerikanischer Politik. Darin manifestierte sich eine Form der Feindseligkeit, die die Amerikaner nie zuvor erfahren hatten. Natürlich hatten die Amerikaner das Phänomen des Krieges als eine vom internationalen Recht definierte und anerkannte Situation kennengelernt. Aber Krieg war (normalerweise) Ausdruck einer sowohl hinsichtlich der Zeit wie der Absicht begrenzten Feindseligkeit. Er war zeitlich begrenzt, weil er mit dem Vorhandensein eines formellen Kriegszustandes zusammenfiel. Er war seiner Absicht nach begrenzt, weil die Ziele, denen er dienen sollte, normalerweise von begrenzter Art waren: der Übergang einer Provinz aus dem Besitz einer souveränen Macht in den einer anderen, eine Veränderung der Vereinbarungen über den Seehandel, die Ersetzung eines Herrschers durch einen anderen aus dynastischen Gründen. Doch in der Gestalt des neuen russisch-kommunistischen Regimes sahen sich die amerikanischen Staatsmänner mit etwas ganz anderem konfrontiert: einer an den Hebeln der Macht eines anderen großen Landes sitzenden Regierungspartei, die nicht im Traum dachte, den Vereinigten Staaten formell den Krieg zu erklären, die aber trotzdem nach ihren tiefsten Überzeugungen und ihrem historischen Selbstverständnis einem Programm verpflichtet war, welches den Sturz des traditionellen politischen und gesellschaftlichen Systems der amerikanischen Gesellschaft zum Ziel hatte – das heißt einem Programm, das vorsah, der Gesellschaft der Vereinigten Staaten einen Schaden zuzufügen, der in den Augen der meisten Amerikaner schlimmer war als alles, was sie selbst von der schlimmsten aller rein militärischen Niederlagen gegen einen Gegner herkömmlicher Art zu befürchten hatten.

Diese Situation sollte im Laufe der folgenden Jahrzehnte viele Veränderungen und Modifikationen erleben. Es gab Zeiten, da die ideologische Feindseligkeit, auf der sie beruhte, aus Gründen taktischer Erwägungen gedämpft wurde. Allgemein büßte die Feindseligkeit im Laufe der Jahrzehnte unter dem Einfluß von Frustration und widrigen Ereignissen viel von ihrer Unversöhnlichkeit ein, so daß sie sich im Laufe der Zeit mehr und mehr als rhetorische Übung manifestierte, statt als politische Richtschnur. Besonders hinsichtlich der Vereinigten Staaten, wo seine politischen Erfolgschancen minimal waren, verlor dieser messianische Eifer immer mehr von seinem Schwung, so daß die Amerikaner schließlich weniger die möglichen Auswirkungen im eigenen Lande fürchteten als die Auswirkungen auf andere Völker, das heißt, sie machten sich Sorgen, daß diese Völker jenem Teil der internationalen Gemeinschaft, mit dem Amerika zufriedenstellende und freundschaftliche Beziehungen unterhielt, entfremdet werden und jenem andern (nach dem Zweiten Weltkrieg in der Dritten Welt stark anwachsenden) Sektor eingegliedert werden könnten, in dem Amerika und alles, wofür es steht, nur mit Vorurteil, Mißverständnis und Ablehnung betrachtet wird.

Aber dies sollten allmähliche Veränderungen sein. Anfang der zwanziger Jahre lagen sie noch in ferner Zukunft. Sie waren nicht einmal generell sichtbar oder vorhersagbar. Die amerikanischen Politiker dieser Zeit mußten die ideologische Herausforderung wörtlich nehmen und sich entsprechend zu ihr stellen.

Natürlich wäre es falsch anzunehmen, daß diese Art von Feindseligkeit einseitig blieb oder auch nur zu Anfang ganz einseitig gewesen wäre. Natürlich rief sie bei vielen Amerikanern eine eigene Reaktion hervor, und es wäre unsinnig, behaupten zu wollen, daß diese Reaktion immer durchdacht, vernünftig, frei von Vorurteil und mit einem Gespür für die Art der Herausforderung gewesen wäre. Es war eine Reaktion, die sich im Laufe der Jahre auf vielerlei, meist unerfreuliche Weise manifestierte: als antikommunistische Hysterie in den Jahren 1919/20 und 1950/53, als Aufgeschlossenheit großer Teile der amerikanischen Öffentlichkeit gegenüber dem säbelrasselnden Eintreten der Lobbyisten für Nationalchina und die »gefangenen Nationen«, als übertriebene militärische Befürchtungen und Einbildungen nach dem Zweiten Weltkrieg. Ein stetes Hindernis für die Entwicklung einer vernünftigen und angemessenen Haltung gegenüber der Herausforderung, die diese Überreaktion hervorgerufen (oder ihr als Vorwand gedient) hatte, war sie immer eine besondere Belastung für die sowjetisch-amerikanischen Beziehungen.

Und sie hat sich schon sehr bald nach der Revolution bemerkbar gemacht. Von Anfang an mußten sich die politisch Verantwortlichen Amerikas in ihrem Bemühen, eine angemessene Reaktion auf die sowjetische Herausforderung zu finden, mit dieser übertriebenen Reaktion auseinandersetzen.

Bevor wir uns mit der politischen Antwort beschäftigen, sei darauf hingewiesen, daß diese ganz neue Beziehung zwei Merkmale aufwies, die grundlegende und unveränderbare Bestandteile des Problems werden sollten, das sie für die amerikanische Politik darstellte. Eines war die Tatsache, daß, so grimmig der ideologische Opponent auch seine Absicht bekundete, *unser* System zu zerstören, und so leidenschaftlich diese Herausforderung von Teilen unserer eigenen öffentlichen Meinung auch aufgenommen wurde, keine Seite in der Lage war oder je in die Lage kommen sollte, den anderen völlig vernichten zu können. Jeder mochte darauf hoffen, jeder mochte tun, was in seinen Kräften stand, um Prozessen Vorschub zu leisten, die in diese Richtung zu laufen schienen, aber keiner konnte es durch eigenes Handeln oder mit fremder Hilfe bewerkstelligen. So mußte sich jede Seite, ob es ihr gefiel oder nicht, mit der Existenz der anderen abfinden und in ihren politischen Überlegungen von dieser Voraussetzung ausgehen.

Diese – wenn man so will – »friedliche Koexistenz« war von Anfang an eine Realität der Beziehung. Es bedurfte keines Chruschtschows oder Breschnews, um sie zu entdecken oder zu schaffen.

Das andere unveränderliche Element dieses Problems, das erst in späteren Jahren in seiner ganzen zwingenden Bedeutung sichtbar wurde, tatsächlich aber von Anfang an wirksam war, war die Tatsache, daß es angesichts der Kompliziertheit unserer Welt keine internationale Beziehung geben konnte, die sich als absoluter Antagonismus oder absolute Interessen-iden-tität darstellte – keine Beziehung, in der nicht beide, in welchem Mischungsverhältnis auch immer, vorhanden war. Wie es keine freundschaftliche Beziehung geben konnte, die nicht durch Einflüsse der Realität und des Konfliktes getrübt war, so konnte es auch keine antagonistische Beziehung geben, die nicht durch gelegentliche Gemeinsamkeit der Zwekke und Zielsetzungen kompliziert wurde.

Daß genau dies die Grundelemente des Problems *waren*, wurde nicht immer von allen amerikanischen Politikern, die sich mit ihm zu befassen hatten, deutlich gesehen, ebensowenig wie von allen Teilen des amerikanischen Volkes. Aber die Tatsache war immer vorhanden, sichtbar an der Oberfläche oder darunter; und wer versuchte, sie nicht zur Kenntnis zu nehmen, lief Gefahr, früher oder später, und manchmal auf schmerzhafte Weise, auf den Boden der Tatsachen heruntergeholt zu werden.

IV

In den Handlungen der amerikanischen Politiker in der Zeit zwischen 1917 und 1920 nach Elementen einer ernsthaften und vernünftigen Reaktion auf dieses Problem zu suchen, wäre unfair. Die Situation war zu chaotisch, die Ereignisse waren zu unübersichtlich, als daß man solche Erwartungen an sie hätte stellen dürfen. Aber mit dem Ende der alliierten Intervention und mit dem allmählichen Ausklingen des Bürgerkriegs in Rußland wurde die Situation klarer, und es ist interessant zu beobachten, wie sich eine systematischere und grundsätzlichere Reaktion herausbildete.

Auf eine solche Reaktion hatten sich zunächst die Leute festzulegen, die am Ende der Wilson-Regierung für die amerikanische Politik verantwortlich waren.

Wilson selbst gehörte nicht eigentlich dazu, abgesehen davon, daß sich der Einfluß seines Denkens noch aus früherer Zeit bemerkbar machte. Er lag zu dieser Zeit krank und hilflos im Weißen Haus. Aber seinen Mitarbeitern war es unmöglich, keine Position zu diesem Problem zu beziehen, und so taten sie es denn. Es war eine rein ideologische Haltung, ebenso kompromißlos auf die bolschewistische Herausforderung eingehend, wie die Urheber dieser Herausforderung sie konzipiert hatten. Sie kam bündig zum Ausdruck in der Note, die Außenminister Bainbridge Colby am 10. August 1920 an die italienische Regierung richtete. »Der Regierung der Vereinigten Staaten von Amerika ist es nicht möglich«, schrieb Colby,

> »die gegenwärtigen Machthaber von Rußland als eine Regierung anzuerkennen, zu der sich Beziehungen unterhalten lassen, wie sie unter einander freundlich gesinnten Regierungen üblich sind. Diese Überzeugung hat nichts mit irgendeiner bestimmten politischen oder gesellschaftlichen Organisationsform zu tun, die anzunehmen das russische Volk für richtig halten mag. Sie beruht auf einer Reihe ganz anderer Fakten.
>
> ... Bei zahlreichen Anlässen haben die verantwortlichen Sprecher dieser Macht erklärt, daß nach ihrem Verständnis der Bestand des Bolschewismus in Rußland, die Aufrechterhaltung ihrer eigenen Herrschaft, davon abhängt und auch weiterhin abhängen muß, daß es in allen großen Kulturnationen, einschließlich der Vereinigten Staaten, zu Revolutionen kommt, die die dortigen Regierungen absetzen und vernichten und an ihrer Statt bolschewistische Herrschaftsgebilde einsetzen werden.
>
> ... Wir können die Vertreter einer Regierung, die entschlossen und gewillt ist, gegen die Institutionen unseres Staates zu konspirieren, nicht anerkennen, nicht zum Gegenstand offizieller Beziehungen machen oder freundlich empfangen.«

Die wesentlichen Merkmale dieser Antwort sind leicht erkennbar. Sie akzeptiert das erste der oben erwähnten Elemente des Problems: die Existenz des Sowjetstaates und die Unmöglichkeit der Vereinigten Staaten, irgend etwas an dieser Situation zu verändern mit Ausnahme der Weigerung, ihr offizielle diplomatische Anerkennung zuteil werden zu lassen. Sie bietet keinen Anhaltspunkt dafür, daß den Autoren das zweite Element bewußt wäre: daß es nämlich ein begrenztes Gebiet gemeinsamer Interessen gibt. Die These, daß es ein solches Gebiet gab oder geben könnte, hätten die Autoren in der Tat mit Skepsis aufgenommen. Sie sahen nichts dergleichen.

Diese Erklärung war natürlich einer der Schwanengesänge der demokratischen Regierung jener Tage. Sie sollte kurz darauf durch die erste der einander ablösenden republikanischen Regierungen von Harding, Coolidge und Hoover ersetzt werden.

Die Republikaner übernahmen die Argumentation der Colby-Note, soweit diese ging, aber sie fügten zur Motivation der Nichtanerkennungs-Politik ein Element hinzu, das in Colbys Erklärung noch nicht vorhanden war, und zwar den Hinweis darauf, daß diese Sowjetregierung sich grundsätzlich nicht verpflichtet fühle, die Auslandsschulden früherer russischer Regierungen anzuerkennen oder Ausländer für Vermögenswerte zu entschädigen, die sie einst in Rußland besessen hatten und die nun von den sowjetischen Behörden verstaatlicht worden waren. Nach Auffassung der republikanischen Politiker hätte die Sowjetregierung zur Ordnung ihrer Beziehungen mit den Vereinigten Staaten nicht nur ihr Eintreten für eine Revolution in den Vereinigten Staaten und ihre kaum verhohlene Unterstützung jener Elemente, die sich dieser Aufgabe verschrieben hatten, einstellen müssen, sondern sie hätte auch die finanziellen Verpflichtungen anerkennen müssen, die frühere russische Regime gegenüber der US-Regierung und amerikanischen Staatsbürgern eingegangen waren.

Auf diesem Stand blieb die Beziehung dreizehn Jahre lang.

Private amerikanische Geschäftsleute wurden nicht daran gehindert, nach Rußland zu reisen und auf eigenes Risiko mit der sowjetischen Monopolgesellschaft für Außenhandel Geschäfte abzuwickeln. Herbert Hoover, der aus seiner Tätigkeit als Leiter der amerikanischen Hilfeleistungen für Europa nach Kriegsende mit einem wahren Glorienschein hervorging, wurde nicht daran gehindert, in den Jahren 1921/22 in Rußland als privates Unternehmen die großartige American Relief Administration zu organisieren und zu leiten, ein Hilfswerk, das mehrere Millionen Menschen vor dem Hungertod bewahrte und möglicherweise, soweit sich das sagen läßt, das Sowjetregime selbst vor der völligen Pleite und dem Zusammenbruch rettete. Offiziell aber nahm die amerikanische Regierung dieses Regime nicht zur Kenntnis, mit dem sich nach ihrer Meinung aufgrund seiner Einstellung und seines Verhaltens keine offiziellen Beziehungen unterhalten ließen.

Die Sowjetregierung ihrerseits war sich in den fraglichen Jahren der Vielschichtigkeit ihrer Beziehung zu den westlichen Ländern durchaus bewußt und akzeptierte die Notwendigkeit gewisser Formen der Zusammenarbeit auch angesichts ideologischer Feindseligkeit. Die amerikanische Haltung wirkte sich jedoch nicht allzu nachteilig für sie aus. Es ging ihr in ihren Beziehungen zu den Westmächten um Handel, Anerkennung und Kredit. Handelsbeziehungen ließen sich ohne Schwierigkeit zu ihnen allen anknüpfen, sogar zu den Vereinigten Staaten. Anerkennung erhielt sie vor allem in den Jahren 1924/25 von allen führenden europäischen Mächten. Auch Handelskredite konnte sie sich von einigen von ihnen beschaffen, vor allem von den Deutschen, soweit es die relativ ungünstigen Verhältnisse zuließen. Alle diese Vorteile wurden erreicht, ohne daß der Preis dafür bezahlt wurde, den die US-Regierung forderte, nämlich die Abschaffung der Komintern und der Verzicht auf die durch ihr Vorhandensein bedingte Art von Aktivität sowie größere Zugeständnisse auf dem Gebiet der Schulden und Forderungen. So bestand im Laufe der Jahre immer weniger Anlaß für die Sowjetführer, den amerikanischen Forderungen nachzukommen. Sie wünschten Anerkennung und finanzielle Hilfe von Amerika, aber sie waren nicht bereit, und brauchten es auch nicht zu sein, den Preis zu zahlen, den die republikanischen Regierungen von 1921 bis 1933 forderten.

V

Natürlich bedeutete die Übernahme des Präsidentschaftsamtes durch Franklin Roosevelt im Jahre 1933 einen grundlegenden Wendepunkt in der Beziehung. Ihm erschien die alte Frage der Schulden und Forderungen als solche unbedeutend, desgleichen das Problem der Propaganda. Ihm war zwar klar, daß diese Fragen die Empfindungen und Interessen großer Teile des amerikanischen Volkes berührten und insofern innenpolitische Probleme darstellten, mit denen er würde fertig werden müssen, aber von seinem Verständnis der außenpolitischen Interessen Amerikas her kümmerte er sich herzlich wenig um sie.

Andererseits war er sich im Gegensatz zu seinen republikanischen Vorgängern sehr bewußt, daß es zumindest einen gemeinsamen Interessenpunkt mit der Sowjetunion gab, und zwar die Gefahr eines japanischen Vordringens auf dem asiatischen Festland. Bald sollte er ähnlich empfinden angesichts Hitlers offenkundiger Absicht, Deutschland eine vorherrschende Stellung auf dem europäischen Kontinent zu verschaffen.

Von Anfang an begegnete Franklin Roosevelt den Argumenten des Außenministeriums und des Establishments im Osten, das so lange die republikanische Politik gegenüber Rußland geprägt hatte, mit Verachtung. Er war stark beeinflußt von William C. Bullitt, dem brillanten und charmanten

Dilettanten, der 1919 als sehr junger Mann während der Friedensverhandlungen von Lloyd George und Colonel House nach Rußland geschickt und mit der Überzeugung zurückgekehrt war, es *sei* möglich, mit Lenin und seinen Mitarbeitern zu verhandeln, um dann zu seiner Enttäuschung erleben zu müssen, daß die Alliierten es ablehnten. FDR [Franklin Delano Roosevelt] hatte, überzeugt wie er war von seiner Fähigkeit, andere für sich und seine Meinungen zu gewinnen, ein offenes Ohr für Bullitts Auffassungen, die sowjetischen Führer würden sich in ganz menschlicher Weise für ein freundlicheres und versöhnliches Entgegenkommen empfänglich zeigen und würden sich, da sie ein japanisches Vordringen in die Mandschurei (von einer Expansion der Nazi-Macht nach Osteuropa ganz zu schweigen) mehr zu fürchten hätten als die Amerikaner, leicht zu einem wichtigen Baustein eines Bollwerks gegen diese Entwicklung machen lassen. Das Ergebnis war natürlich die Wiederherstellung diplomatischer Beziehungen zwischen den beiden Ländern im Herbst 1933.

Typisch für FDR war, daß die sowjetisch-amerikanischen Vorabvereinbarungen (die sogenannten Roosevelt-Litwinow-Briefe), die zur Vorbereitung der diplomatischen Beziehungen dienten, in seinen Augen keineswegs die Aufgabe hatten, den Vereinigten Staaten irgendeinen konkreten Vorteil in den künftigen offiziellen Beziehungen zu sichern, sondern nur die Vorurteile zerstreuen und der Kritik jener politischen Gruppen in den Vereinigten Staaten den Wind aus den Segeln nehmen sollten, mit deren Widerstand gegen die diplomatische Anerkennung zu rechnen war. Deshalb waren die Passagen in den Litwinow-Briefen, die eine Einstellung der subversiven Propaganda und Aktivität gegenüber den Vereinigten Staaten und eine Regelung der Schulden und Forderungen sicherzustellen schienen, viel zu vage und mit viel zu vielen Hintertürchen versehen, um irgend jemanden, der diese Probleme gelöst sehen wollte, wirklich zu befriedigen.

Insofern konnte der Vorwurf erhoben werden – und er wurde erhoben –, daß die Annahme dieser Briefe durch Roosevelt eine direkte Irreführung der amerikanischen Öffentlichkeit darstellte. Aber es besteht kein Grund anzunehmen, FDR habe daran gezweifelt, daß sich letzten Endes auf die eine oder andere Art die gewünschten Ergebnisse erzielen lassen würden, unabhängig von der sprachlichen Eindeutigkeit der Vereinbarungen. Denn wenn es darum ging, wirkliche Fortschritte in den sowjetisch-amerikanischen Beziehungen zu erzielen, verließ sich der Präsident lieber auf die Wirkung seiner charismatischen Persönlichkeit als auf schriftliche Dokumente.

Das Resultat war für jeden, der Rußland ein bißchen kannte, vorhersagbar. Die Probleme der Schulden und Forderungen wurden nie gelöst, es blieb der Zeit vorbehalten, ihnen allmählich fast alle Bedeutung zu nehmen. Die Propaganda und die Unterstützung subversiver Gruppen hörte nicht auf. Und der Handel ging zurück, statt zuzunehmen. Nachdem die Anerkennung durchgesetzt war, die japanische Bedrohung für den Augenblick etwas eingedämmt war und sich herausgestellt hatte, daß die Amerikaner die Japaner auf keinen Fall im Interesse Rußlands bekämpfen würden, verlor das Sowjetregime jetzt jedes Interesse daran, die mehr oder minder versprochenen Zugeständnisse einzuhalten oder neue zu machen. Die neue amerikanische Botschaft in Moskau, die unter der Ägide von Mr. Bullitt als erstem Botschafter mit überschäumendem Optimismus gegründet wurde, spürte bald die jahrhundertealte russische Abneigung, mit dem ortsansässigen Diplomaten zu verhandeln (er gilt als zu *avisé*, wachsam und skeptisch, zu geduldig und zu wenig geneigt, sich zu überhasteten Abkommen drängen zu lassen) und die Vorliebe, direkt mit dem ausländischen Staatsmann zu verhandeln, der von keiner intimeren persönlichen Kenntnis der russischen Realitäten angekränkelt ist.

So kann nicht überraschen, daß Mr. Bullitt sein Amt nach ungefähr einem Jahr voller Enttäuschungen angeekelt aufgab, um sich später in die Reihe der erbittertsten Kritiker und Widersacher der Sowjetunion auf der Washingtoner Bühne einzugliedern. Sein Nachfolger Joseph E. Davies, ein Mann, für den aus verschiedenen Gründen der Anschein guter Beziehungen wichtiger war als ihre Wirklichkeit, machte einen mutigen, wenn auch nicht sehr plausiblen Versuch, diesen Anschein aufrechtzuerhalten. Aber auch er gab den Kampf bald auf und zog sich 1938 vom russischen Schauplatz zurück. Danach hatte man in der amerikanischen Botschaft während der kommenden Jahre das Gefühl, das fast irreale Dämmerdasein zu teilen, das alle diplomatischen Corps in Moskau führen, isoliert, bewacht, gesehen, aber nicht gehört, in solchen Fällen in erster Linie dienlich als Schule für junge, russisch sprechende Diplomaten, die gezwungen sind, das russische Geschehen zu betrachten und zu analysieren, während sie über die Gründe für ihre eigene Isolation nachdenken.

Die Jahre unmittelbar nach der Wiederaufnahme der sowjetisch-amerikanischen Beziehungen waren natürlich auch die Jahre der Säuberungen. Mit den Millionen Menschen, die in diesem schrecklichen Todessog verschwanden, verschwand auch – wie sollte es anders sein? – der magische Nachglanz, der von der Hoffnung und dem Idealismus der Leninzeit übriggeblieben war. Ende der dreißiger Jahre konnte selbst der größte Enthusiast nicht mehr die schrecklichen Spuren von Terror, Denunziation und moralischem Verfall in der russischen Gesellschaft übersehen. Nur die verblendetsten und uninformiertesten ausländischen Sympathisanten konnten, abgestoßen von der Erscheinung des europäischen Faschismus und geneigt, allem mit Zweifel zu begegnen, was ihrer vorgefaßten Meinung widersprach, die Illusion bewahren, daß hier eine überlegene und humanere Zivilisation gedeihe.

Aber solche Sympathisanten gab es natürlich auch in den Vereinigten Staaten. Sie schöpften Mut aus ihrem besonderen Verständnis der Wirtschaftskrise, die jetzt ihr eigenes »kapitalistisches« Land im Griff hatte. Ihrem Einfluß war es zu verdanken, daß sich bei Franklin und einigen seiner Ratgeber eine etwas angeschlagene, aber keineswegs beseitigte Voreingenommenheit für das Sowjetregime hielt: die Bereitschaft, die Erzählungen über den Schrecken und die Ungerechtigkeit der Säuberungen als eine der vielen Erfindungen der antisowjetischen Propaganda abzutun, die seit der Revolution unablässig verbreitet wurde, und die Bereitschaft, auch weiterhin an die grundsätzliche Forschrittlichkeit des sowjetischen »Experiments« zu glauben, das durch den Gegensatz zum europäischen Faschismus und japanischen Militarismus, die damals gerade ins Bewußtsein der Weltöffentlichkeit zu dringen begannen, nur noch vertretbarer erschien.

Der deutsch-sowjetische Nichtangriffspakt von 1939 war natürlich ein schwerer Schlag für alle Leute, die diese Auffassung hegten. In Verbindung mit dem nachfolgenden russischen Angriff auf Finnland und der Annektion der baltischen Staaten reichte diese unerwartete Entwicklung aus, um die eben beschriebene latente prosowjetische Einstellung bis zum Jahr 1941 zu unterdrücken. Es war jedoch kein tödlicher Schlag. Unter der Oberfläche überlebten diese Neigungen bis zum Schicksalsjahr 1941. Als im Juni dieses Jahres Rußland selbst von Hitler überfallen wurde, hatte es den Anschein, als seien die unglücklichen Ereignisse von 1939/40 nie geschehen: Robert Sherwoods ergreifendes Theaterstück über das Leiden der Finnen unter dem russischen Angriff, wurde rasch umgeschrieben, wobei die Finnen durch die Griechen und die Russen durch die Deutschen ersetzt wurden. Ein neues Zeitalter, das abermals geprägt war von der amerikanischen Kriegsteilnahme, brach für die Geschichte der sowjetisch-amerikanischen Beziehungen an.

VI

Gewiß hat sich die angeborene Neigung der Amerikaner, die Welt draußen höchst subjektiv wahrzunehmen, nie auffälliger gezeigt als in der veränderten Einstellung gegenüber Rußland im Anschluß an Pearl Harbour und die im Dezember 1941 erfolgende Kriegserklärung der Deutschen an die Vereinigten Staaten. Wie von Zauberhand waren die meisten Erinnerungen und Eindrücke aus der Vergangenheit fortgewischt. Vergessen waren die russischen Säuberungen, und niemand dachte daran, daß die Männer, die jetzt für Rußlands Kriegsanstrengungen und Diplomatie verantwortlich waren, dieselben Männer waren, die damals die blutigen Verfolgungen durchgeführt hatten. Vergessen waren auch die Grausamkeiten, die Berijas Polizeitruppe erst unlängst an der unschuldigen Bevölkerung Ostpolens und der baltischen Staaten verübt hatte. Vergessen war die Tatsache, daß die russische Beteiligung am Krieg weder das Verdienst noch der Wunsch seiner Machthaber war: daß sie vielmehr verzweifelte Anstrengungen unternommen hatten, nicht in ihn verwickelt zu werden, und daß sie, wenn es möglich gewesen wäre, ohne eine Spur von Bedauern weitere westliche Niederlagen hingenommen hätten, vorausgesetzt, die Kämpfe wären blutig und langwierig genug gewesen, um die Kriegskräfte der Deutschen und seiner westlichen Gegner zu erschöpfen. Weitgehend unbekannt blieb, daß die Forderungen, die Stalin schon Ende 1941 gegenüber den westlichen Alliierten erhob, im wesentlichen die gleichen waren, die er Hitler als Preis für die anfängliche Neutralität Rußlands abverlangt hatte. Was sich statt dessen herausbildete und systematisch von Washington kultiviert wurde, war das Bild eines großen sowjetischen Volkes, das von dem gleichen edlen Impuls humaner Empörung und der Sehnsucht nach einer von aller Tyrannei befreiten Zukunft beseelt war, von dem die Amerikaner sich selbst und ihre Verbündeten beseelt wähnten, eines sowjetischen Volkes, das mit

Heldenmut und Größe gegen einen Gegner kämpfte, in dessen abstoßender politischer Persönlichkeit sich alles Böse einer unvollkommenen Welt zu sammeln schien.

Dieses Bild war natürlich nicht völlig falsch. Der Heroismus war da. Auch die Bedingungslosigkeit der Anstrengungen. Daß die Westmächte ihren militärischen Sieg insofern dieser Anstrengung verdankten, als sie ihn ohne die russischen Kriegsleistungen niemals errungen hätten, läßt sich nicht leugnen. Richtig war auch, daß ein großer Teil des sowjetischen Volkes den Kampf als Verteidigung seines Heimatlandes verstand – ein Ziel, für das die Amerikaner zumindest Sympathie aufbringen konnten, selbst wenn das Heimatland, das da verteidigt wurde, nicht das ihre war.

Doch zählte unter den gegebenen Umständen natürlich nicht, wofür die Masse des sowjetischen Volkes nach seiner eigenen Vorstellung kämpfte, sondern welcher Nutzen nach Vorstellung seiner Machthaber aus dem Sieg gezogen werden sollte, und dies war, wie die Vergangenheit gezeigt hat, eine ganz andere Sache.

Gewichtige Gründe sind dafür genannt worden, daß der sowjetische Verbündete idealisiert und der Glaube an eine mögliche Zusammenarbeit mit ihm nach dem Kriege bestärkt wurde – Bemühungen, die einen großen Teil von Franklin Roosevelts Kriegspolitik ausmachten. Wenn die Öffentlichkeit nicht der Überzeugung gewesen wäre, so hieß es, Russen und Amerikaner würden für die gleiche Sache kämpfen, so wäre es unmöglich gewesen, die amerikanische Begeisterung für die Kriegsanstrengungen und die Bereitschaft, den Russen bei ihren Anstrengungen zu helfen, am Leben zu erhalten. Ohne amerikanische Hilfe, ohne die moralische Unterstützung Amerikas, ohne das deutlich geäußerte Vertrauen Amerikas in Rußland, hätte Stalin versucht sein können, so wurde vorgebracht, einen Kompromißfrieden mit den Nazis zu schließen, der Hitler erlaubt hätte, seine ganze große Streitmacht gegen den Westen zu werfen.

An diesen Argumenten war vieles richtig. Am schwächsten waren vielleicht gerade jene, die den größten Eindruck auf die militärische Führung, jetzt das Zentrum der politischen Entscheidungsfindung in den Vereinigten Staaten, machten: die Furcht vor einem völligen russischen Zusammenbruch oder (als das Blatt sich wendete) eines russisch-deutschen Separatfriedens. Stalin hätte ein solcher Separatfrieden natürlich gefallen, wenn auch erst nachdem die Deutschen zumindest von dem Boden der Sowjetunion in den Grenzen von 1939 vertrieben worden wären. Und als die Dinge so weit gediehen und die Deutschen ins Wanken geraten waren, war sein eigener Appetit so wachgekitzelt, daß er keinen Grund mehr sah, innezuhalten. Daß aber die Angst vor einer solchen Entwicklung, verbunden mit einem Gefühl der Scham über die eigene Unfähigkeit (bis 1944), einen größeren Teil der militärischen Lasten zu übernehmen, die amerikanische Militärführung während des ganzen Krieges bedrückte und geneigt machte, ihren sowjetischen Kollegen auf jede nur denkbare Weise moralische und materielle Unterstützung zu leisten, liegt auf der Hand.

Hinter allen diesen Argumenten verbirgt sich jedoch eine grundsätzlichere Frage, nämlich die, ob es sich unter irgendwelchen Umständen auszahlt, die öffentliche Meinung in Amerika irrezuführen, ihr nicht die Wahrheit zu sagen, selbst wenn es nach Meinung der politischen Führung durch eine gute Sache gerechtfertigt ist. Es ist typisch für die Kriegspsychologie, daß sie die Mittel in der Regel durch den Zweck geheiligt sieht. Wenn zu diesen Mitteln aber die Meinungsmanipulation durch Weckung und Verbreitung unrichtiger Vorstellungen gehört, muß man das immer irgendwann zu einem späteren Zeitpunkt bezahlen. Die so hervorgerufenen schiefen Vorstellungen müssen eines Tages wieder begradigt werden.

Und das geschah in den Jahren nach 1945. Es muß zur Ehrenrettung von FDR und seinen Mitarbeitern gesagt werden, daß sie wahrscheinlich niemals ganz begriffen (obwohl sie in den Tagen unmittelbar vor des Präsidenten Tod sehr nahe daran waren), in welchem Maße sie die amerikanische Meinung in diesem Punkt tatsächlich irreführten. Unter den Belastungen eines großen Krieges hat der Wunsch besonders leichtes Spiel, den Vater des Gedankens zu spielen. Auch Stalin trug auf seine eigene schlaue und vorsichtige Weise zur Ausbreitung dieses Mythos bei: er brachte mit fortschreitendem Krieg die Kritik der Westalliierten mehr und mehr zum Verstummen und wußte von den idealistisch-verschwommenen Allgemeinbegriffen, die jedem das sagen, was er hören will, geschickten Gebrauch zu machen.

Tatsache aber bleibt, ganz gleich wie mildernd die Umstände auch gewesen sein mögen, daß großen Teilen der amerikanischen Öffentlichkeit während des Krieges nicht nur der Traum einer engen und glücklichen Nachkriegszusammenarbeit mit den Russen verkauft wurde, sondern daß sie auch in der Überzeugung bestärkt wurden, ohne die erfolgreiche Verwirklichung dieses Traumes sei eine friedliche und glückliche Zukunft gar nicht denkbar.

Die Ereignisse der letzten Kriegswochen und der Zeit unmittelbar nach Einstellung der Kampfhandlungen bereiteten diesem Traum ein rasches Ende. Ein Ereignis nach dem anderen: das Verhalten der sowjetischen Streitkräfte in der von ihnen besetzten Hälfte Europas; die immer deutlicheren Anzeichen dafür, daß die sowjetischen Behörden nicht die Absicht hatten, den demokratischen Kräften in den Ländern dieser großen Region freie Hand zu lassen; ihre zynische Weigerung, sich an der Wiederherstellung von Wirtschaftsleben und Stabilität in den von ihnen nicht kontrollierten Gebieten zu beteiligen; die fortgesetzte Geheimnistuerei und Unberechenbarkeit sowjetischer Politik und sowjetischen Handelns; die mangelnde Bereitschaft, einen größeren Abbau der sowjetischen Streitkräfte vorzunehmen; das bornierte, argwöhnische und dabei habgierige Verhalten der sowjetischen Vertreter in den neuen internationalen Organisationen – alle diese Dinge schockierten eine Öffentlichkeit, die in keiner Weise auf sie vorbereitet war. Auch gab es keinen Franklin Roosevelt mehr mit seinem Talent zur Meinungsbeeinflussung, der das bittere Erwachen derer hätte steuern können, die er, wissentlich oder nicht, irregeführt hatte – der ihnen aus der Kriegseuphorie hätte heraushelfen können, in die er ihnen einst hineingeholfen hatte.

Das Ergebnis war abzusehen. Enttäuschte Liebe schlug nur allzu bereitwillig um in unvernünftigen Haß. Bei den Menschen, die man zu der Annahme gebracht hatte, in der russisch-amerikanischen Nachkriegszusammenarbeit liege die einzige Garantie für künftigen Frieden, erweckte das Ausbleiben dieser Zusammenarbeit angesichts von täglich deutlicher werdenden Zielkonflikten unvermeidlich die Vision eines erneuten Krieges. Noch verstört von dem unlängst erlebten Krieg verloren die Menschen den wahren Charakter Rußlands in seiner ganzen komplizierten Vielschichtigkeit häufig aus dem Blick. Statt dessen entstand, in mancherlei Hinsicht mit den Merkmalen des gerade verstorbenen Hitlers ausgestattet, eine der monströsen und schrecklichen Erscheinungen, an die zu glauben die öffentliche Meinung allzuleicht bereit ist: ein Ungeheuer bar aller Menschlichkeit und aller Rationalität der Motive, zugleich die Verkörperung und die Karikatur des Bösen, ohne jedwede innere Konflikte und eigene Probleme und nur darauf bedacht, dem Leben und den Hoffnungen anderer sinnlose Zerstörung zu bescheren.

Keine dieser Reaktionen – weder die übertriebenen Hoffnungen während des Krieges noch die zornige Enttäuschung nach dem Krieg – wurden von allen Amerikanern geteilt. Und wo sie geteilt wurden, erlebten sie nicht alle im gleichen Maße. Es gab Leute, die sich bemühten, sie zu korrigieren, wenn auch ohne großen Erfolg. Für sich allein wären diese irrigen Vorstellungen vielleicht nicht besonders tief gegangen oder hätte nicht besonders lange gedauert, aber unglückseligerweise entstand gleichzeitig ein neuer Komplex von Ängsten und Mißverständnissen – in diesem Falle militärischer Natur.

Es war schon die Rede davon, daß die Sowjetregierung es nach Einstellung der Feindseligkeiten versäumte, eine größere Demobilmachung vorzunehmen. Auch diese Tatsache hätte an und für sich, ohne das Hinzutreten erschwerender Umstände, keine übermäßige Besorgnis ausgelöst. Jahrhundertelang hatten die russischen Herrscher die Angewohnheit, auch in Friedenszeiten ein stehendes Heer zu unterhalten, welches größer war, als irgendeine ersichtliche Notwendigkeit verlangte. Die Gründe dafür dürften in erster Linie innenpolitischer und sozialer Natur gewesen sein. Dieses Mal jedoch waren die Umstände – und mit den Umständen die Reaktionen – in vielerlei Hinsicht anders.

Zunächst hatten die russischen Streitkräfte jetzt im Gegensatz zu früheren Jahrzehnten und Jahrhunderten ein Aufmarschgebiet mitten im Herzen Europas mit gesicherten Nachschubverbindungen im Hinterland. In der Vergangenheit konnte ihre große zahlenmäßige Stärke erst zum Einsatz gebracht werden, nachdem man die geographischen und militärischen Hindernisse des Gebietes überwunden hatte, das zwischen Rußlands traditionellen Westgrenzen und dem industriellen Kernland des europäischen Kontinents liegt. Heute könnte eine sowjetische Offensive, wenn gewünscht, einhundert Kilometer von Hamburg oder dreihundert Kilometer vom Rhein entfernt begonnen werden. Militärischen Planern, die daran gewöhnt sind, Möglichkeiten höher zu bewerten als Absichten, mußte dies ganz einfach beunruhigend erscheinen. Und nicht nur militärischen Planern allein. Die Völker Westeuropas, die sich, mit ein oder zwei Ausnahmen, alle daran erinnern konnten, daß ihre Heimat irgendwann, und gewöhnlich innerhalb des letzten Jahrhunderts, von fremden Truppen besetzt wurde, litten unter der *manie d'invasion* und mochten nicht glauben, daß die Russen, die seit 1944 schon so viele Länder besetzt hatten, nicht Appetit auf mehr verspürten.

Zweitens sahen sich westliche Militärstrategen, ohnehin aus berufsbedingter Vorsicht und anderen Gründen zu einer chronischen Überschätzung der gegnerischen Stärke geneigt, jetzt nicht mehr den traditionell primitiven und langsamen russischen Bodentruppen gegenüber, die wirksam waren, wenn sie ihren eigenen Boden verteidigten, sich aber zum Angriff gegen einen starken westlichen Gegner nicht besonders gut eigneten, sondern hatten es vielmehr mit modernen, technisierten Einheiten zu tun, die in ihrer Ausrüstung den westlichen Armeen kaum und manchmal überhaupt nicht nachstanden. Das Ergebnis war natürlich noch größere Angst.

Als Ursache für die Militarisierung der amerikanischen Einstellung zu Rußland traten diese Faktoren in ihrer Bedeutung natürlich zurück hinter der seit 1949 erkennbaren Entwicklung einer nuklearen Schlagkraft durch die Russen.

Der Autor dieser Zeilen sieht keinen Grund für die Annahme, daß die sowjetische Führung zu Stalins Zeiten den Kernwaffen in ihren politisch-strategischen Überlegungen jemals eine vorrangige Bedeutung eingeräumt hätte. Es besteht kein Anlaß, daran zu zweifeln, daß Stalin die Waffe so verstand, wie er selbst sie beschrieben hat: als etwas, womit man Leute mit schwachen Nerven in Schrecken versetzen kann. Nicht nur war er sich von Anfang an über ihre potentiell selbstmörderische Qualität im klaren, sondern er wird als jemand, in dessen Augen Kriege nur etwas taugten, wenn sie irgendeinem politischen Ziel dienten, sicherlich erkannt haben, daß sich die Kernwaffen für solche Zwecke schlecht eignen: sie sind zu primitiv, von zu blinder Zerstörungskraft, zu undifferenziert, bergen zu große Gefahr, das Nützliche mit dem Nutzlosen zu zerstören.

So grausam er sein konnte und so wenig sich seine Ziele mit den unseren decken mochten, war Stalin doch ganz und gar rational in seiner Außenpolitik. Für ihn war der Krieg kein glorifizierter Wettkampf mit dem einzigen Ziel, den militärischen Sieg davonzutragen; er hatte kein Interesse daran, die Menschen wahllos abzuschlachten, nur um sie abzuschlachten, er verfolgte durchdachte, klar definierte Zielsetzungen, die seiner Sicherheit und seinem Ehrgeiz dienten. Die Kernwaffen konnten Menschen vernichten, sie konnten kein Territorium besetzen, es unter Polizeigewalt halten oder politisch organisieren. Er willigte in ihre Entwicklung ein, gewiß – weil andere es taten, weil er nicht ohne dastehen wollte, weil er sich sehr wohl bewußt war, welch bedrohliche Schatten sie über internationale Ereignisse würden werfen können, allein durch die Tatsache, daß sie für alle sichtbar zum nationalen Arsenal eines Landes gehörten.

Aber die Befriedigung seines internationalen Ehrgeizes erhoffte er sich nicht von dieser Waffe.

Ja angesichts der physischen Gefahren, die die Waffe heraufbeschwor, und der Verwirrung, die ihr Vorhandensein unter einigen der geheiligten marxistischen Begriffe anrichtete, mit denen die Welt erklärt wurde, wäre er wahrscheinlich sehr glücklich gewesen, wenn es gelungen wäre, sie völlig aus den Arsenalen der Großmächte, auch den eigenen, zu entfernen, vorausgesetzt, es hätte sich bewerkstelligen lassen, ohne sich mit mißliebigen Formen internationaler Kontrolle abfinden zu müssen. Und wenn seine Nachfolger schließlich, wie anzunehmen, zu einer etwas anderen Auffassung von den Verwendungsmöglichkeiten der Waffe gezwungen wurden, so waren sicherlich die Westmächte daran schuld, die sich von Anfang an zum Ersteinsatz der Waffe in jedem größeren Konflikt verpflichteten, gleich ob sie gegen sie eingesetzt würde oder nicht.

Davon nahm man jedoch auf westlicher Seite – und insbesondere auf amerikanischer – wenig wahr. Abermals siegte das Interesse für die militärischen Möglichkeiten über alle Anhaltspunkte, die auf die Absichten der anderen Seite schließen ließen. Die Erkenntnis, daß die Russen die Waffen besaßen und über die Flugkörper verfügten, sie zu befördern, diente als hinreichende Grundlage für die Annahme, daß sie auch den Wunsch hätten, sie einzusetzen, und daß sie es tun würden, wenn sie nicht abgeschreckt würden.

Teilweise verdanken wir dies der Tatsache, daß es nun einmal auch in Friedenszeiten die Disziplin der Militärplanung gibt. Die Planer müssen sich einen Gegner aufbauen. Im vorliegenden Falle boten sich die Russen als die stärkste und die rhetorisch feindseligste Macht für diese Rolle an. Dann müssen dem Gegner die schlimmsten Absichten unterstellt werden. Es besteht keine Notwendigkeit zu fragen, *warum* er bestimmte feindselige Handlungen ausführen würde oder ob es wahrscheinlich wäre. Daß er die Möglichkeit dazu besitzt, genügt. Die bloße Tatsache, daß seine Waffen auf der eigenen Seite Schaden anrichten würden, gilt als ausreichender Beweggrund für ihre Anwendung. Auf diese Weise wird für Planungszwecke nicht nur das Bild eines völlig entmenschten und abgrundschlechten Gegners entworfen, sondern dieses Bild täglich, Woche für Woche, Monat für Monat, Jahr für Jahr immer wieder aufs neue beschworen, bis es alle Züge der Wirklichkeit annimmt und zum täglichen Begleiter derer wird, die es kultivieren, so daß jeglicher Versuch von irgend jemandem, seine Realität zu leugnen, als verräterischer oder leichtfertiger Akt erscheint. So nahm der Pappkamerad, den sich die Planer von der politischen Haltung der Sowjetunion zimmerten, den Platz der Wirklichkeit ein und wurde zum Bild, an dem sich ein Großteil der amerikanischen Politik und der amerikanischen Militäranstrengungen orientierten.

Doch damit ist die Liste der Kräfte noch nicht erschöpft, die nach dem Zweiten Weltkrieg große Teile der einflußreichen amerikanischen Meinung über Rußland in ein neues, äußerst militaristisches und nur begrenzt realistisches Denkmodell zwängten. Die Übernahme Chinas durch die Kommunisten im eigenen Land, eine Entwicklung, mit der die sowjetische Führung keineswegs ganz einverstanden war, wurde bald als Werk Moskaus angesehen, nicht direkt von den Russen besorgt, sondern (ist die Phantasie je merkwürdigere Wege gegangen?) durch die Vermittlung einfältiger oder treuloser Amerikaner. Daraus und aus der verwandten Entdekkung, daß sich politisches Kapital aus der Verdächtigung von Mitbürgern schlagen ließ, erwuchs das als »McCarthyism« bekannte Phänomen, dessen fraglos hingenommene Voraussetzung die Existenz eines russisch-kommunistischen Feindes von diabolischer Schlauheit war, der von tödlicher Feindseligkeit umgetrieben und vom Gedanken an unsere Vernichtung besessen war. Und nicht lange danach kam es zur Fehlinterpretation des Wesens und der Bedeutung des Koreakriegs durch die offiziellen Washingtoner Kreise – eine Fehlinterpretation, aufgrund derer eine Operation, die vor allem aus örtlichen Erwägungen hinsichtlich der Situation im mandschurisch-koreanischen Gebiet begonnen wurde und aus der die sowjetische Regierung ihre eigenen Streitkräfte wohlweislich heraushielt, in Washington als Angriff der sowjetischen Roten Armee über internationale Grenzen hinweg und als nur ein erster Schritt in einer Art hitlerischem »Großplan« zur militärischen Eroberung der Welt angesehen und erörtert wurde.

Aus diesen Voraussetzungen erwuchs Ende der vierziger und Anfang der fünfziger Jahre jene Haltung der amerikanischen Öffentlichkeit, die mit dem Begriff »Kalter Krieg« verbunden wurde. Zwar beherrschten diese Auffassungen nie die ganze amerikanische Meinung. Viele Menschen waren zwar bereit, dem eben beschriebenen Bild des sowjetischen Gegners bereitwillig zuzustimmen, waren sich jedoch der

Lückenhaftigkeit ihres Informationsstands bewußt und im großen und ganzen bereit, mit ihrem Urteil abzuwarten. In ihrer extremen Form blieben die genannten Fixierungen auf eine kleine, aber äußerst militante Minderheit am äußersten rechten Flügel beschränkt, deren schwache Resonanz bei den Wählern wiederholt unter Beweis gestellt wurde, sowie auf die militärischen Haushaltsexperten und Nuklearstrategen, die in den Wahlen ohnehin kaum eine Rolle spielten.

Trotzdem wurde das Bild von der Sowjetunion als vorrangig militärischer Herausforderung jetzt weithin akzeptiert. Und aus Gründen, die eingehenderes wissenschaftliches Interesse verdienten, als sie bisher gefunden haben, gewannen die daraus resultierenden Fixierungen eine merkwürdig hypnotische Kraft über die Gruppe der Berufspolitiker. Auf eine gewisse Zurschaustellung aggressiver Wachsamkeit gegenüber einer angeblichen äußeren Gefahr schien niemand, der in der amerikanischen Politik tätig war, verzichten zu können. So kam Anfang der fünfziger Jahre, da Hitler von der Bildfläche verschwunden war, das übertrieben bedrohliche Bild eines konspirierenden und nach der Weltherrschaft trachtenden Kremls gerade recht. Es gab jedenfalls, angefangen mit Harry Truman, nicht eine einzige Regierung in Washington, die nicht in die Defensive ging und durch ihr Handeln das Gegenteil zu beweisen suchte, wenn man ihr vorwarf, »nachgiebig gegenüber dem Kommunismus« zu sein, mochten die Vorwürfe auch noch so gegenstandslos oder bar jeder Beweiskraft sein.

Diese Bemerkungen dürfen nicht mißverstanden werden. Die Realität, die es anstelle dieses überzeichneten Bildes zu erkennen galt, war nie das Gegenteil dessen, was das Bild entwarf. Es gab tatsächlich während dieses ganzen Zeitraums, wie auch stets zuvor, bedrohliche Elemente sowohl in der sowjetischen Rhetorik als auch im sowjetischen Verhalten. Dieses Verhalten war immer mehr oder weniger gekennzeichnet von Zügen – Geringschätzung der Wahrheit, Unfehlbarkeitsanspruch, übertriebene Geheimnistuerei, übertriebene Aufrüstung, grausame Unterdrückung der Satellitenvölker und Unfreiheit im eigenen Land –, die den Abscheu und den Zorn der amerikanischen Öffentlichkeit erregen mußten und so das gerade geschilderte verzerrte Bild Sowjetrußlands bestätigten und am Leben erhielten. Es läßt sich sogar feststellen, daß die Sowjetführer, wenn es ihnen nicht gefallen hätte, mit diesem Image zu leben, wesentlich mehr, als sie tatsächlich taten, hätten unternehmen können, um es zu widerlegen. Ein paar allzu durchsichtige Friedenskongresse und das rituelle Herbeten ihrer »Friedensentschlossenheit« (als ob Frieden irgendeine Abstraktion wäre) reichten dazu nicht aus.

Das Verständnis auf sowjetischer Seite wurde am ernsthaftesten durch die dichten Wolken antiamerikanischer Propaganda verzerrt – am ernsthaftesten, weil massiv und vorsätzlich –, die in der Nachkriegszeit von der sowjetischen Propagandamaschine Tag für Tag, Monat für Monat und Jahr für Jahr verbreitet wurden, ein Unterfangen, das nie durch irgendeinen ernsthaften Willen zu objektiver und erkennbarer Wahrheit beeinträchtigt worden war und sich jetzt weniger denn je um sie kümmerte. Wie weit man darin ging, besonders in jenen letzten Lebensmonaten Stalins, die mit dem Höhepunkt des Koreakriegs zusammenfielen, war für niemanden recht vorstellbar, der es nicht aus erster Hand miterlebte. Hier wurden die Vereinigten Staaten natürlich als der imperialistischste, militaristischste und ganz allgemein verwerflichste aller Aggressoren dargestellt. Und dies zog das Klima der Beziehungen auf beiden Seiten in Mitleidenschaft, denn einerseits bestätigte die Maßlosigkeit dieser Angriffe die Amerikaner in ihrer Auffassung von der finsteren Doppelzüngigkeit der sowjetischen Politik (warum, so fragte man, muß eine Regierung, die wirklich friedliche Absichten hegt, solche Lügen bei der Darstellung ihrer Sache verbreiten?), während andererseits die sowjetischen Führer und Funktionäre, die an den politischen Entscheidungsprozessen beteiligt waren, sich trotz des Zynismus, mit dem sie diese Propaganda verbreiteten, nicht von ihrer Wirkung freimachen konnten und in ihrer Deutung des amerikanischen Verhaltens entsprechend beeinflußt wurden.

Vor diesem Hintergrund wechselseitiger Mißverständnisse wurde die Richtung der sowjetisch-amerikanischen Beziehungen in den Jahren unmittelbar nach dem Krieg und in gewisser Weise bis in die Chruschtschow-Ära hinein durch eine Reihe unbeabsichtigter Fehldeutungen und mißverstandener Signale bestimmt, was komisch angemutet hätte, wenn es nicht so gefährlich gewesen wäre. Der Marshallplan, die Vorbereitungen zur Einsetzung einer Regierung in Westdeutschland und die ersten Schritte zur Gründung der Nato wurden in Moskau als Beginn eines Feldzugs verstanden, der die Sowjetunion um die Früchte ihres Sieges über Deutschland bringen sollte. Die sowjetische Maßregelung der Tschechoslowakei und die Errichtung der Berlinblockade, beides im wesentlichen defensive (und in gewisser Weise vorhersagbare) Reaktionen auf die westlichen Schritte, wurden nun auf westlicher Seite in ähnlicher Weise mißverstanden. Kurz darauf kam es zur Krise des Koreakrieges, in dem der sowjetische Versuch, die Streitkräfte eines Satellitenstaates in einem Bürgerkrieg zum eigenen Vorteil einzusetzen – gedacht als Reaktion auf die amerikanische Entscheidung, eine ständige militärische Präsenz in Japan aufrechtzuerhalten –, in Washington als der Beginn des endgültigen sowjetischen Griffs nach der Weltherrschaft gedeutet wurde. Die amerikanische Reaktion, das aktive militärische Eingreifen, erschien wiederum in Moskau (und nicht ganz grundlos) als eine Bedrohung der sowjetischen Position sowohl in der Mandschurei als auch in Ostsibirien.

Und so kam es – nach Stalins Tod gewiß mit verminderter

Heftigkeit, aber trotzdem tragisch und unnötig – zur beiderseitigen Fehldeutung von Ereignissen wie dem Eintritt der Bundesrepublik in die Nato, dem Start des ersten Sputniks, der Entscheidung, Kernwaffen in europäischen Natostaaten zu stationieren, der zweiten langwierigen Berlinkrise, die Chruschtschow Ende der fünfziger und Anfang der sechziger Jahre inszenierte, und schließlich der Kubakrise. Jede Fehldeutung schuf die Voraussetzung für die nächste. Und mit jeder Fehldeutung geriet das Denken der politisch Verantwortlichen auf beiden Seiten fester und endgültiger unter den Einfluß der militärischen Rivalität.

VII

Eine der verhängnisvollsten Auswirkungen dieser Fixierung auf die militärischen Aspekte der Beziehung bestand darin, daß sie bei vielen Amerikanern, auch vielen Gesetzgebern, Meinungsführern und politisch Verantwortlichen, die Fähigkeit beeinträchtigten, konkrete und bedeutsame Veränderungen in der sowjetischen Gesellschaft und Führungsspitze wahrzunehmen. Am allerverhängnisvollsten war, daß sie den Blick für die Bedeutung von Stalins Tod verstellten. Natürlich gingen die Veränderungen, die diesem Ereignis folgten, allmählich und graduell vor sich.

Teilweise versuchte die neue Führung sie auch absichtlich zu verschleiern. Dadurch waren sie zugegebenermaßen nicht immer leicht zu erkennen. Aber sie waren wichtig. Sie verdienten die amerikanische Aufmerksamkeit in hohem Maße, und sie waren durchaus erkennbar für geübte und aufmerksame Beobachter, von denen die amerikanische Regierung genug besaß, wenn sie sich nur die Mühe gemacht hätte, sich ihrer zu bedienen.

Die Chruschtschow-Ära und insbesondere die Jahre von 1955 bis 1960 boten fraglos die günstigsten Voraussetzungen seit den zwanziger Jahren für eine Verbesserung der Beziehung mit Rußland und für eine Mäßigung dessen, was in dieser Zeit rasch zu einem gefährlichen, teuren und von niemandem eigentlich gewollten Wettlauf in der Entwicklung von Streitkräften und Waffensystemen wurde. Chruschtschow hatte gewiß seine Fehler – unter anderen seine Prahlsucht, seine Grobheit, seine gelegentliche Neigung zur Brutalität, seine ängstliche Sorge um das Ansehen der Sowjetunion und seine unbeherrschten Versuche, es durchzusetzen –, aber die meisten dieser Fehler waren die eines Mannes, der allzu offensichtlich ein Parvenü aus bäuerlichen Verhältnissen war, nicht dazu geboren, eine Großmacht nach außen zu vertreten, und mit der Neigung, allzusehr auf diese Großmachtstellung zu pochen. Aber er war äußerst menschlich, sogar in seiner Beziehung zum ideologischen Widersacher. Man konnte mit ihm reden – reden, soweit es ihn betraf, bis zu den Grenzen der physischen Leistungsfähigkeit (seine eigene schien keine Grenzen zu kennen).

Der einfache und primitive Glaube Chruschtschows an die Grundsätze des Marxismus-Leninismus, wie er ihn verstand, war, so merkwürdig das auch klingen mag, ein Vorteil. Denn er weckte, sogar in der Konfrontation mit dem kapitalistischen Besucher, den Wunsch zu überzeugen, zu bekehren und – zu diesem Zweck – mit ihm zu reden. Dies war, wollte man ein besseres Verständnis erreichen, weit besser als der verschlagene Zynismus eines Stalins. In diesem Zusammenhang ist auch daran zu erinnern, daß Chruschtschows Geheimrede auf dem XX. Parteitag 1956 für die extrem stalinistischen Tendenzen in der Partei und im Weltkommunismus einen Schlag bedeuteten, von dem sie sich nie ganz erholen sollten.

Natürlich fehlte es auch in der Chruschtschow-Periode nicht an ernsten Krisen. Neben der erwähnten Berlinkrise gab es vor allem den Ungarnaufstand von 1956. Der Hinweis darauf, daß die sowjetische Aktion von der amerikanischen

Seite weder richtig verstanden noch mit einer angemessenen Reaktion beantwortet wurde, darf nicht als Entschuldigung für das sowjetische Handeln verstanden werden. Das Mißverständnis erwuchs (genauso wie später angesichts des Prager Frühlings im Jahre 1968) aus der offenkundigen Unfähigkeit sehr vieler Amerikaner, zu verstehen, daß die sowjetische Hegemonie über Osteuropa, in der Endphase des Krieges mit Waffengewalt errichtet und von unserem Land schweigend hingenommen, eine mit großer Entschlossenheit vorgenommene Neuordnung bedeutete, die die sowjetische Führung notfalls mit den gleichen Mitteln zu verteidigen bereit war, mit denen sie sie durchgesetzt hatte.

Was nun die amerikanische Reaktion anbelangte, so gehörte westliches Eingreifen mit Waffengewalt nie zu den möglichen Alternativen. Der Konflikt hätte nicht begrenzt werden können, und selbst Ungarn war keinen Atomkrieg wert. Sinnvolles Handeln auf seiten der USA hätte darin bestehen können, daß sie bestimmte Veränderungen ihrer militärischen Stellungen in Westeuropa in Aussicht gestellt hätten für den Fall, daß die sowjetische Regierung den Dingen in Ungarn ihren Lauf ließe. Aber da der amerikanische Außenminister zu diesem Zeitpunkt von den bedauerlichen Ereignissen der Suezkrise in Anspruch genommen wurde und die Vereinigten Staaten sowie die anderen Nato-Mitgliedstaaten bereits entschieden Stellung bezogen hatten gegen alles, was Ähnlichkeit mit einem Disengagement in Europa hatte, war ein solches Angebot nicht mehr möglich.

Infolgedessen blieb die Situation im wesentlichen unverändert. In einigen relativ machtlosen Bereichen der amerikanischen Regierungskreise suchten einige Leute auch weiterhin mit Geduld und Einsicht nach möglichen Kanälen, über die sich eine weniger gefährliche und erfolgversprechendere Lage der Dinge herbeiführen ließe. Aber in anderen und mächtigeren Regierungsstellen fuhren andere Leute damit fort, in den

Begriffen des Koreakriegs zu denken, als ob Stalin nie gestorben sei, als ob es keine Veränderung gegeben hätte und als ob das Problem immer noch und lediglich die Herstellung militärischer Überlegenheit in Vorbereitung eines künftigen, als unvermeidlich angesehenen militärischen Konflikts sei und nicht die Vermeidung einer solchen Katastrophe, für die es überhaupt keinen logischen Grund gab und die niemand gewinnen konnte. Die Tätigkeit des militärischen Nachrichtendienstes wurde weiterhin höher eingeschätzt als die Möglichkeiten diplomatischer Verständigung. Und wer erinnert sich nicht an das Ergebnis? Es kam zu dem fast vorhersagbaren Zwischenfall. Das U-2-Flugzeug, das im Herzen Rußlands abgeschossen wurde, bedeutete einen schweren Schlag für das Prestige Chruschtschows, diskreditierte ihn in den Augen seiner eigenen Kollegen, erschütterte seine Macht über den sowjetischen Militärapparat und beschleunigte das Ende einer Karriere, die bereits durch andere Faktoren ernsthaft gefährdet war.

VIII

Vier Jahre sollten noch bis zu Chruschtschows endgültigem Sturz vergehen – Jahre, die gekennzeichnet waren durch Präsident Kennedys ziemlich erfolglosen Versuch, eine persönliche Beziehung zu Chruschtschow anzuknüpfen, und durch die zusätzliche Komplikation der Kubakrise. Ob Chruschtschow bei dem unklugen Versuch, Raketen auf Kuba zu installieren, unter dem Zwang seiner Kollegen handelte oder ob es ein letzter verzweifelter Schritt von ihm selbst war, seine eigene schwindende Autorität zu retten, ist immer noch ungewiß, nicht aber, daß er das Ende seiner Karriere besiegelte. Mit dem Jahr 1965 – Lyndon Johnson war jetzt Herr im Weißen Haus und Chruschtschow von der politischen Bühne abgetreten – begann eine neue Phase der sowjetisch-amerikanischen Beziehungen.

Die Zeichen standen zu Beginn von Johnsons Amtszeit im großen und ganzen gar nicht so schlecht. Gewiß beeinträchtigten die Nachwirkungen der jüngsten Reibereien noch die Atmosphäre der Beziehungen. Aber sogar der Sturz Chruschtschows hatte viele der günstigen Veränderungen in den sowjetischen Verhältnissen nicht rückgängig machen können, die eine Rolle in der sowjetisch-amerikanischen Beziehung spielten. Bescheidene und graduelle Verbesserung, gewiß, aber nicht ohne Bedeutung. Der Terror hatte sich gemildert. Die Unabhängigkeit der Geheimpolizei war erheblich eingeschränkt worden. Die Beschränkungen hinsichtlich des Umgangs von Russen mit Ausländern waren etwas gelokkert worden. Die Behörden zeigten mehr Bereitschaft, sowjetische Bürger an vielen Formen des internationalen Lebens auf kultureller und sportlicher Ebene teilnehmen zu lassen. Natürlich wurden diese Veränderungen in Washington nur zum Teil erkannt. Viele Leute blieben, wie die Zukunft zeigen sollte, völlig blind für sie. Aber Lyndon B. Johnson und sein Außenminister Dean Rusk verschlossen sich ihnen nicht ganz und nutzten die Chance, einen gewissen Vorteil aus ihnen zu ziehen. So kam es in der Zeit zwischen 1966 und 1968 zu einigen Fortschritten, die sich, wäre es gelungen, auf ihnen aufzubauen, durchaus zu jener Form der Beziehung hätte entwickeln können, die Anfang der siebziger Jahre als »Entspannung« bekannt wurde. (Das Wort war sogar damals in Gebrauch.) Man kam zu Abkommen über die Eröffnung von direkten Flugverbindungen, über die Einrichtung von konsularischen Vertretungen auch in anderen Großstädten als den jeweiligen Hauptstädten und (in sehr bescheidenem Maße) über Fischereiprobleme. Man einigte sich auf neue Vereinbarungen zum Kulturaustausch und führte erste Sondierungsgespräche für die späteren SALT-Verhandlungen und die Zusammenarbeit in der Weltraumfahrt und -forschung durch.

Diese hoffnungsvollen Anfänge fielen jedoch zwei Entwicklungen zum Opfer: erstens dem sowjetischen Eingreifen in der Tschechoslowakei im Jahre 1968, zweitens – und dies war von weit größerer Bedeutung – der amerikanischen Beteiligung am Vietnamkrieg. Erst nachdem das erste Ereignis in Vergessenheit geraten war und das zweite Anfang der siebziger Jahre beendet werden konnte, bot sich die Chance zu weiteren Fortschritten auf dem Weg, der von Johnson und Rusk sechs Jahre zuvor eröffnet worden war.

IX

Die positiven Ergebnisse aus der Phase der sowjetisch-amerikanischen Beziehungen, die (etwas irreführend) unter der Bezeichnung Nixon-Kissinger-Entspannung bekannt wurden, sind so jungen Datums, daß hier auf eine ausführliche Erinnerung an sie verzichtet werden kann. Diese Resultate fielen größtenteils in eine außerordentlich kurze, aber von großer Aktivität gekennzeichnete Phase: in die Zeit von Kissingers Chinabesuch im Sommer 1971 bis zu Breschnews Besuch in den Vereinigten Staaten im Juni 1973. Die einzelnen bilateralen Abkommen, die im Laufe der verschiedenen Verhandlungen und Besuche auf höchster Ebene getroffen wurden, sind zu zahlreich, als daß sie hier aufgezählt werden könnten. Sie umfaßten etwa fünfzehn bis zwanzig sich meist überschneidende Themen und bedeuteten gelegentlich aufeinanderfolgende Phasen in der Behandlung eines einzigen Themas. Sie waren nicht alle von großer politischer Bedeutung, manchmal handelte es sich nur um Ansätze, nicht um endgültige fruchtbare und sichere Vereinbarungen. Aber sie bedeuteten einen Schritt vorwärts. Am wichtigsten war das SALT-Abkommen, das von Nixon und Breschnew unterzeichnet wurde, als Nixon im Mai 1972 Moskau besuchte.

Das waren alles bilaterale sowjetisch-amerikanische Vereinbarungen. Bekanntlich waren sie in ihren Anfangsstadien flankiert von den Ergebnissen dessen, was Bundeskanzler Willy Brandts »Ostpolitik« genannt werden sollte. (Abermals eine unzulängliche Bezeichnung – als ob dies die erste deutsche Regierung oder die letzte gewesen wäre, die je politische Beziehungen zum Osten geknüpft hätte.) Es gab auch große Verwirrung stiftende und weitgehend bedeutungslose Verhandlungen, die schließlich zu den Vereinbarungen von Helsinki führen sollten – multilaterale Verhandlungen, mit nur halbherziger und zweitrangiger Beteiligung der Amerikaner. Im großen und ganzen stellt aber die Nixon-Kissinger-Entspannung einen positiven Abschnitt in den bilateralen sowjetisch-amerikanischen Beziehungen dar, der von den europäischen Verbündeten Amerikas sogar nicht ohne Unsicherheit und Furcht beobachtet wurde.

Aus sowjetischer Sicht wurden diese Bestrebungen durch zwei Wandlungen in der internationalen Situation Anfang der siebziger Jahre angeregt und ermöglicht: die Beendigung der amerikanischen Beteiligung am Vietnamkrieg und dem Nixon-Besuch in Peking, der praktisch offizielle Beziehungen zwischen Amerikanern und Chinesen einleitete. Auf amerikanischer Seite war es natürlich das Zusammentreten zweier Männer in einflußreichen Positionen in Washington: von Richard Nixon, der damals auf der Höhe seiner Macht und seines Ansehens stand und ins Weiße Haus den Ruf eines bewährten kalten Kriegers mitbrachte, was ihn bei seinem Versuch, die Beziehung zu Rußland zu verbessern, bis zu einem gewissen Grade vor Angriffen von rechts schützte, und von Henry Kissinger, der mit einem hohen Maß an Phantasie, Kühnheit und Verständnis zu Werke ging, ohne die sich die Resultate nur schwer hätten erzielen lassen.

Beide Seiten sahen in diesem Versuch zur Verbesserung und zum Ausbau der Beziehungen eine Chance, die Gefahren unbegrenzter Rivalität und des unkontrollierten Wettrüstens auf dem Gebiet der Kernwaffen einzuschränken. Beide waren sich auch, das muß zu ihrer Ehrenrettung gesagt werden, über die immense, ihr Handeln fast obligatorisch machende Bedeutung eines Fortschritts in dieser Richtung bewußt. Außerdem sah die sowjetische Seite darin einen Pluspunkt in ihrer Beziehung zum kommunistischen China und eine gewisse Sicherheit vor einer allzu engen oder ausschließlichen Verbindung zwischen dieser Macht und den Vereinigten Staaten. Die amerikanische Seite war schlau genug, sich klarzumachen, daß viele der starren Einschränkungen, die den Kalten Krieg sowohl als Meinungsklima in Amerika wie als Bedingung der amerikanisch-sowjetischen Beziehungen kennzeichneten, den amerikanischen Interessen in anderen Gebieten der Welt nicht eben dienlich waren. Abgesehen davon war Nixon natürlich nicht ganz unempfänglich für die innenpolitischen Früchte, welche die zahlreichen spektakulären Gipfeltreffen abwarfen.

Diese Erkenntnisse bedeuteten jedoch auch eine enge Definition und Begrenzung für die Ziele und das Ausmaß der Entspannung. Darüber war nicht hinauszugelangen. Die sowjetischen Führer waren entschlossen zu verhindern, daß die Entwicklung ihre Diktatur zu Hause aufweiche, wollten sich auch nicht daran hindern lassen, hinsichtlich der Probleme in der Dritten Welt weiterhin rhetorisch und politisch die Grundsätze eines revolutionären Marxismus zu vertreten, um sich nicht von den chinesischen Kommunisten den Vorwurf gefallen lassen zu müssen, sie würden die Sache des Marxismus-Leninismus verraten. Es gibt kein Anzeichen dafür, daß sie je versucht hätten, ihre westlichen Gegenspieler über die Natur oder die Ernsthaftigkeit dieser Vorbehalte zu täuschen.

Ob die Sowjetunion 1973 durch ihr Verhalten im Nahost-Krieg und – etwas später – in Angola nicht zumindest gegen den Geist der früheren Übereinkünfte mit Nixon und Kissinger verstoßen haben, ist eine Frage, die den Rahmen dieses

Aufsatzes sprengt. Aber einige Politiker auf amerikanischer Seite waren ganz zweifellos der Meinung, daß dies der Fall sei, und dieser Eindruck wurde dazu benutzt, die sehr krassen Veränderungen zu rechtfertigen, die damals in der amerikanischen Politik vorgenommen wurden.

An Opposition gegen die Entspannung hat es in Washington selbst auf der Höhe ihrer Entwicklung nie gefehlt. Sie war nur zeitweilig durch das Prestige und die Autorität des Weißen Hauses unterdrückt worden. Als die Macht der Nixonschen Präsidentschaft in den Jahren 1973 und 1974 zerfiel, bezogen die Anti-Entspannungskräfte wieder ihre Stellungen, und zwar mit großer Wirksamkeit. Damit war bis zu einem gewissen Maße zu rechnen, denn die übertriebene Bewertung der ersten Kontakte und Verhandlungen hatte falsche Hoffnungen und Vorstellungen hinsichtlich dessen geweckt, was sich erreichen ließ, so war eine gewisse Enttäuschung unvermeidlich. Die Zeichen für diese Reaktion zeigten sich bereits Ende 1973. Der Versuch, die Situation im Juni 1974 durch einen weiteren (und sehr mißverstandenen) Nixon-Besuch in Moskau zu retten, war nutzlos. Einige sehr begrenzte Fortschritte wurden zwar noch auf dem Gebiet des Kulturaustausches erzielt, aber jetzt war der Widerstand im Pentagon und in anderen Kreisen gegen weitere folgenreiche Konzessionen in den SALT-Gesprächen sowie gegen irgendwelche Selbstbeschränkungen in der Entwicklung der amerikanischen Waffenprogramme zu stark, um noch überwunden werden zu können, schon gar nicht von einem verzweifelten und verstörten Nixon, aber auch nicht von einem verwirrten Gerald Ford, der persönlich keineswegs unempfänglich war für die Forderung nach einer harten Haltung.

Das Jackson-Vanik-Amendment[1] und das anschließende

1 Gesetzesänderung auf Initiative der Abgeordneten Jackson und Vanik mit dem Ziel, alle von der Regierung unterstützten Handelsbeziehungen zur So-

Scheitern des Handelsabkommens bedeuteten einen schweren Schlag für alle Hoffnungen, man könne die recht erfolgversprechende Richtung beibehalten, die man in den sowjetisch-amerikanischen Beziehungen eingeschlagen hatte. Die sehr bescheidenen und vorläufigen Ergebnisse des Wladiwostok-Treffens führten nur zu neuen Protesten und Angriffen der entspannungsfeindlichen Kräfte, die jetzt das Sagen hatten und wenig Widerspruch erfuhren. Anfang 1975 waren zwar noch die verschiedenen im Zeichen der Entspannung getroffenen Kulturabkommen in Kraft und wurden, soweit sich das den öffentlichen Berichten entnehmen ließ, von beiden Seiten buchstabengetreu erfüllt, doch hatten sich die Aussichten auf weitere Erfolge in den SALT-Gesprächen erheblich verschlechtert, und auch die politische Atmosphäre war weitgehend beeinträchtigt, so daß weitere Fortschritte in den allgemeinen sowjetisch-amerikanischen Beziehungen nicht zu erwarten waren.

Was folgte – der Streit um den Wortlaut der Schlußakte von Helsinki, der Konflikt um Angola, sogar das jüngst aus Washington zu vernehmende Alarmgeschrei über das sowjetische Rüstungstempo –, war im wesentlichen Ergebnis und nicht Ursache der allmählichen Verschlechterung in den sowjetisch-amerikanischen Beziehungen, zu der es seit Mitte 1973 gekommen ist.

X

Heute, im Jahre 1976, läßt sich kaum behaupten, die Aussichten für die künftigen Beziehungen zwischen der Sowjetunion und den Vereinigten Staaten seien nicht problematisch. Jedem Versuch zu ihrer Verbesserung stellen sich schwierige Hindernisse in den Weg. Die sowjetischen Staatsorgane werden

wjetunion zu unterbinden, solange diese ihre restriktive Auswanderungspolitik nicht lockere. (A. d. Ü.)

zweifellos auch weiterhin ihre innenpolitischen Gegner mit allen Mitteln unterdrücken, was weiterhin Empörung in großen Teilen der amerikanischen Öffentlichkeit hervorrufen wird. Sie werden weiterhin, wie es ihrer Auffassung von ihrem Recht oder ihrer Pflicht entspricht, die Vereinigten Staaten in regelmäßigen Abständen zum Ziel rhetorischer Angriffe machen und in Ländern der Dritten Welt antiamerikanisch gesinnte politische Parteien in einer Form unterstützen, die die Amerikaner als unvereinbar mit dem Wunsch nach guten Beziehungen mit diesem Land betrachten werden. Sie werden auch weiterhin – weil sie Russen sind und nicht weil sie Kommunisten sind – Streitkräfte in einem weit größeren Maßstabe unterhalten als irgendeine sichtbare Bedrohung für ihre Sicherheit notwendig erscheinen läßt. Sie werden auch in jenen Anstrengungen fortfahren, die sie jetzt als den Versuch beschreiben, mit den Vereinigten Staaten in puncto U-Boot-gestützter und interkontinentaler Atomraketen gleichzuziehen. Und andere Staaten werden auch weiterhin voller Zweifel sein, ob das nicht in Wahrheit Anstrengungen sind, eine entscheidende und unwiderrufliche Überlegenheit zu erzielen. Die Sowjets werden auch weiterhin alle ihre Unternehmungen hinter einem völlig unnötigen Vorhang von Geheimhaltung verbergen – einer Geheimhaltung, die übertriebene Ängste auf der anderen Seite weckt und eben jene Gefahren vergrößert, auf die sie angeblich nur reagiert. Nichts davon wird der Entwicklung der Beziehung dienlich sein.

Andererseits ist sich die sowjetische Führung über die Gefahren, die eine Fortsetzung des nuklearen Wettrüstens mit sich bringt, genau im klaren und wird es auch weiterhin sein. Bei all ihren übertriebenen Rüstungsanstrengungen wünscht sie keinen Weltkrieg und wird ihn auch nicht wünschen. Sie schätzt die selbstmörderischen Konsequenzen eines jeden Nuklearkrieges höchst realistisch ein, und sie hat zuviel innenpolitische Probleme, um den Wunsch zu verspüren, unabsehbare Risiken einzugehen. Dazu wird diese Führung gegenwärtig von relativ alten, in ihren Gewohnheiten festgefahrenen und erschöpften Bürokraten gestellt, die in relativ naher Zukunft abgelöst werden dürften. Hinter den Kulissen wartet eine neue Generation von Funktionären, die, soweit sich das überhaupt beurteilen läßt, nicht weniger fähig und gewiß nicht weniger nationalistisch erscheinen, aber pragmatischer, weniger eingeengt von ideologischen Prinzipien, weniger gehemmt im Umgang und Gespräch mit Ausländern. Hinzu kommt, daß eine merkwürdige Tendenz zu einem freundlichen und manchmal sogar bewundernden Interesse an den Vereinigten Staaten – eine Mischung aus Neugier, friedlichem Konkurrenzeifer und manchmal sogar echter Zuneigung – in der sowjetischen Bevölkerung spürbar ist, eine Tendenz, die aufmerksamen amerikanischen Beobachtern des russischen Lebens nie entgangen ist.

Alle diese Faktoren lassen darauf vertrauen, daß aus dieser Beziehung, vorausgesetzt, die amerikanische Politik stellt sich vernünftig auf diese Widersprüche des offiziellen Rußlands ein und ist sich bewußt, wie ungeheuer viel von der Zukunft dieser Beziehung abhängt, keine größere Gefahr einer apokalyptischen Katastrophe erwachsen muß als in der Vergangenheit – und die Vereinigten Staaten haben es schließlich fertiggebracht, mehr als ein halbes Jahrhundert mit diesem Regime in derselben Welt zu leben, ohne die Notwendigkeit zu verspüren, Amerikas Interessen mit Waffengewalt gegen es zu verteidigen. Möglicherweise könnte sogar mit Erfolg versucht werden, die Dinge zu verbessern.

Doch wenn es dazu kommen soll, müßte die amerikanische Politik einige Eigenarten überwinden, die sie in der Vergangenheit bei dem Versuch beeinträchtigt haben, mit diesem ungewöhnlichsten, gefährlichsten und ernsthaftesten aller außenpolitischen Probleme fertig zu werden, die sich ihr je gestellt haben. Sie wird jene Subjektivität zu überwinden haben, die die Amerikaner veranlaßte, auf dem Höhepunkt der Stalin-Ära äußerst prosowjetisch zu fühlen und zu Chruschtschows Zeiten ebenso heftig antisowjetisch, und sie müßte lernen, das Phänomen der Sowjetmacht mit größerer Nüchternheit und mehr Realismus einzuschätzen. Es müßte ihr besser als bislang gelingen, sich dem Interessendruck des militärisch-industriellen Komplexes zu widersetzen, und sie müßte ernsthaftere Anstrengungen unternehmen, Ausmaß und Intensität des Rüstungswettlaufs durch Vereinbarungen, einseitige Beschränkungen oder beides zu verringern.

Amerikanische Politiker werden lernen müssen, dem Drang zu widerstehen, das Bild eines gewaltigen weltpolitischen Rivalen als Zielobjekt rhetorischer Beweise von kriegerischer Wachsamkeit auszuschlachten. Und die amerikanische Diplomatie wird weitergehend als bisher die Probleme überwinden müssen, die sie mit der Geheimhaltung ihrer Entscheidungen und der langfristigen Berechenbarkeit ihres Verhaltens hat, Probleme, die, wie schon Tocqueville deutlich gemacht hat, Amerikas Demokratie belasten müßten, wenn das Land zur Großmacht aufsteige. Bei alledem wird die amerikanische Politik die Unterstützung von Massenmedien brauchen, die über die amerikanische Außenpolitik ernsthafter und mit einer geringeren Tendenz zur Vereinfachung und Dramatisierung berichten, als sie es in jüngster Vergangenheit erlebt haben.

Die amerikanische Regierung und Gesellschaft kann diese Fortschritte durchaus machen. Dazu braucht sie nur den besten Beispielen amerikanischer Politik in der Vergangenheit nachzueifern und dieses Mal nur dauerhafter und weiterblikkend am Erreichten festzuhalten als in früheren Sternstunden amerikanischer Politik.

Allerdings steht nicht unbeschränkt Zeit zur Verfügung, um solche Erfolge zu erzielen. Gewissen Trends des gegenwärtigen internationalen Lebens, für die die Vereinigten Staaten eine ganz besondere Verantwortung tragen, vor allem die Verbreitung und Weitergabe von Kernwaffen und die absurde Entwicklung des Waffenexports durch die großen Industrieländer sind Tendenzen, die allzuweit in die Zukunft verlängert, apokalyptische Katastrophen von unvorstellbarem Ausmaß unvermeidlich erscheinen lassen. Der größte Fehler, den die verantwortlichen Politiker Amerikas jetzt, da das Land einem Regierungswechsel entgegensieht, begehen könnten, wäre die Annahme, uns liefe nicht allen, sie eingeschlossen, die Zeit davon.

3 Lohnt es sich, die Entspannung zu retten?

Vor einigen Jahren verbreitete sich, aus Gründen, die ich nie ganz verstanden habe, der Eindruck, es beginne in unserer Beziehung zur Sowjetunion eine neue Phase der Normalisierung und des Spannungsabbaus, die man deutlich von allem unterscheiden müsse, was vorher gewesen sei, und die man mit dem Begriff »Entspannung« bezeichnete.

Diese Vorstellung von Entspannung, an der, nach allem, was ich weiß, anfangs eine Spur von Realität gewesen sein mag, wurde bald erheblich zu hoch gehandelt. Sie wurde zu hoch gehandelt – aus jeweils verschiedenen Gründen – von unserer Regierung, von der sowjetischen Regierung und von der amerikanischen Presse. Infolgedessen knüpften viele Menschen an das Verhalten beider Länder Erwartungen, die unrealistisch waren und nicht in Erfüllung gehen konnten.

Heute hat eine fast vorhersagbare Reaktion eingesetzt – eine Reaktion gegen das, was die Menschen unter »Entspannung« verstehen. Sie hat eingesetzt, teils weil diese Idee früher zu hoch gehandelt wurde, teils weil hier und da von beiden Seiten wirklich Fehler begangen worden sind, teils weil eine Verbesserung der politischen Beziehungen den einflußreichen Interessen zuwiderzulaufen schienen, die sich auf eine Fortdauer der starken militärischen Spannungen richteten. Außerdem scheint es bei uns zahlreiche Leute in der politischen und journalistischen Welt zu geben, für die eine gewisse Rhetorik des Kalten Krieges seit langem das Lebenselixier ist, die höchst besorgt über diesen scheinbar positiven Trend in unserer Beziehung zu Rußland waren, weil er die Grundlage dieser Rhetorik bedrohte, und die nun die Möglichkeit begrüßten, den Trend attackieren zu können. So ist eine Schule des politischen Denkens entstanden, die zu glauben scheint, es ließen sich jetzt nützliche Ergebnisse in unserer Beziehung zu Rußland erzielen durch eine Politik säbelrasselnder Feindseligkeit auf unserer Seite, durch Rückkehr zu den Schlagwörtern des Kalten Krieges aus den fünfziger Jahren, durch Schimpfkanonaden und Grimassenschneiden, durch Anhäufung immer größerer Mengen überflüssiger Waffen und durch den Versuch, Moskau durch öffentlichen Druck zur Veränderung seines innenpolitischen Vorgehens, ja seines ganzen Systems zu bringen.

Wie sollen sich die Vereinigten Staaten angesichts dieses Wirrwarrs von Motiven und Auffassungen zur Entspannung stellen? Ist sie nur ein Jux der Regierungspressestelle? Oder ist sie ein wichtiges Faktum der internationalen Politik, die zu immer neuen Möglichkeiten sowjetisch-amerikanischer Zusammenarbeit führen wird?

Am besten lassen sich diese Fragen erörtern, so scheint mir, indem man ein paar Schritte zurücktritt, so daß sich das rätselhafte Problem der Entspannung aus einer historischen Perspektive betrachten läßt.

Es ist nicht notwendig, lang und breit auf die merkwürdige Form von Symmetrie einzugehen – manchmal eine der Gleichheit, manchmal eine des diametralen Gegensatzes –, die die Entwicklung des russischen und des amerikanischen Volks gekennzeichnet hat, vor allem in der Neuzeit, worunter ich die letzten 200 bis 250 Jahre verstehe.

Viele kluge Beobachter – unter anderem auch Tocqueville, obwohl nie in Rußland gewesen – haben sie bemerkt und sind auf sie eingegangen. Zu Anfang dieses Zeitraums zeichneten sich beide Völker dadurch aus, daß sie riesige, kaum bewohnte und relativ unterentwickelte, potentiell aber enorm fruchtbare Gebiete in der nördlichen gemäßigten Zone unseres Planeten bewohnten. Im 18. Jahrhundert tauchten beide gerade aus dem Dunkel ihrer Vergangenheit auf, um die große weltpolitische Bühne der zivilisierten Welt zu betreten. Die Russen traten in dieses Rampenlicht nach einigen Jahrhunderten relativer Isolation – die man eine historisch erzwungene Isolation nennen könnte – von den kulturellen, religiösen und politischen Hauptzentren der abendländischen Zivilisation. Sie taten es in der uns vertrauten Weise. Damals hatte sie eine begrenzte westliche Expansion nach Polen und an die Ostsee gebracht. Der Bau einer neuen und teilweise europäisierten Hauptstadt an den Ufern der Newa schuf ein Regierungszentrum, das für Kontakte mit Westeuropa relativ offen war, im Gegensatz zum früheren, sich isolierenden und sich selbst aufreibenden Großfürstentum Moskau mit seiner religiösen Intoleranz, seinem finsteren Argwohn gegen die ketzerische Außenwelt, seinem frommen Abscheu vor jedem Kontakt mit einzelnen Fremden aus dem Westen.

Im gleichen Jahrhundert betraten wir Amerikaner die weltgeschichtliche Bühne zum ersten Mal als eigenständiges Staatsgebilde, doch taten wir es auf ganz andere Weise: nicht als ein altes Volk, das durch den Einfluß einer langen und unglücklichen Geschichte von Europa isoliert war, sondern als ein junges Volk, sozusagen neugeboren aus dem Schoße Old Englands, Schottlands und einiger anderer Teile des Kontinents. Gewiß besaßen wir die Traditionen, die Bräuche, die ererbten Ansichten der europäischen Gesellschaft, die uns hervorgebracht hatte. Aber wir waren auch einem gewissen Veränderungsprozeß unterworfen durch unsere physische Auseinandersetzung mit der unberührten Weite Amerikas und traten auf jeden Fall zum ersten Mal selbständig in Erscheinung, sichtbar auf der Landkarte der Weltpolitik, bereit, aktiv in die Geschäfte der Welt einzugreifen.

Von diesem Aspekt abgesehen, müssen wir uns klarmachen, daß nun beide Völker etwa gleichzeitig von Standorten aus, die noch eine gewisse Nähe zu den wichtigsten Zentren der westeuropäischen Macht und Kultur aufwiesen, ernsthaft die Erschließung ihrer entlegenen Territorien in Angriff nahmen: die Russen nach Osten über die Wolga und den Ural hinweg in die grenzenlose Tiefe Zentralasiens und Sibiriens hinein, die Amerikaner nach Westen über ihren eigenen unbewohnten, großartigen und unterentwickelten Kontinent hinweg. Beiden war es Ende des 19. und Anfang des 20. Jahrhundert bestimmt, den Kreis zu schließen und sich in gewisser Hinsicht an der Küste des Pazifiks zu treffen – sich zu treffen als Völker, die zu diesem Zeitpunkt bereits über immense demographische, materielle und potentielle militärische Macht verfügten, jede in dieser Hinsicht schon jedem europäischen Einzelstaat, wenn nicht gar ganz Europa, überlegen, dem sie beide in so hohem Maße ihren Ursprung und ihre Entwicklung verdankten.

Bis hierher habe ich mich im wesentlichen mit den Ähnlichkeiten beschäftigt. Doch diese Ähnlichkeiten der materiellen und geographischen Herkunft waren begleitet von tiefreichenden, fast antithetischen Unterschieden in der politischen und gesellschaftlichen Einstellung. Auch mit diesen Unterschieden sind die meisten von uns vertraut. Die Russen erbten die Einstellung einer großen kontinentalen Landmacht, die fast völlig abgeschnitten war von den Weltmeeren, über lange Zeiträume ihrer Geschichte umgeben von finsteren und gefährlichen Nachbarn zu Lande. Sie gewöhnten sich an jene extreme Konzentration politischer Macht, die alle Gesellschaften und politischen Gemeinwesen kennzeichnet, die sich praktisch in einem Zustand der Belagerung befinden. Die Russen lernten, die Unterordnung des Individuums unter diese Machtkonzentration als selbstverständlich anzusehen. Zweifellos waren sie zu allen Zeiten dankbar für jede Freiheit und jedes Recht, das dem einzelnen eingeräumt wurde, aber sie neigten dazu, solche Rechte eher als Gnadenakt der öffentlichen Macht anzusehen, statt als absolute und unveräußerliche Rechte des einzelnen Menschen. Wir Amerikaner dagegen waren die Erben der merkantilen und wirtschaftlichen Traditionen des Englands und Schottlands der Neuzeit. Auf der Seeseite letztlich durch die englische Seemacht geschützt – ob wir uns das nun eingestanden oder nicht – und auf dem Festland nur vor geringfügige militärische Aufgaben gestellt, konnten wir uns in relativem Frieden an die Erschließung unseres Kontinents machen, wobei wir die Rechte und Prozeduren der Selbstverwaltung genossen, ja, immer selbstverständlicher hinnahmen, obwohl sie doch tatsächlich in hohem Maße Errungenschaften der europäischen Kulturen waren, aus denen wir hervorgegangen waren.

Die Unterschiede zwischen diesen beiden Einstellungen waren natürlich tiefreichend. Aber die beiden Völker hatten eines gemeinsam: die Tendenz, ihrer eigenen politischen Ideologie eine potentielle Allgemeingültigkeit zuzuschreiben – in ihr Tugenden zu sehen, die, wie sie glaubten, nicht nur von anderen Völkern überall auf der Welt nachgeahmt werden müßten, sondern in denen auch die moralische Autorität und Überlegenheit der jeweiligen nationalen Zentren anzuerkennen sei, in denen diese Tugenden beispielhaft vorgelebt würden. Die Russen hatten diese messianische Auffassung von ihrem Platz in der Welt vom alten Byzanz geerbt, mit seinem ausgeprägten Empfinden für religiöse Orthodoxie und seinen universalistischen politischen Ansprüchen. Wir Amerikaner hegen diese Auffassung, weil wir uns nicht klarmachten, welche Beziehung vorlag zwischen unseren Freiheiten und Errungenschaften auf der einen Seite und den einzigartig günstigen Bedingungen, unten denen wir sie zu Beginn unseres nationalen Eigenlebens erhalten hatten, auf der anderen Seite. Wir mißverstanden diese Errungenschaften und Freiheiten als das Ergebnis einer besonderen Weisheit und Tugend unseres eigenen Volkes und gelangten zu der Überzeugung, das Regierungssystem, dessen wir uns jetzt erfreuten, müsse auch dem größten Teil der übrigen Welt zum Heil gereichen. So nährten diese beiden großen Völker beim Eintritt ins 20. Jahrhundert vage Träume, wenn schon nicht von der Weltherrschaft, so doch zumindest von einer Art exemplarischer und moralischer Führungsrolle in der Welt, woraus sie das Recht auf irgendeine besondere Form von Bewunderung, Achtung, Nachahmung oder Autorität – man nenne es, wie man will – bei anderen, weniger vom Glück begünstigten Völker ableiteten.

Vor diesem Hintergrund entwickelten sich die Beziehungen zwischen den beiden Völkern und ihren Regierungen bis zum Ende des 19. Jahrhunderts. Geopolitisch gesehen gab es keine ernsthaften Konflikte zwischen ihnen, im Gegenteil, es gab viele Dinge, besonders in ihren jeweiligen Beziehungen zu England, die ihnen in den Augen des anderen einen begrenzten positiven Wert verliehen. Aber ideologisch blieben die offiziellen Kreise der beiden Länder entgegengesetzte Pole. Sie beobachteten einander mit Unbehagen und Abscheu. Das Bild der zaristischen Autokratie war in amerikanischen Augen nicht weniger anstößig als der amerikanische Republikanismus in den Augen des Hofes und der Bürokratie in Petersburg. Und über die ganze Dauer der zaristischen Macht blieben diese Unterschiede ein komplizierender Faktor für die russisch-amerikanischen Beziehungen, die Entwicklung solcher Beziehungen zwar nicht völlig verhindernd, aber doch ihre Ausmaße und Intensität erheblich eingrenzend.

Gegen Ende des 19. Jahrhunderts begann eine weitere Komplikation spürbar zu werden, als die nicht russischen Nationalitäten im Rahmen des russischen Reiches für wachsende Unruhe sorgten und sich zunehmender Sympathie im Kongreß und bis zu einem gewissen Maße auch in der Bevölkerung unseres Landes erfreuten. Dieser Faktor darf nicht mit der allgemeinen Unverträglichkeit der beiden politischen Systeme verwechselt werden, von der oben die Rede war, weil diese Unruhe nicht in erster Linie aus der Unzufriedenheit mit dem allgemeinen politischen System in Rußland erwuchs (obgleich es auch sie gab), sondern aus der Behandlung bestimmter nicht russischer Nationalitäten durch das zaristische Regime, was eine ganz andere Sache war. Zu einem komplizierenden Faktor der russisch-amerikanischen Beziehungen wurde dieses Phänomen erst, als Angehörige dieser nationalen Minderheiten in größerer Zahl unter den Einwanderern in unserem Lande auftraten. Insbesondere galt dies natürlich für die Juden – aus Rußland, Polen und aus Litauen –, die in den achtziger Jahren des vorigen Jahrhunderts in größerer Zahl nach Amerika einzuwandern begannen und deren Zorn über die Behandlung ihrer Glaubensgenossen in Rußland bald zu einem gewichtigen Faktor im politischen Leben der Vereinigten Staaten wurde. Der legislative Arm der amerikanischen Regierung hat, so scheint es, immer mit besonderer Sensibilität auf die Gefühle starker, erst kurze Zeit in den USA verweilender Einwanderungsgruppen in unseren großen städtischen Gemeinden reagiert. Zumindest verhielt es sich in diesem Falle so mit dem Ergebnis, daß die Erzählungen über das Leiden dieser nicht russischen Nationalitäten bald den Kongreß und die politische Meinung in diesem Land stärker beeinflußten, als es alle Erzählungen über das Leiden des russischen Volkes selbst unter dem strengen Regiment seiner autokratischen Regierung vermocht hatten. Merkwürdig ist es und ein bißchen traurig stimmend, wenn wir uns daran erinnern, daß im Dezember 1911 das Repräsentantenhaus fast einstimmig eine Entschließung annahm, die den Präsidenten aufforderte, den alten Handelsvertrag mit Rußland aufzuheben, der seit 1832 in Kraft war. Zweck dieser Entschließung war es, die russische Regierung zu einer besseren Behandlung der in Rußland lebenden Juden zu zwingen.

Der einzige Abgeordnete, der im Repräsentantenhaus gegen diese Entschließung gestimmt hatte, hatte beklagt, diese Art von Sanktionen durch eine fremde Regierung würde den Juden in Rußland nicht helfen, sondern nur der amerikanischen Wirtschaft beträchtlichen Schaden zufügen. Präsident Taft kündigte gemäß der Entschließung den Vertrag auf, mit dem Ergebnis, daß die russisch-amerikanischen Beziehungen bis zur Revolution des Jahres 1917 tatsächlich sehr frostig und unfreundlich blieben.

Dies waren in großen Zügen die russisch-amerikanischen Beziehungen in den letzten Jahres des Zarenreiches, und vor diesem Hintergrund ist die ganze Frage auch nach der Machtübernahme durch die russische Revolution im Jahre 1917 zu sehen.

Anfänglich bedeutete diese Revolution für die Beziehung der beiden Staaten nichts als Verwirrung. Die Reaktion amerikanischer Öffentlichkeit wurde dadurch verunsichert, daß es sich nicht um eine Revolution, sondern um zwei handelte: eine gemäßigte demokratische im Februar 1917, mit der wohl alle Amerikaner sympathisiert haben dürften; und eine extrem links orientierte, marxistische, mit diktatorischer Ausrichtung im November, deren Ernsthaftigkeit und Dauer zunächst weithin bezweifelt wurde. Noch stärker verunsichert wurde diese Reaktion dadurch, daß ein Krieg tobte – ein großer europäischer Krieg, in den einzutreten die USA damals im Begriff standen. Die emotionale Reaktion auf die Erfahrung, sich im Kriege zu befinden, beherrschte schon bald die amerikanische Meinung und beeinträchtigte die Unvoreingenommenheit in allen anderen Fragen. Aus diesem Grunde wurde die provisorische russische Regierung, die sich nach der ersten Revolution gebildet hatte, idealisiert, weil sie versuchte, den Krieg gegen Deutschland weiterzuführen, während das bolschewistische Regime, das die Macht im November 1917 übernahm, weitgehend mit Verachtung, Groll und

Ablehnung bedacht wurde, weil sein erster offizieller Schritt darin bestand, Rußland völlig aus dem Kriegsgeschehen herauszunehmen.

Ähnliche Konfusion herrschte natürlich auch auf bolschewistischer Seite. Lenin und seine Mitarbeiter maßen ihrer Machtergreifung enorme Bedeutung zu. Sie verstanden sie als ersten Schritt auf dem Weg zu einer politischen Verwandlung der Welt, die weit wichtiger war als irgendeine der Fragen, um die man im Weltkrieg gekämpft hatte. Und aus diesem Grund verstanden sie auch Amerikas widerstrebende und geringe Beteiligung an der militärischen Intervention der Alliierten in Rußland in den Jahren 1918/1920 als Ausdruck einer ideologischen Feindseligkeit ihnen gegenüber und nicht als eine Maßnahme im Zuge des Krieges gegen Deutschland, die sie tatsächlich war.

Diese frühen Konfusionen und Mißverständnisse machten auch im Laufe der Zeit nur langsam und partiell besserer Einsicht Platz und trugen zu einem tiefen Gegensatz zwischen den beiden Staaten bei. Der wichtigste Grund für diesen Gegensatz aber waren sie nicht. Der war eine andere durch die Revolution geschaffene Situation – eine Situation, die keineswegs ein Mißverständnis war, der Umstand nämlich, daß die bolschewistischen Führer das politische und gesellschaftliche System Amerikas für falsch, rückständig und ungerecht hielten, verwerflich in seinen Ansätzen und seinen Zielsetzungen und reif für einen gewaltsamen Umsturz. Sie hielten es für ihre Pflicht, solch einen Umsturz, wie geringfügig die Erfolgsaussichten auch sein mochten, zu fördern und zu seiner Verwirklichung beizutragen, wo immer sie konnten. Auch das führte hier natürlich zu einer Gegenreaktion. Teils ergab sich die Reaktion aus dem Unmut über die sowjetische Haltung – das heißt aus einem Unmut über die Feindseligkeit, die die bolschewistischen Führer für die geheiligten amerikanischen Ideale und Institutionen bewiesen. Aber teils ergab sie sich auch einfach aus dem Mißfallen der meisten Amerikaner für das, was sie über die Ideologie der neuen kommunistischen Führer und die Art und Weise, in der sie ihre diktatorische Herrschaft durchsetzten, erfahren konnten.

Die russisch-amerikanische Beziehung wurde also in den zwanziger und dreißiger Jahren nicht nur durch die großen Unterschiede in der historischen Erfahrung und politischen Tradition belastet, von der ich gesprochen habe, sondern auch durch diese besonderen Elemente des ideologischen und politischen Gegensatzes, der durch die Begründung der kommunistischen Macht in Rußland geschaffen wurde.

All das genügte, um die Beziehungen in der Zeit zwischen den beiden Kriegen – nicht nur in den ersten Jahren der Nichtanerkennung, sondern auch nach der Aufnahme der diplomatischen Beziehungen im Jahre 1933 – distanziert, spärlich und unerfreulich zu gestalten. Alle diese Streitpunkte waren in ihrer Gesamtheit jetzt eine ernsthafte Belastung für eine internationale Beziehung (und sie dürften, wie ich glaube, niemandem so bewußt gewesen sein wie uns, die wir damals an der amerikanischen Botschaft in Moskau Dienst taten). Aber sie waren nicht, wie ich ausdrücklich betonen möchte, die Ursache für irgendeine besondere militärische Spannung zwischen den beiden Ländern; und es gab keinen besonders dringenden Grund, die von ihnen geschaffenen Konflikte zu lösen. Sie bedeuteten ernsthafte längerfristige Probleme, aber sie waren aller Wahrscheinlichkeit nach nicht gefeit gegen jene ewig gleichen Gesetze des Wandels, der schließlich alle Gesellschaften erfaßt, alle Bräuche verändert und alle militanten Ideologien erschüttert. Deshalb bestand kein Grund daran zu zweifeln, daß sie letztlich friedlich gelöst würden. Vor allem hing von ihrer baldigen Lösung nicht die Erhaltung des Weltfriedens ab, und schon gar nicht die Rettung zivilisierten Lebens auf diesem Planeten.

Vor allem in dieser Hinsicht hat der Ausgang des Zweiten

Weltkrieges die bedeutsamsten und verhängnisvollsten Veränderungen bewirkt. Zwei von ihnen sind meiner Meinung nach von besonderer Bedeutung, beide sind von quasi-militärischer Natur.

Die erste war, daß Deutschland und Japan als militärische Großmächte wegfielen, die zwischen den Vereinigten Staaten und der Sowjetunion standen, die dadurch bedingte Entstehung großer politischer und militärischer Vakuen und das Vordringen der sowjetischen Militärmacht in eines dieser Vakuen im Herzen Europas. Dadurch kam es zu einer nie dagewesenen direkten Konfrontation zwischen der amerikanischen und sowjetischen Militärmacht.

Solange nur konventionelle Waffen im Spiel waren, war selbst das noch nicht unbedingt eine schicksalhafte Konstellation. Die Präsenz sowjetischer wie amerikanischer Streitkräfte im Herzen Europas ist in gewisser Weise für beide Seiten eine Anomalie der Geschichte und für die Völker, deren Territorium betroffen ist, nicht gerade erfreulich. Aus diesem Grunde darf man, weiterhin Zurückhaltung und Geduld auf beiden Seiten vorausgesetzt, darauf hoffen, daß die Situation letzten Endes einer normaleren und weniger gefährlichen Sachlage Platz macht.

Gleiches läßt sich leider von der zweiten der beiden großen militärisch-politischen Konsequenzen des Zweiten Weltkrieges nicht behaupten, denn diese war die Entwicklung und der Ausbau der nuklearen Schlagkraft durch die amerikanische wie die sowjetische Regierung – einer Schlagkraft, die dem zivilisierten Leben nicht nur auf dem Staatsgebiet der anderen Seite ein Ende setzen kann, sondern auch auf großen Teilen der verbleibenden Oberfläche unseres Planeten.

Die Ängste und Reaktionen, die durch diese nukleare Rivalität hervorgerufen werden, sind jetzt in unseren Beziehungen zu Rußland zu einem Faktor geworden, der weit größere Bedeutung besitzt, als die zugrunde liegenden ideologischen und politischen Differenzen. Die realen Interessenkonflikte und Auffassungsunterschiede sind bei aller Ernsthaftigkeit begrenzt. Sie wären kein unüberwindliches Hindernis für einen Wandel, den Zeit, Geduld und Kompromißbereitschaft bewirken könnten. Vor allem aber besteht keine Möglichkeit, daß diese Interessenkonflikte wirklich durch einen großen Krieg gelöst werden – und ihn folglich rechtfertigen – können, ganz zu schweigen von jener Art globalem Kataklysmus, der düster über allen unseren Plänen und Diskussionen zu schweben scheint. Doch wird diese Tatsache ständig aus unserem Bewußtsein verdrängt, da der militärische Wettstreit mit seinen irreführenden Folgeerscheinungen das Bild beherrscht. So entsteht, wenn auch ursprünglich nur für die Zwecke der militärischen Planung, ein völlig entmenschter Widersacher, beseelt von dem Wunsch, uns völlig zu vernichten, und das nicht aus irgendeinem einleuchtenden politischen Grund, sondern nur weil er die Möglichkeit dazu hat. Diese irreale Vorstellung sucht beide Seiten heim. Um auf diese Ausgeburt der Phantasie angemessen reagieren zu können, werden große Volkswirtschaften zweckentfremdet, ganze Völker bis zu einem gewissen Grade verarmt, riesige Mengen von Produktionskapazität, die für sinnvolle Zwecke verwendet werden könnten, in einer verstörten Welt für sterile und destruktive Zwecke vergeudet. Dadurch kommt es zu einer ständigen und massenhaften Anhäufung von Kernwaffen, die mit jedem Tag die Ausmaße und Gefahren des Problems vergrößern, das sie angeblich beheben sollen. Die eigentliche Natur unserer Beziehungen zur Sowjetunion und seinen Völkern wird verdunkelt und entstellt durch die Wolke von Ängsten und panischen Mutmaßungen, die sie verdüstern. Mit anderen Worten, der nukleare Wettlauf beginnt wie ein Objekt im All seine eigene Antriebskraft zu entwickeln, von keinen anderen Ursachen oder Beweggründen vorwärts getrieben als den Ängsten, die er erzeugt, eine Beziehung ruinierend und entstellend, die, wenn auch nicht bar ernster Probleme, keinesfalls eine des tödlichen Gegensatzes sein müßte.

Folglich muß unsere erste Aufgabe darin bestehen, diese entsetzliche Fähigkeit zur selbstmörderischen Vernichtung, die gewissermaßen ihre Eigengesetzlichkeit entwickelt hat, in den Griff und unter rationale Kontrolle zu bekommen. Dazu genügt die Feststellung, daß die Gefahren, die aus einer fortgesetzten Unfähigkeit erwachsen, diese Kapazität zu kontrollieren, gerechtfertigt erscheinen lassen, beträchtliche Risiken einzugehen, um ein solches Versagen zu vermeiden. Die Risiken beispielsweise eines völligen Verzichts auf Kernwaffentests erscheinen mir völlig nebensächlich im Vergleich zu den Risiken, die sich aus der fortdauernden Anhäufung dieser Waffen überall auf der Welt ergeben. Trotzdem scheuen wir davor zurück. Ist diese Ängstlichkeit tatsächlich gerechtfertigt? Sind wir nicht an einem Punkt angelangt, wo der Schwanz der militärischen Angst mit dem Hund konstruktiver und erfolgversprechender politischer Möglichkeiten wedelt?

Mich beunruhigen diese Reaktionen, nicht nur, weil sie offensichtlich negativ und steril sind, und nicht nur, weil sie die Einschätzung der tatsächlichen weltpolitischen Situation durch Übertreibungen und Verzerrungen erschweren, sondern auch weil sie uns den Blick verstellen auf die realen Grenzen und die realen Möglichkeiten, die wir in unseren Beziehungen zur Sowjetunion besitzen. Erinnern wir uns daran, daß es aus den eben genannten Gründen nie einen Bereich gegeben hat, in dem eine Zusammenarbeit mit Rußland, wie wir sie gerne gesehen hätten, möglich gewesen wäre. Das war vor der Revolution der Fall, das ist heute der Fall, und es wird noch für lange Zukunft der Fall sein. Aber es gibt einen anderen Bereich, in dem Zusammenarbeit – und zwar eine für beide Seiten nützliche Zusammenarbeit – möglich *ist*. Das Größenverhältnis und der Charakter dieses Bereichs ist nicht unwandelbar. Er hat sich im Laufe der Jahre verändert. Nur wer mit der Geschichte der sowjetisch-amerikanischen Beziehungen nicht vertraut ist, kann übersehen, daß diese Veränderungen seit Stalins Tod grundsätzlich günstig – das heißt ganz in unserem Sinne – verlaufen ist.

Es war, wenn man so will, ein kleiner Fortschritt, aber es war ein konkreter Fortschritt, einer von der einzigen Art, auf die wir hoffen dürfen. Wir müssen erkennen, daß keiner dieser komplizierenden Faktoren – weder die Friktionen unserer militärischen Rivalität noch der offensichtliche Konflikt unserer Ziele mit denen der Sowjetunion in bestimmten geographischen Bereichen und Ländern, noch die etwas altmodische, aber mittlerweile zum guten Ton gehörende kommunistische Rhetorik, die sich die sowjetische Führung angelegen sein läßt –, nicht eines dieser Dinge, so wenig wie sie alle zusammen, Grund genug ist, auf die gründliche Nutzung jener Bereiche zu verzichten, in denen sich unsere Beziehung zu Rußland konstruktiv entwickelt oder entwickeln könnte und in denen die Möglichkeit zu weiterem kulturellen und wirtschaftlichen Austausch besteht. Das würde beiden Seiten nützen und der Beziehung als ganzer mehr Tiefe und Stabilität verleihen.

Die sowjetisch-amerikanischen Beziehungen sind belastet genug, wir müssen sie nicht noch mehr belasten, indem wir die Bereiche vernachlässigen, in denen konkrete Möglichkeiten zur Verbesserung bestehen. In einer so gefährdeten Welt wie der unseren heute müssen die günstigen Gelegenheiten gehegt und gepflegt werden, statt sie dem Vorurteil, der Eitelkeit oder dem politischen Ehrgeiz zu opfern.

4

Ausschnitte aus Interviews

»Eindämmung« und die Furcht vor einem russischen Angriff

George Kennan: Nach 1945, 1946 und 1947 wäre es, so meine ich, wichtig gewesen, die sowjetische Regierung an der weiteren Ausdehnung ihres politischen Einflusses und ihrer Macht zu hindern, weil sich während des Zweiten Weltkriegs deutlich gezeigt hatte, daß man ein anderes Land nicht immer besetzen muß, um sein politisches Leben zu beherrschen. Man kann es bedrohen oder seine Regierung auf verschiedene Weise unter seine Kontrolle bringen, etwa durch das altehrwürdige Mittel der Marionettenregierung. Ich muß gestehen, daß ich damals (und ich glaube mit einigem Grund) Angst vor dem hatte, was heute die »Dominotheorie« genannt wird. Bei Kriegsende war Westeuropa in einem traurigen Zustand. Die Menschen waren durch die Kriegserlebnisse verstört, entmutigt, bekümmert und erschreckt, und es wäre durchaus möglich gewesen, daß Italien oder Frankreich, wenn sie damals ihr Vertrauen in uns verloren hätten, sich der Sowjetunion zugewandt und ihren kommunistischen Parteien die Macht überlassen hätten. Es erschien mir wichtig für Europa, für uns und auf lange Sicht sogar für die Russen, daß dies nicht passierte. Es war einfach nicht wünschenswert.

Wenn ich von Eindämmung sprach, stellte ich mir vor, daß wir uns bemühen würden, die Hoffnung und das Selbstvertrauen der europäischen Nationen zu stärken und sie davon zu überzeugen, daß sie sich nicht der einen oder anderen Großmacht auszuliefern brauchten, sondern ihr Leben wieder selbst in die Hand nehmen könnten. Wir würden ihnen dabei helfen. Das war alles. Ich glaubte nicht, daß die Russen irgend jemanden angreifen wollten. Ich glaubte nicht, daß sie weitere Expansionen mit Waffengewalt wollten. Und ich bin sicher, daß ich damit absolut recht hatte. Als 1948 die Gespräche über die Gründung des Nordatlantikpaktes begannen (tatsächlich waren es die Europäer – die Franzosen, die Engländer und die Beneluxstaaten –, die zu uns kamen und ihn wollten), war ich ziemlich überrascht. Ich sagte: »Warum kümmert Ihr Euch denn darum? Wir sind gerade dabei, den Marshallplan zu verwirklichen. Konzentriert Euch doch um Himmels willen auf Euren wirtschaftlichen Wiederaufbau. Niemand hat die Absicht, Euch anzugreifen.« Aber ich stellte fest, daß ganz Westeuropa unter dem litt, was die Franzosen *la manie d'invasion* nennen – die Invasionsmanie.

Eric Sevareid[1]: Das vergessen die Revisionisten. Zu dieser Zeit hatten die Europäer Todesangst.

Kennan: Das ist richtig.

Sevareid: Heute haben sie weniger Angst als wir, damals aber war es genau umgekehrt. Aber Sie sagen, Sie hätten die Nato damals nicht für wirklich notwendig gehalten? Die andere Theorie besagte, daß ohne einen solchen militärischen Schild diese Wirtschaftsentwicklung nicht hätte in Frieden ihren Lauf nehmen können.

Kennan: Im Laufe der Zeit hätte man einen solchen militärischen Schild wahrscheinlich errichten müssen, obwohl sicherlich nicht in den Ausmaßen, den er heute besitzt. Ich glaube, man hätte mit den Russen über diese Dinge verhandeln können. Jedenfalls hätte man die Nato nie so hochspielen sollen, wie man es getan hat. Wir hätten niemals die These akzeptieren dürfen, daß die Russen Westeuropa unverzüglich

1 Erich Sevareid war Korrespondent der CBS-Nachrichtenredaktion. (A. d. Ü.)

angreifen und besetzen würden, wenn es nicht die sogenannte Abschreckungswirkung unserer Kernwaffen gäbe. Daran habe ich nie geglaubt.

Könnten die Russen Westeuropa erfolgreich beherrschen?

Ich glaube nicht, daß die Russen so groß sind – daß sie es technisch leisten könnten. Um große, dichtbesiedelte Gebiete zu beherrschen, wäre vor allem militärische Besetzung erforderlich. Ich glaube nicht, daß ihnen dieser Gedanke gefallen würde. Zum einen würden sie ein ernstes Problem mit ihren eigenen Truppen haben: es würde sich gewiß verheerend auf sie auswirken, wenn sie den Einflüssen einer weit fortschrittlicheren und reicheren Zivilisation ausgesetzt wären. Das haben wir schon während des Zweiten Weltkrieges erlebt, als Westeuropa in Gestalt Deutschlands einen weit weniger schädlichen Vergleichsmaßstab bot, als ihn Westeuropa heute bieten würde.

Ich traue den Russen nicht die politische und ideologische Fähigkeit zu, viele Millionen Westeuropäer zu kontrollieren. Sie würden feststellen, daß die Westeuropäer aufgrund ihrer Zahl, ihrer Herkunft und ihrer kulturellen Entwicklung weit schwerer zu regieren und zu kontrollieren wären als die Menschen Osteuropas. Sie haben der Sowjetmacht weit mehr entgegenzusetzen. Außerdem hat jede Form des Imperialismus ihre Grenzen. Sogar die Macht eines militanten, eroberungslüsternen Regimes ist nicht unbegrenzt. Sie haben gesagt, daß »Über-Expansion« selten als Abschreckung gewirkt habe. Aber ich möchte Sie daran erinnern, daß es so etwas gibt wie selbstproduzierte Ausdünnung: Napoleon hat sie erlebt und Hitler auch. Ich war während eines Teils des Krieges als Diplomat in Deutschland tätig und habe fast jedes von den Nationalsozialisten besetzte Land besucht. Ich habe den Eindruck gewonnen, daß Hitler, selbst wenn er den Krieg gewonnen hätte, niemals in der Lage gewesen wäre, das Reich zusammenzuhalten, das er aufzubauen versuchte.

Andererseits hatten die Deutschen mehr tüchtige Leute, bessere Verwaltungsbeamte und größeres Selbstvertrauen, als die Russen es je besaßen. Wenn sie ein Land besetzten, dann hatten sie auch Leute, die die Sprache beherrschten, die sich um Eisenbahnnetz und Telefonsystem kümmern konnten, und die nicht nur in der Lage waren, noch viele andere Aufgaben wahrzunehmen, sondern denen es überdies gelang, sich durch ihr selbstbewußtes Auftreten bis zu einem gewissen Maße die Achtung der einheimischen Bevölkerung zu sichern. Die Russen wären nicht in der Lage, auch nur eines von diesen Dingen zu leisten.

Glauben Sie, die hochgebildeten westlichen Marxisten würden die russische Vormundschaft wirklich hinnehmen? Sehen Sie sich Moskau an – es ist ideologisch die heruntergekommenste Hauptstadt der Welt. Seine ganze Botschaft ist auf absurde Weise aus der Mode – der Hauptgrund übrigens für die wachsende Unruhe in der russischen Intelligenzija.

Die sowjetische Version des Sozialismus ist so grenzenlos unglaubwürdig – sie ist seit 1910 unverändert –, daß sie überhaupt keinen Bezug zu unseren heutigen Problemen hat.

Natürlich *kann* man die Gesellschaft durch eine entschlossene Minderheit fest in den Griff bekommen. Aber alles in allem messe ich den nationalen Unterschieden mehr Bedeutung zu als Sie. Das osteuropäische Beispiel täuscht etwas. Es ist wahr, daß die erste Generation der osteuropäischen Führer von Moskau ausgewählt wurde, aber mit dem Heranwachsen einer neuen Generation werden die Unterschiede und die Unabhängigkeitsbestrebungen wieder stärker betont. Ich möchte Sie daran erinnern, daß überall in Osteuropa die Bereitschaft, Rußland intellektuell zu akzeptieren, gleich Null ist. Im günstigsten Falle betrachten die Osteuropäer die Russen als unerträgliche Langweiler. Sie machen sich lustig über ihren

Dogmatismus und die Sterilität ihres Denkens. Ganz gewiß stehen sie nicht unter dem kulturellen Einfluß Rußlands. All das zeigt sich schon in der osteuropäischen Einstellung zu meinem eigenen Forschungsgebiet, der Rußlandkunde, die in den Vereinigten Staaten weit intensiver betrieben wird als irgendwo in Osteuropa, wo selbst das Russische nur widerstrebend gelehrt wird. Ich möchte damit sagen, daß selbst unter absoluter sowjetischer Hegemonie sich schließlich doch die nationalen Besonderheiten der einzelnen Länder durchsetzen würden.

Ich habe natürlich keine Sympathien für die Grundsätze der sowjetischen Regierung. Ich wünsche nicht, daß die sowjetische Herrschaft bewahrt bleibt, weil ich sie für bewunderungswürdig halte, aber ich hätte (wir sprachen vorhin davon) die größten Befürchtungen, wenn irgend jemand von uns, Amerikaner oder Westeuropäer, die Verpflichtung übernähme, diese oder irgendeine andere Regierung in Rußland umzustürzen, denn wir haben keine Alternativen zur Hand.

Vergessen wir nicht, daß wir einige Jahre vor der russischen Revolution, um genau zu sein, im Jahre 1911, fast vor genau dem gleichen Problem standen – der Verfolgung der russischen Juden – und wir (unter Präsident Taft) ein Handelsabkommen mit Rußland aus Protest gegen die Behandlung der russischen Juden aufkündigten. Und mein Namensvetter George Kennan der Ältere hat sich viele Jahre lang eifrig bemüht, um Sympathie für die russischen Revolutionäre zu werben, zugegebenermaßen nicht für die Bolschewiki, sondern für ihre gemäßigten Vorläufer, die Populisten. Hinter alledem stand die Annahme, daß etwas Besseres folgen würde, wenn es einem nur gelänge, die alte Autokratie zu beseitigen. Haben wir aus dieser Lektion irgend etwas gelernt?

Mir wäre es unlieb, wenn wir unsere Wirtschaftskraft dazu nutzen würden, die Sowjetmacht zu stürzen. Ich möchte überhaupt keine Verantwortung für irgend etwas haben, was in der russischen Politik geschieht, weil ich, wie gesagt, überhaupt nicht sicher bin, daß das, was danach käme, besser wäre als das, was wir heute haben. Von Sacharow und einer sehr kleinen Zahl von Dissidenten abgesehen kann ich in Rußland überhaupt keinen Ansatz zum Verständnis demokratischer Grundsätze erkennen.

Um die Wahrheit zu sagen, Rußland wies 1914 bessere Voraussetzungen für eine demokratische Entwicklung auf als heute. Wohlgemerkt, die Voraussetzungen waren *damals* nicht besonders günstig, aber weit besser als 1976, weil inzwischen etwa fünfzig Millionen Menschen in der Sowjetunion eines unnatürlichen Todes gestorben sind, darunter ein sehr hoher Prozentsatz der klügeren, gebildeteren und empfindsameren Menschen, die allein in der Lage gewesen wären, dem politischen Leben in Rußland eine liberalere Richtung zu geben. Heute kann man feststellen, daß viele der Menschen, die aus dem einen oder anderen Grunde Rußland verlassen, weil sie die Sowjetregierung ablehnen, und sich bei uns niederlassen, keineswegs eine liberal-demokratische Alternative suchen – zwar mögen sie antisowjetisch eingestellt sein, doch sind ihre Idealvorstellung davon, wie Rußland regiert werden sollte, zutiefst von ihrem Leben in einer totalitären Gesellschaft geprägt. Das Sowjetregime hat auf sie abgefärbt.

Ich bin sehr skeptisch, was die Grenzen ihrer Toleranz angeht. Diese Menschen sind sehr russisch, und die Idee des Kompromisses, vor allem auf ideologischem Gebiet, ist ihnen fremd. Und man sollte sich daran erinnern, daß dies schon immer die Art der Russen gewesen ist. Wenn man die Entwicklung der russischen Politik zwischen 1906 und 1914 verfolgt, so fällt einem die große Intoleranz auf, die nicht nur auf Regierungsseite, sondern in der ganzen russischen Gesellschaft herrschte. Tatsächlich läßt sich sagen, daß von den Dekabristen bis zu der bolschewistischen Revolution die Intoleranz, die Unfähigkeit zum Kompromiß, die mangelnde Geduld mit allmählichen Verbesserungen in der revolutionären Bewegung schlimmer war als auf seiten der Autokratie.

Zwei Auffassungen von der sowjetischen Führung

Es gibt grundsätzlich zwei Auffassungen von der sowjetischen Führung: man sieht sie bei uns auf zweierlei Art.

In der einen dieser Auffassungen erscheinen die sowjetischen Führer als eine schreckliche und furchteinflößende Gruppe von Männern: regelrechte Ungeheuer, da es ihnen in jeder Hinsicht an Menschlichkeit fehlt – Männer, die ausschließlich von dem Wunsch beseelt sind, unser Land und seine Verbündeten entweder zu vernichten oder politisch zugrunde zu richten und zu versklaven, Männer, die alle innenpolitischen Probleme, ob sie nun den Gehorsam ihrer Bürger oder die Wirtschaftsentwicklung betreffen, im wesentlichen gelöst haben und deshalb ihre Zeit darauf verwenden können, komplizierte Pläne für die endgültige militärische Entscheidungsschlacht auszuarbeiten, Männer, die bereit sind, die schlimmsten Risiken in Kauf zu nehmen und ihrem Volk die fürchterlichsten Opfer aufzuerlegen, wenn dadurch nur ihr Plan, uns und unsere Verbündeten zu vernichten oder zu unterwerfen, seiner Verwirklichung ein Stück näher gebracht werden kann.

Das ist die eine Auffassung. Nach der anderen Auffassung handelt es sich bei diesen Führern um eine Gruppe höchst gewöhnlicher Männer, die, wenn man so will, bis zu einem gewissen Maße Opfer der Ideologie sind, in der sie aufgewachsen sind, doch in noch höherem Maße ein Produkt der Verantwortung, die sie und ihre Vorgänger als Machthaber eines großen Landes in unserer modernen technologischen Zeit übernehmen mußten. Nach dieser Auffassung sind sie höchst konservative Männer, vielleicht die konservativste Gruppe von Machthabern, die sich überhaupt auf der Welt finden läßt, ziemlich fortgeschrittenen Alters, am Ende ihrer Amtszeit angelangt und sicherlich alles andere als geneigt zu unbedachten Abenteuern. Sie gelten als Männer, die wie dergrößte Teil des sowjetischen Volkes vor einem neuen großen Krieg Angst haben, die keinen Wunsch verspüren, einen weiteren militärischen Großbrand zu erleben, und nicht die Absicht haben, einen zu entzünden – Männer, denen mehr daran gelegen ist, die gegenwärtigen Grenzen ihrer politischen Macht und Verantwortung zu bewahren als sie auszudehnen, Männer, deren Motive im wesentlichen defensiver Natur sind und deren Aufmerksamkeit in erster Linie den ungelösten Problemen der Wirtschaftsentwicklung in ihrem eigenen Lande gilt. Nach dieser zweiten Auffassung sind sie Politiker, die erheblich unter der finanziellen Belastung leiden, die der Sowjetwirtschaft durch die Erhaltung der heutigen bombastischen Arsenale aufgeladen wird, und die sich gerne von dieser Belastung befreit sähen, wenn sich das ohne ungebührlichen Schaden für Rußlands Sicherheit und ihr eigenes politisches Prestige erreichen ließe. Sie gelten schließlich als Männer, mit denen gewiß nicht leicht auszukommen ist, denen es mehr um den Schein als um die Wirklichkeit geht, die von einem unglückseligen Zwang zur Geheimhaltung besessen sind, der ihre außenpolitischen Beziehungen in vielerlei Hinsicht kompliziert, die aber trotz alledem dank der eigenen Interessenlage in den Bereichen, in denen das theoretisch möglich ist, eine friedliche und konstruktive Beziehung zu den Vereinigten Staaten wünschen.

Ich möchte behaupten, daß diese beiden gegensätzlichen Auffassungen von der sowjetischen Führung verantwortlich sind für den Konflikt in unserer Regierung zwischen denen, die unsere Beziehung zu der Sowjetunion zu verbessern versuchen, und denen, die diesen Versuch vom rechten Flügel aus hintertreiben. Im Kern geht es mir darum, daß wir uns einen solchen Konflikt der Auffassungen und Meinungen, wie wir ihn in den letzten Jahren erlebt haben, nicht mehr leisten können – daß der Augenblick gekommen ist, da wir keine sicheren oder funktionierenden Beziehungen zu der Sowjetunion mehr aufrechterhalten können, ohne einen weit größeren Konsens für unsere jeweilige Politik zu schaffen als bisher.

Die Entspannung und ihre Gegner

Die Entspannung ist in Amerika so hochgelobt worden, daß die Öffentlichkeit der Vereinigten Staaten nicht verstehen kann wie die Russen den Begriff auslegen und wie wir auf diese Auslegung reagieren müssen. Wir hätten uns von Anfang an klarmachen müssen, daß es nur eine schmale Basis für eine gedeihliche Zusammenarbeit zwischen uns und der Sowjetregierung geben kann. Es gibt ein weites Feld, wo das nicht möglich ist.

Trotzdem würde ich nicht versuchen, ein Institute for Advanced Russian Studies (an der Smithsonian Institution) zu begründen, wenn ich der Meinung wäre, daß es keine Gebiete produktiven Austauschs mit der Sowjetunion gäbe. Wenn ich die Jahre an mir vorbeiziehen lasse – und meine Erinnerungen reichen weiter zurück als die von fast irgend jemandem, der sich mit diesem Thema befaßt –, sehe ich insofern eine gewisse Verbesserung, als die Basis für die Zusammenarbeit heute breiter ist als in stalinistischer Zeit. Es ist eine geringfügige Verbesserung, aber sie ist nicht ohne Bedeutung; und ich sehe keinen Grund, das Kind mit dem Bade auszuschütten und zum Kalten Krieg zurückzukehren, das heißt einander zu beschimpfen, zu bedrohen und eine Hexenjagd auf die eigenen Leute zu inszenieren, weil sie im Verdacht stehen, vor vielen Jahren eine gewisse Sympathie für die Sowjetunion gehegt zu haben.

Das alles wünsche ich mir nicht zurück, und ich kann beim besten Willen nicht begreifen, worauf die Falken in unserem Lande eigentlich hinauswollen. Sicher, sie wollen mehr Rüstung, nicht diese Lächerlichkeit von hundert Milliarden Dollar Verteidigungsausgaben. Der Verteidigungshaushalt, so fordern sie, müsse viel größer sein und damit natürlich auch das Defizit des Staatshaushaltes und die Inflation. Aber nehmen wir an, sie bekämen einen weit größeren Verteidigungshaushalt, nehmen wir an, wir wären bis zu den Zähnen bewaffnet, nehmen wir an, wir machten uns die Freude, statt zwanzigtausend Atomsprengköpfen fünfunddreißigtausend in unseren Arsenalen aufzustapeln. Das ändert nichts an der Tatsache, daß zweihundert genügen würden, um alles Leben auszuradieren, wo immer wir wollten.

Aber nehmen wir an, diese gewaltigen Zahlen würden uns ein gewisses Gefühl der Sicherheit vermitteln, nehmen wir an, unsere Position würde dadurch sehr viel stärker werden, wir könnten uns dann hinstellen und die sowjetischen Führer und ihr System verwünschen – wohin würde uns das führen? Ich glaube nicht, daß uns das sehr viel weiter bringen würde; ich glaube nicht, daß irgend jemand davon profitieren würde. Ich nehme an, einige naive Leute würden dann erwarten, daß wir sagen: Nun sind wir sehr stark – wir haben fünfunddreißigtausend von diesen Sprengköpfen, ihr habt nur achtundzwanzigtausend; wir werden euch unsere Bedingungen diktieren und ihr macht, was wir von euch wollen, oder ... Ich glaube nicht, daß das funktionieren würde – Erpressung kann ein zweischneidiges Schwert sein.

Ich habe gehört, daß man sich überlegt, von den Russen politische Zugeständnisse als Gegenleistung für amerikanischen Weizen zu verlangen. Auch dies wäre ein höchst unkluges Vorgehen. Einen ausgewogenen und nützlichen mittleren Kurs in der Beziehung mit den Russen anzusteuern, ist amerikanischen Politikern nie leichtgefallen. Ein Hauptgrund dafür ist, daß in der amerikanischen Öffentlichkeit selten, wenn überhaupt jemals, ein Konsens über die Art des Problems und die günstigsten Wege zu seiner Lösung geherrscht hat.

Bis zum Ende der vierziger Jahre – das heißt bis zum Koreakrieg und Stalins Tod – schienen die Schwierigkeiten in erster Linie von der Linken zu kommen: von Leuten, die eine naive, allzu vertrauensvolle, allzu idealistische Auffassung von dem hatten, was damals Stalins Staat war – von Leuten, die es tatsächlich für möglich hielten, daß unser Land sich durch verschiedene Vorleistungen des Vertrauens und der Großzügigkeit bei Stalins Regime beliebt machen könnte und die unserer Regierung vorwarfen, entsprechende Schritte zu unterlassen. Gegen diese Form der Linksabweichung war übrigens mein X-Artikel – und die Eindämmungspolitik – gerichtet.

Aber seit Stalins Tod kam die Opposition gegen eine unvoreingenommene und realistische Politik mit Rußland eher vom entgegengesetzten Ende des politischen Spektrums, von Leuten, die unfähig waren, die merkwürdige Mischung aus negativen und positiven Zügen, von entmutigenden und hoffnungsvollen Ansätzen in der sowjetischen Politik zu erkennen – von Menschen, die nur das Negative sehen konnten und die Angst hatten vor den Konsequenzen einer Politik, die auf irgend etwas anderes als völlige Ablehnung und Feindseligkeit von unserer Seite abzielte. Mir scheint, es hat in den letzten fünfundzwanzig Jahren keinen Zeitpunkt gegeben, zu dem diese Opposition ihren Einfluß nicht geltend gemacht hätte. Zu keinem Zeitpunkt waren amerikanische Politiker, die bemüht waren, einen konstruktiven Mittelweg in den Beziehungen zu Rußland zu entdecken und auszubauen, vor einem Störfeuer aus dieser Ecke sicher.

Auf dem Höhepunkt der Nixon-Kissinger-Entspannung war diese Opposition fast verstummt, teils weil Richard Nixon einen enormen Vertrauensvorsprung als Falke genoß, was viele Kritiker verwirrte, und teils weil Henry Kissingers diplomatisches Feuerwerk sie blendete. Aber die Ursache dieses Schweigens war Enttäuschung und nicht Einverständnis. Als Watergate die Autorität dieses politischen Gespanns untergrub, meldete sich die Opposition erneut und mit verdoppelter Wut und Heftigkeit zu Wort.

Seit 1975 ist sie ein Machtfaktor. Ihr gelang es 1974, das Handelsabkommen zu Fall zubringen und die sowjetisch-amerikanischen Wirtschaftsbeziehungen einzuschränken. Ihr gelang es auch, den Abschluß eines neuen SALT-Abkommens zu Fall zu bringen. Und sie hat heute, vor dem Hintergrund einer neuen Regierung und eines Kongresses mit etwas unscharfen Konturen, eine Macht wie nie zuvor. Sie behauptet, sie sei heute in der Lage – und nach allem, was ich weiß, ist sie das tatsächlich –, jedes sowjetisch-amerikanische Abkommen auf militärischem oder wirtschaftlichem Gebiet, das nicht ihren Vorstellungen entspricht, durch ihr Veto zum Scheitern zu bringen – und angesichts ihrer Vorstellungen habe ich mehr und mehr den Verdacht, daß das für praktisch jedes denkbare Abkommen gilt.

Ich habe mich wirklich nach Kräften bemüht, die Beweggründe dieser Opposition zu verstehen. Viele ihrer Repräsentanten sind Freunde von mir. Ich weiß, daß sie ehrenwerte Leute sind. Ich hege keinerlei Argwohn gegen oder gar Mißachtung für ihre Motive.

Es ist klar, daß wir es hier mit einem komplexen und keineswegs simplen Phänomen zu tun haben. Dieses Netz von vielen miteinander verknüpften Meinungen, in dem viele Menschen zappeln, deren Problem zu sein scheint, daß sie nichts von den Veränderungen bemerkt haben, die sich zwischen 1947 und 1977 ereignet haben, die von den Problemen der sowjetisch-amerikanischen Beziehungen sprechen, als befänden wir uns noch auf der Höhe des Kalten Krieges – die manchmal sogar noch nicht einmal bemerkt zu haben scheinen, daß Stalin tot ist.

Dann gibt es andere, die sehr emotional reagiert haben auf

die Frage der Menschenrechte oder der jüdischen Emigration und die wünschen, daß die amerikanische Politik sich nicht auf die Sowjetmacht, wie sie ist, einstelle, sondern eine prinzipielle Änderung des Sowjetregimes anstrebe.

Wichtiger jedoch als eine dieser beiden Gruppen sind die Leute, die die Beziehung ausschließlich als ein militärisches Rivalitätsverhältnis begreifen, die in dieser Beziehung keine bedeutsamen Werte, Probleme oder Möglichkeiten erkennen, abgesehen von solchen, die die angebliche Entschlossenheit der sowjetischen Führung belegen, irgendeine Form entscheidenden militärischen Übergewichtes gegenüber dem Natobündnis zu erreichen – und das natürlich mit der denkbar bedrohlichsten und tödlichsten Absicht. Dazu gehören vor allem unsere militärischen Planer, deren berufsbedingte Aufgabe es ist, irgendeinen möglichen militärischen Widersacher als Pappkameraden aufzubauen und diesen mit der eben beschriebenen Motivation auszustatten, um sich anschließend so zu verhalten, als gäbe es ihn wirklich. Aber zu dieser Gruppe gehören auch viele Nicht-Militärs, die, den Pappkameraden als Wirklichkeit mißverstehend, sich selbst in ihren Phantasiereichen verlieren, die ich als Militärmathematik bezeichnen möchte – die Mathematik der möglichen gegenseitigen Vernichtung – im Zeitalter einer rasant sich entwickelnden Waffentechnologie.

Ich habe mich bemüht, die Argumente dieser Militärenthusiasten zu verstehen. Ich habe versucht, ihnen durch die Labyrinthe ihrer komplizierten und ausgefeilten Berechnungen möglicher militärischer Vorteile zu verschiedenen Zeitpunkten der künftigen Entwicklung zu folgen. Ich habe versucht, ihnen zu folgen, wenn sie die Buchstaben und Zahlen verschiedener Waffensysteme, realer wie fiktiver, hersagten, wenn sie die angegebenen Kapazitäten dieser Systeme miteinander verglichen, ihre Wechselwirkung für Situationen tatsächlicher Kampfhandlungen berechneten.

Solche Bemühungen erwiesen sich als frustrierend und hinterließen zwei übermächtige Eindrücke. Der erste ist, daß diese ganze Wissenschaft von den weitreichenden massiven Vernichtungswaffen – von den berechneten Vorteilen oder Nachteilen der modernen Waffensysteme – gefährlich aus dem Ruder gelaufen ist, daß die Variablen, die komplizierenden Faktoren, die Unsicherheiten, die darin enthalten sind, rasch das Fassungsvermögen des menschlichen Verstandes wie des Computers übersteigen.

Aber mein zweiter Eindruck ist, daß über dieser ganzen Vernichtungswissenschaft ein erkennbarer Schleier von Unwirklichkeit liegt – Unwirklichkeit, wenn man die Vernichtungspläne als die Ebene versteht, auf der unsere politischen Meinungsverschiedenheiten gelöst werden sollen. Ich bezweifle, daß wir unsere Probleme lösen werden, indem wir uns über die Frage zu einigen versuchen, ob die Russen irgendwann in den achtziger Jahren in der Lage sein werden, unsere landgestützten Raketen »auszuschalten«. Ich bezweifle, daß dies der Kern des Problems ist. Ich habe den Verdacht, daß es hier um ein tieferliegendes Problem geht. Wenn ich es definieren müßte, würde ich sagen, es ist die Auffassung, die man hinsichtlich der sowjetischen Führung hegt und des Einflusses, den ihre Erfahrungen, Probleme und politischen Notwendigkeiten auf sie ausüben.

Die Abkommen von Helsinki

Helsinki war ein zweijähriges steriles Seminar in Semantik, dessen Erfolgsaussichten von vornherein sehr bescheiden waren. Ich habe nie ein Hehl aus meiner Skepsis hinsichtlich des Versuchs gemacht, mit Russen über allgemeine Grundsätze zu einer Einigung gelangen zu können. Der erste Rat des ersten Vertreters der Londoner Muscovy Company unter Königin Elizabeth I. lautet: »Wenn man mit diesen Leuten verhandelt, setze man seine Verträge unmißverständlich auf und lege sie schriftlich nieder.« Das gilt noch heute. Bei Verhandlungen mit der Sowjetregierung glaube ich an das Detail. Ich würde nie irgendein Abkommen mit ihr unterzeichnen, das über die Feststellung hinausginge: »Dazu verpflichtet *ihr* euch, und hierzu verpflichten *wir* uns.« Der Gedanke, festzustellen, daß wir uns beide wie gute Demokraten verhalten wollen, daß wir beide Menschenrechte anerkennen wollen und sofort, ist von vornherein zum Scheitern verurteilt.

Finnlandisierung und nukleare Erpressung

Die Finnen haben sich selbst Beschränkungen hinsichtlich gewisser Verhaltensweisen auferlegt, von denen sie meinen, sie würden jenseits der Grenze Anstoß erregen. Aber Finnland ist ein kleines Land mit vier Millionen Einwohnern, das eine lange und außerordentlich exponierte Grenze zur Sowjetunion bestitzt und Rußlands zweitgrößter Stadt sehr nahe liegt. Mir ist nicht klar, inwiefern seine Situation mit der Westeuropas vergleichbar sein soll. Ich habe schon früher gesagt und möchte es hier wiederholen, daß Westeuropas Bevölkerung größer, kulturell sehr viel höherentwickelt und industriell qualifizierter ist als die der Sowjetunion. Sein industrielles Potential ist erheblich gewichtiger als das der Sowjetunion, und seine Territorien sind von der Sowjetunion durch einen Streifen von Pufferstaaten getrennt. Offensichtlich ist die Analogie mit Finnland überhaupt nicht haltbar.

Das bringt mich auf einen Punkt, in dem sich mein eigenes Denken grundsätzlich von dem der Westeuropäischen Gemeinschaft unterscheidet, nämlich auf die Frage der nuklearen Erpressung und des politisch-militärischen Drucks.

Stalin hat gesagt, die Kernwaffen seien etwas, mit dem man

Menschen mit schwachen Nerven Angst einjagen könne. Damit hatte er vollkommen recht. Niemand, der bei klarem Verstande ist, würde auf so etwas wie nukleare Erpressung hereinfallen. Erstens wäre es höchst unwahrscheinlich (wie meist im Falle von Erpressung), daß die Drohung wahrgemacht würde, wenn man ihr trotzen würde. Zweitens hätte es keinen Sinn, ihr nachzugeben. Jedes Regime, das nicht von allen guten Geistern verlassen ist, würde die nukleare Drohung zurückweisen. »Warum um alles in der Welt sollten wir darauf eingehen?« würde sie erklären. »Wenn wir tun, was Ihr heute im Zeichen dieser Drohung von uns verlangt, was werdet Ihr dann morgen von uns verlangen? Das ist ein Prozeß ohne Ende. Wenn Ihr wollt, daß wir auf unsere Unabhängigkeit verzichten, so werdet Ihr auch andere Leute suchen müssen, die Euer Geschäft für Euch erledigen, das heißt, Ihr werdet letztlich die Verantwortung für die Regierung dieses Landes übernehmen müssen. Wir werden uns nicht dazu hergeben, diese Regierung in ein Werkzeug Eurer Macht zu verwandeln.«

Mit einer solchen Situation hatten wir im Zweiten Weltkrieg in der Azorenfrage zu tun. Ich selbst hatte mich intensiv mit ihr zu befassen, und es war ganz klar, daß es wenig Sinn hatte, Salazar zu drohen (wie wir es fast getan hätten) und zu sagen: »Entweder geben Sie uns diese Stützpunkte, oder wir nehmen sie uns!« Er hätte seinen Hut genommen und gesagt: »Wenn ich mein Land in eine Sackgasse manövriert habe, wo ich unter solchem Druck verhandeln muß, bin ich offensichtlich nicht geeignet, dieses Land zu regieren. Sucht Euch jemand anders dafür.«

Niemand würde einem solchen Druck nachgeben, und niemand würde sich dieser Art Erpressung bedienen. Großen Nationen steht ein solches Verhalten nicht zu Gesicht. Natürlich hat es Hitler im Falle der Tschechoslowakei mit Hácha getan, aber Hitler war eine Ausnahme, und ich bin nicht sicher, daß Hácha und die Tschechen klug daran getan haben, dem nachzugeben.

Warum auf Kernwaffen völliger Verzicht geleistet werden sollte

Ich habe keine hohe Meinung von den Menschen: sie werden sich stets bekriegen und einander häßliche Dinge zufügen. Sie werden ihrer animalischen Natur nie ganz entrinnen und immer ihren Gefühlen und unbewußten Trieben mehr als ihrer Vernunft gehorchen. Sie werden immer, wie Freud angemerkt hat, ein tiefes Unbehagen darüber empfinden, daß sie in einer kulturell geprägten Welt zu leben haben, und sich dagegen wehren. Wenn dem aber so ist, ist das einzige, was sich dagegen machen läßt, dafür zu sorgen, daß die Waffen, die sie haben, nicht zu schrecklich sind. Man muß sie daran hindern, mit der schlimmsten Sorte von Spielzeugen zu spielen. Deswegen glaube ich, daß sich die großen Massenvernichtungswaffen – und die Kernwaffen sind nicht die einzigen Waffen dieser Art, die sich vorstellen lassen – niemals in menschlichen Händen befinden sollten, daß es sehr viel besser wäre, symbolisch gesprochen, zu Pfeil und Bogen zurückzukehren, die zumindest die Natur nicht zerstören. Ich habe kein Verständnis für den Menschen, der sich in einem nuklearen Konflikt auf die alttestamentarische Forderung Auge um Auge zurückzieht.

Mir wäre bei einem Gedanken an meine Kinder sehr viel wohler (und dies ist abermals eine der überspitzten Formulierungen, die Sie nicht zu wörtlich nehmen dürfen, da ich auch Argumente gegen sie finden könnte), wenn wir überhaupt keine Kernwaffen hätten – wenn wir uns in der Position Norwegens befänden, das keine Kernwaffen besitzt oder in der Position Mexikos. Die Norweger und die Mexikaner haben eine Chance. Denken Sie daran, daß der einzige Anlaß für die Sowjetunion oder irgendeine andere Atommacht, diese Waffen gegen uns einzusetzen, darin zu suchen ist, daß wir sie selbst entwickeln. Nur die Angst kann irgend jemand dazu verleiten, etwas so Ungeheuerliches zu tun.

Die sowjetische Gefahr oder das ökologische Desaster

Wir sind mit zwei denkbaren Versionen der Katastrophe konfrontiert. Im einen Falle handelt es sich um eine mögliche, aber keineswegs sichere Katastrophe. Dies ist der Fall einer militärischen Konfrontation mit den Russen. Im anderen Falle handelt es sich um ein absolut sicheres ökologisches und demographisches Desaster, in das dieser Planet innerhalb der nächsten, sagen wir, sechzig bis siebzig Jahre hineinschliddern wird, dessen Auswirkungen sich aber wahrscheinlich schon sehr deutlich vor Ende dieses Jahrhunderts bemerkbar machen werden. Die zweite dieser beiden Katastrophen kann, wenn man ihr weiterhin freien Lauf läßt, endgültig sein – wirkliche Erholung von ihr ist nicht denkbar. Möglich, daß ein Teil der Erdbevölkerung überlebt, aber das würde bestenfalls den Beginn eines neuen finsteren Zeitalters bedeuten – alles, was wir in den letzten zweitausend Jahren an abendländischer Zivilisation aufgebaut haben, wäre verloren.

Wie können wir uns angesichts dieser Krise, die vorhersagbar und heute fast unvermeidlich ist, so in den Gedanken an die andere verrennen, die keineswegs unvermeidlich ist – das heißt in den Gedanken an den nuklearen Konflikt mit den Russen –, daß wir alle unsere Energien auf letztere konzentrieren? Verglichen mit den Gefahren, die uns an der ökologischen und demographischen Front drohen, würde mir die Möglichkeit, daß die Sowjetunion Westeuropa kontrollieren könnte, selbst wenn man das für wahrscheinlich hielte (was ich nicht tue), als eine geringere Katastrophe erscheinen. Zumindest *leben* die Menschen in der Sowjetunion. Für einen Großteil der Menschen ist das Leben nicht unerträglich. Das gleiche gilt für die DDR und für Ungarn. Es sind nicht gerade die Lebensverhältnisse, die diese Menschen sich aussuchen würden, aber immerhin ist es eine Form des Lebens, und sie bedeutet nicht das Ende für jenes Experiment, das die menschliche Zivilisation darstellt. Sie läßt die Möglichkeit weiterer Entwicklungen offen. Die ökologische Katastrophe hingegen, die uns unmittelbar bevorsteht, läßt keinen Ausweg offen.

Wir haben die Akzente falsch verteilt. Wir reden von der Rettung der abendländischen Zivilisation, wenn wir von einer militärischen Konfrontation mit Rußland reden. Aber für was retten wir sie denn? Dafür, daß uns in zwanzig oder dreißig Jahren das Öl ausgeht, die Rohstoffe und die Nahrung, dafür daß der Menschheit ein verheerender Konflikt zwischen den überbevölkerten und unterernährten zwei Dritteln der Welt und uns bevorsteht?

Die Unterschiede existieren, und sie sind wichtig. Noch ist der Niedergang des Westens keine beschlossene Sache, ebensowenig wie die Tatsache, daß wir in die große endgültige Erdkatastrophe hineinstolpern müssen. Wenn wir uns im Westen von der fixen Idee freimachen können, daß die Russen nichts anders im Sinn haben, als uns mit Bomben zu bewerfen, und uns statt dessen Gedanken um das machen, was unserem Planeten angetan wird, und uns entschlossen und rasch daranmachen, die bevorstehende Katastrophe abzuwenden, wäre uns weit besser gedient. Sie müssen bedenken, daß die Umweltbelastung der Erde weitgehend das Werk der großen Industrienationen ist, die sich in den fruchtbaren Zonen der nördlichen Hemisphäre ausgebreitet haben. Wenn sie veranlaßt werden könnten, ihr Verhalten zu ändern, hätten wir eine Atempause. Sonst ist uns das unwiderrufliche Desaster sicher. Sind wir also nicht (um etwas zu wiederholen, was nicht oft genug wiederholt werden kann) unrealistisch, wenn wir ein solches Übermaß an Aufmerksamkeit darauf verschwenden, uns vor den Russen zu verteidigen, die weiß Gott nicht überlebensgroß sind, die selbst reichlich mit Schwierigkeiten gesegnet sind, die kein Landwirtschaftssystem auf die Beine stellen können, das wirklich funktioniert, die nicht genügend Wohnraum für ihre Bevölkerung schaffen können, die einen rapiden Verlust an Einfluß und Führungslegitimation im Weltkommunismus zu beklagen haben und die entlang ihrer langen Grenze im Osten mit China zu rechnen haben? Ist es nicht grotesk, ein Übermaß an Energie auf die Bekämpfung eines solchen Rußlands zu verwenden, um einen Westen zu retten, der zutiefst verstört und erfüllt ist mit dem Gefühl eines inneren Verfalls?

Man zeige mir erst einmal ein Amerika, das seine Probleme erfolgreich bewältigt hat – das Verbrechen, die Drogen, den Verlust der Bildungsmaßstäbe, den Verfall der Städte, die Pornographie und den Niedergang in vielen anderen Bereichen –, man zeige mir ein Amerika, das sich wieder im Griff hat und ist, was es sein sollte, dann werde ich sagen, wie wir uns gegen die Russen verteidigen können. Aber so wie die Dinge liegen, sehe ich wenig Sinn darin, daß wir uns aufraffen, um die Pornoshops im Zentrum von Washington vor den Russen zu verteidigen. Tatsächlich werden die Russen viel besser mit Pornographie fertig als wir.

Haben Sie bitte Verständnis dafür, daß ich meine Sache um der Beweisführung willen überspitzt darstelle. Das ist einer der Gründe dafür, daß Sie mir Widerspruchsgeist nachsagen. Wenn man beide Seiten einer Medaille sichtbar machen möchte, muß man, zumindest zeitweise, jede Seite in übertriebenem Relief herausarbeiten.

5 Die Sowjetunion – Die Realität

Es soll jetzt versucht werden, das Problem zu beschreiben, das die Sowjetunion Ende der siebziger Jahre für amerikanische Politiker darstellt.

»Weltherrschaft«

»Nun – ihre Ziele haben sich nicht geändert, oder etwa doch? Wollen sie immer noch die Weltherrschaft erlangen?« Diese Frage ist mir in den letzten Jahren bestimmt hunderte Male gestellt worden.

Als Ende 1917 Lenin und seine Genossen in Rußland die Macht übernahmen, träumten sie tatsächlich von einer baldigen Weltrevolution – im Sinne eines revolutionären Sturzes der großen kapitalistischen Mächte Westeuropas, was, wie man meinte, die Zerstörung der europäischen Kolonialmächte zur Folge haben und den Weg frei machen würde für den Aufstieg der befreiten Kolonialvölker, die unter kommunistischer Förderung und Führung wirtschaftlich entwickelt werden wollten. (Ob sie die Vereinigten Staaten ursprünglich für eine Hauptmacht des Kapitalismus und Imperialismus hielten, ist ungewiß. Jedenfalls sollte das bald der Fall sein.)

Diese Hoffnungen gründeten sich auf den gewaltigen geistigen und wirtschaftlichen Todeskampf, der die europäische Gesellschaft in jenem vierten Jahr des Ersten Weltkriegs erfaßt hatte. Große Unruhe und äußerste Verzweiflung waren damals entstanden. Die meisten Menschen waren verbittert über das schreckliche und sinnlose Blutvergießen. Imperien gerieten ins Wanken. Klassenstrukturen wurden ausgehöhlt. Vom Standpunkt derjenigen, die die Macht in Petersburg an sich gerissen hatten, schienen die Aussichten für eine Revolution im restlichen Europa glänzend zu sein. Und sie nahmen sich tatsächlich vor, nachzuhelfen, wo immer sie konnten.

Damit soll nicht gesagt sein, daß diese ersten russischen Kommunistenführer die Revolution allein durch eine Aktion ihrer in Rußland aufgestellten Streifkräfte zustande bringen wollten – dadurch also, daß sie sich vornahmen, in andere Länder einzudringen und kommunistische Regime widerstrebenden Völkern aufzuzwingen. Gab es doch einen Unterschied zwischen Revolution und Eroberung. Revolution, wie sie sie verstanden, mußte primär aus der Aktion des im jeweiligen Land ansässigen revolutionären Proletariats hervorgehen. Wohl mochte das revolutionäre Rußland diesen proletarischen Kräften in anderen Ländern mit brüderlicher Hilfe moralischer, materieller und militärischer Art beistehen, soweit dies in seiner Macht lag. Nie war jedoch daran gedacht, daß solch eine Unterstützung die revolutionäre Aktion des einheimischen Proletariats der fraglichen Länder ersetzen sollte. Die Rolle des russischen Kommunismus bestand darin, die Weltrevolution zu unterstützen, nicht sie zu schaffen. Die von Lenin – und später von Stalin – lauthals verkündeten Prophezeiungen über die Unvermeidbarkeit eines letzten apokalyptischen Konflikts zwischen Kapitalismus und revolutionärem Sozialismus waren in diesem Sinn zu verstehen, auch wenn die westlichen Gemüter viel eher an eine Art bewaffneten Endkampf zwischen einem kommunistischen Rußland und der Gesamtheit der nichtkommunistischen Welt dachten.

In Wirklichkeit brauchten die Führer des neuen kommunistischen Regimes in Rußland nicht länger als drei bis vier Jahre, um zu erkennen, daß die Weltrevolution, wie sie sie sich vorstellten, nicht bevorstand – daß die Aussicht darauf in eine Zukunft verwiesen werden mußte, die zu fern lag, um in eine ernsthafte politische Planung einbezogen zu werden. Auch war es in Wirklichkeit nie ihre Absicht, ihre schwer errungene Macht in Rußland einem wirklichkeitsfremden Versuch zu opfern, der darin bestand, den Lauf der Geschichte in diesem Sinn zu beschleunigen. Freilich hat Lenin einmal gesagt, daß, wenn es eine reale Chance für Revolution in Deutschland gäbe, das kommunistische Rußland zu Opfern bereit sein sollte, um diese zustande zu bringen. Damit war aber erstens auf eine *reale* Chance für Revolution in Deutschland abgehoben; und zweitens wurde es mit der Zeit und vor dem Hintergrund des Bürgerkriegs in Rußland immer unrealistischer, davon zu sprechen, daß zugunsten der Kommunisten anderswo Machtpositionen geopfert werden sollten, die mit so viel Mühe und Heldenmut gewonnen waren. Bis 1921 war die Erhaltung und Entwicklung der kommunistischen Macht innerhalb Rußlands eindeutig zur obersten Aufgabe des Regimes geworden. Sie sollte es für das nächste halbe Jahrhundert bleiben.

Das Gerede über »Weltrevolution« verstummte natürlich nicht. Es war die Grundlage der Ideologie. Der Gedanke des universalen Triumphs der marxistischen Weltanschauung mit ihren naheliegenden politischen Nebenbedeutungen blieb die tausendjährige Hoffnung, ohne die keine säkulare Religion bestehen könnte (und so etwas war ja der russische Kommunismus in Wirklichkeit). Er wurde jedoch nicht länger als ernst zu nehmendes, unmittelbares Ziel der Politik aufgefaßt. Von da an sollten Verteidigungsüberlegungen, die aus Rußlands relativer Schwäche und Verwundbarkeit herrührten und sich nicht nur auf den Schutz des Landes Rußland bezogen, sondern auch auf den Schutz des Regimes gegenüber dem restlichen Rußland, wichtiger sein als alle aggressiv-revolutionären Impulse in den Köpfen derjenigen, die über das Schicksal dieses Landes bestimmten.

Der Zweite Weltkrieg brachte bedeutende Veränderungen. Einerseits untergrub das Schauspiel, das eine große kommunistische Macht Seite an Seite mit verschiedenen kapitalistischen Mächten gegen eine andere kapitalistische Macht kämpfen sah, noch weiter den Traum vom letzten Konflikt zwischen Kommunismus und Kapitalismus. Andererseits ergaben sich durch den jähen Zusammenbruch von Deutschland und Japan am Ende des Krieges beispiellose Gelegenheiten, die Macht des russischen Staates in weiten angrenzenden Gebieten zu etablieren, wo die jüngste Herrschaft der Deutschen und Japaner die einheimischen Widerstandskräfte zerstört oder entscheidend geschwächt hatte. Aus all dem schlug Stalin nach besten Kräften Kapital; und das Ergebnis war bekanntlich die Schaffung des Satellitengürtels von Ost- und Mitteleuropa. Während man dies verschleiernd als Gewinn für den »Kommunismus« ausgab, war es in Wirklichkeit ein Wiederaufleben traditioneller russischer Macht in jener Region – mehr ein nationalistischer Gewinn als ein ideologischer im ursprünglichen Sinn. Es war mehr die Erfüllung regionaler als globaler Bestrebungen der stalinistischen Führung. Während es dadurch ferner zu einer in der Tat neuen militärischen Bedrohung für Westeuropa kam – in dem Sinn, daß die Errichtung eines russischen Brückenkopfes im Herzen Europas eine fundamentale Verlagerung des militärischen Gleichgewichts auf dem Kontinent darstellte –, ergaben sich für die Sowjetunion selbst auch neue Aspekte der Verwundbarkeit, die das Gewicht der Verteidigungsüberlegungen im strategisch-politischen Gesamtdenken der Sowjetführung eher erhöhten als verringerten.

Zur selben Zeit untergruben einige Nachkriegserscheinungen noch weiter den Traum von einer möglichen Weltrevolution unter sowjet-kommunistischen Vorzeichen – wozu die

Konsolidierung der nicht kommunistischen Staaten im restlichen Europa gehörte, die Ausbreitung gemäßigt sozialistischer oder wohlfahrtsstaatlicher Praktiken im nördlichen Teil dieses Kontinents und der Erfolg abweichender kommunistischer Strömungen in Jugoslawien und China. Von da an sollte sich die Sowjetunion im wesentlichen wie eine normale Großmacht verhalten, wobei in den Köpfen der Sowjetführer die traditionellen Interessen und Ziele der russischen Herrscher Vorrang vor den ideologischen hatten.

Das heißt nicht, daß die ideologischen Konzepte im Verhalten dieser Männer – und vor allem in ihren Worten und politischen Gesten – überhaupt keine Rolle spielten. Im Gegenteil, die bloße Existenz des chinesischen Rivalen, der Moskau konstant Verrat an den wahren kommunistischen Prinzipien vorwarf, zwang Moskau in seiner Selbstverteidigung zum Lippenbekenntnis und manchmal sogar zu Gesten des revolutionären Marxismus. Doch hinter diesem Nebelvorhang von Worten verhielten sich die Kreml-Herren im Bereich der internationalen Beziehungen fast ausschließlich so wie traditionellerweise die russischen Herrscher früherer Perioden. Ihre hervorstechenden und entscheidenden Sorgen galten dem Schutz ihrer eigenen Herrschaft innerhalb Rußlands und auch der Sicherheit des russischen Kernlandes, das als unverzichtbare Grundlage ihrer Macht diente und mit dem sie trotz all ihrer ideologischen Vorurteile durch mächtige Bande des Nationalgefühls verbunden waren.

Man wird natürlich sagen: ja sicher, doch Träume von Weltherrschaft und eine beharrliche Neigung zur Expansion als Charakteristika russischer Zielsetzungen und Handlungen gab es in Rußland nicht erst in kommunistischer Zeit; sie ließen sich seit Jahrhunderten im Verhalten zaristischer Staatsmänner beobachten. Und, so wird weiter gefragt werden, wenn sich die kommunistischen Führer enger an die traditionellen Muster russischer Staatsführung anlehnen, werden dann nicht die ursprünglich ideologischen Motive für eine aggressive Politik lediglich durch mehr traditionelle ersetzt?

Dies ist tatsächlich ein entscheidender Punkt, der sich nicht mit einem einzigen Wort beantworten läßt. Zur Zeit des moskowitischen Großherzogtums hatte die intolerante religiöse Orthodoxie, auf die die Großherzöge teilweise den Legitimitätsanspruch ihrer Herrschaft gründeten, globale Bedeutung. Und ebenfalls gilt, daß in beiden Perioden der zaristischen Geschichte – der moskowitischen und der Petersburger – der russische Staat eine anhaltende Tendenz in Richtung dessen zeigte, was man als Grenzausdehnung bezeichnen kann – als nach und nach erfolgte Erweiterung seiner Macht in neue Bereiche hinein, die sich an die bestehenden Grenzen anschlossen.

Das erste dieser Phänomene hatte wirkliche Bedeutung nur in der Moskowiter-Periode. Es war vergleichbar der ideologischen Orthodoxie der Sowjet-Periode, doch ebenso weit entfernt von jeder Möglichkeit einer Realisierung. Deshalb war es – wie sein späteres marxistisches Gegenstück – als Richtschnur des Handelns nicht weiter wichtig.

Das zweite der beiden Phänomene – die Tendenz zur Grenzausdehnung – betraf die moskowitische wie auch die Petersburger Führung und hat sich in der Sowjet-Periode ebenfalls wieder gezeigt. (Stalin war davon in hohem Maße beeinflußt.) Es ist damit die schwierige Frage. Wenn es in der Motivation der Sowjetführer heute keine hervorstechende Rolle spielt, so darf man annehmen, daß das mehr dem Zwang der Umstände als natürlicher Neigung zuzuschreiben ist.

Im Westen befrachtete Stalin Rußland mit einem so weiten Glacis, einem so ausgedehnten Schutzgürtel in Form des Satellitenbereichs – an sich schon eine überaus schwere Verantwortung und in mancherlei Hinsicht eine Bürde –, daß für seine Nachfolger keinerlei Anreiz mehr bestand, diesen noch weiter auszudehnen (West-Berlin bildete die große Ausnahme), daß jeder derartige Versuch vielmehr eine erhebliche Gefahr heraufbeschworen hätte. An der asiatischen Grenze machten das Unentschieden in Korea (nach 1952) und die besorgte Wachsamkeit der Chinesen weitere Expansion unmöglich – es sei denn, man hätte das Risiko eines großen Krieges in Kauf genommen. Somit blieben nur drei Grenzbereiche von wirklicher Bedeutung: Afghanistan, wo die Situation im Augenblick nicht so war, daß sie zu expansionistischen Bewegungen russischerseits eingeladen oder diese gerechtfertigt hätte; Iran, wo die Risiken wiederum größer waren und der mögliche Gewinn sehr klein; und schließlich der skandinavische Norden, wo durch Nato-Aktivität und Flotten-Rivalität tatsächlich neue Verteidungsanstöße für eine Ausweitung der russischen Macht geliefert wurden, wo aber die Anwesenheit der Nato wiederum bedeutete, daß jeder Versuch, solch eine Ausweitung vorzunehmen, mit höchsten Risiken eines großen Krieges verbunden wäre.

Unter diesen Umständen kam die traditionelle russische Tendenz der Grenzausdehnung in den letzten Jahren kaum mehr zum Zuge und blieb – bis auf Asien – wenig verlockend. In fernerer Zukunft könnte sich das wieder ändern. Im Moment wird sowjetisches Handeln nicht wesentlich davon bestimmt. Sie ist jedenfalls eine Triebkraft, die ihrem Wesen nach regional, nicht universal ist.

Es gibt einen letzten Gesichtspunkt sowjetischer Politik, der sich vielleicht als Beweis für den angeblichen Wunsch nach Erlangung der »Weltherrschaft« anführen läßt. Das ist das Ausmaß, in dem sich Moskau jüngst auf die Seite der Widerstandsbewegungen im südlichen Afrika und linksgerichteter Parteien in anderen Ländern der Dritten Welt geschlagen hat.

Ich fürchte, ich kann in diesem Phänomen nichts eigentlich

Neues erkennen, nichts, was dem normalen Verhaltensschema einer Großmacht zuwiderläuft, nichts, was sich aus rein aggressiven Motiven – die von defensiven zu unterscheiden sind – ableiten läßt, nichts, was den Glauben widerspiegelt, daß durch solche Verwicklungen größere Aussichten auf sowjetische Machterweiterung bestünden.

Der Versuch, in entlegenen Ländern jenen Parteien zur Macht zu verhelfen, deren Ziele mit den eigenen im großen und ganzen vereinbar erscheinen, ist – wie schon bemerkt – der normalen Praxis von Großmächten – USA eingeschlossen – nicht fremd. Warum er so große Überraschung oder Alarm auslösen sollte, wenn er von der Sowjetunion ausgeht, vermag ich nicht einzusehen. Der hohe Grad, in dem afrikanische Widerstandsführer empfänglich sind für pseudo-marxistische Ideen und Methoden, die ihrerseits als Rechtfertigung für das schwere Blutvergießen zwecks Machterlangung und für die Errichtung einer rücksichtslosen Diktatur zur Machterhaltung genommen werden, stellt eine wirksame Aufforderung für sowjetisches Eingreifen dar, eine, die sie übrigens kaum zurückweisen können, ohne in die Hände ihrer chinesischen Kritiker und Rivalen zu spielen. Zu oft bedeutete das Ausbleiben einer sowjetischen Antwort auf solche Hilfsgesuche, daß die betreffenden Parteien in die Arme der Chinesen getrieben wurden.

Jedenfalls dürften sich die jüngsten sowjetischen Anstrengungen diesbezüglich in einem Ausmaß bewegt haben, das kaum mit unserem eigenen vergleichbar ist und nicht größer als das der Chinesen. Die Russen haben in den letzten Jahren keine Vietnams gekannt. Sie haben nicht einmal eigene Truppen ins Ausland entsandt (mit Ausnahme Osteuropas, das wir ihnen mit stillschweigendem Einverständnis 1945 überließen), was einem Maß an Zurückhaltung entspricht, das wir Amerikaner für uns kaum in Anspruch nehmen können. Und das, was sie an Unterstützung denjenigen Parteien in Ländern der Dritten Welt zukommen ließen, die mit ihren Vorstellungen und Absichten übereinstimmten, geht meines Erachtens weder in der Art noch im Umfang über das hinaus, was ihre kommunistischen Vorgänger in früheren Jahrzehnten an Anstrengungen unternahmen, ohne daß es großen Alarm in der amerikanischen Öffentlichkeit auslöste.

Diese Besorgnis hinsichtlich eines russischen Strebens nach »Weltherrschaft«, die als Rechtfertigung benutzt wurden für die Forderung nach einer total negativen, feindseligen und militaristischen Haltung gegenüber der Sowjetunion, entbehren somit der wirklichen Grundlage und gehen am eigentlichen Problem vorbei, das sich mit der Existenz der kommunistischen Macht in Rußland für die amerikanische Staatsführung stellt.

Die innere Lage

Westliche Politik gegenüber der Sowjetunion kann nur dann vernünftig sein, wenn sie das Wesen und den Zustand der gegenwärtigen sowjetischen Führung mit in Betracht zieht. Vieles, was man über die sowjetisch-amerikanischen Beziehungen von denen hört, die Alarm schlagen, läßt sich dem Wortlaut nach kaum unterscheiden von dem, was auf dem Höhepunkt des Kalten Krieges – zur Zeit des Todes von Stalin – in die Diskussion gebracht wurde. Liest man entsprechende Äußerungen, müßte man annehmen, daß keine wesentliche Veränderung seit Stalins Tod eingetreten ist – daß die Männer, die jetzt an der Macht sind, für uns genau dasselbe Problem darstellten wie ihre Vorgänger ein Vierteljahrhundert zuvor. In Wirklichkeit verhält es sich völlig anders.

Die gegenwärtige Sowjetführung ist – was bei herrschenden Gruppen in großen Ländern durchaus vorkommen kann – außergewöhnlich alt. Das Durchschnittsalter der 5 oder 6

Spitzenpersönlichkeiten liegt gut über 70. Ungefähr die Hälfte der Mitglieder des allmächtigen Politbüros (Vollmitglieder und Stellvertreter) bewegt sich altersmäßig von 66 Jahren an aufwärts. Die Hälfte der Mitglieder des Präsidiums des Ministerrats (der auf Regierungsebene das Gegenstück zum Politbüro als dem höchsten *Partei*organ ist) ist über 60. Das hohe Alter der maßgeblichen Führungsschicht in der Sowjetunion ist eine Tatsache, die all denen wohlbekannt ist, die sich mit Sowjetangelegenheiten befassen.

Das bedeutet jedoch nicht, daß die betreffenden Männer untauglich sind oder zu harter Arbeit schon nicht mehr fähig. Es bedeutet, daß sie sich auf lange und gründliche Regierungserfahrung stützen können. Männer solchen Alters und solcher Erfahrung neigen normalerweise nicht zu abenteuerlicher Politik oder zu Schritten, die ihnen selbst und dem von ihnen geleiteten Herrschaftssystem zusätzliche Strapazen und Unsicherheiten bescheren würden.

Die Zusammensetzung des Politbüros und anderer ranghoher Regierungsinstanzen ist seit über einem Jahrzehnt bemerkenswert stabil geblieben. Und diese Stabilität hat sich auf die gesamte obere Bürokratie im politischen, militärischen und wirtschaftlichen Bereich übertragen – einen Kreis, der mehrere hundert Menschen umfaßt. Auf dem letzten Parteitag der KPdSU, der im März 1976 stattfand, wurden 90 % der ins Zentralkomitee gewählten Mitglieder wiedergewählt (wobei das ZK ein Organ ist, in dem alle mächtigen Persönlichkeiten des Regimes vertreten sind), was bedeutet, daß sie diesem Organ schon seit mindestens 5 Jahren angehört hatten. Die meisten von ihnen waren tatsächlich schon länger darin vertreten.

Der Beitritt zu dieser oberen Bürokratie aus niedrigeren Rängen ist unter solchen Umständen ein seltenes Privileg und schwer zu erreichen. Kandidaten für eine derartige Beförderung werden, wie sich denken läßt, von Spitzenleuten mit äußerster Sorgfalt geprüft; und alles, was man über ihre Persönlichkeit weiß, läßt darauf schließen, daß unter den Eigenschaften, die sie für ein solches Amt empfehlen, Stetigkeit, rechtes Augenmaß, Eignung für den bürokratischen Apparat und unauffällige Loyalität und Verläßlichkeit zu finden sind, die Eigeninitiative und selbständiges Urteil nicht ausschließen.

Die Methoden, mit denen die Führungsspitze in diesen höheren Rängen der Bürokratie für Linientreue sorgt, unterscheiden sich radikal von denen Stalins. Er kontrollierte sie durch bloßen Terror und durch gegenseitiges Ausspielen in ihrem Kampf um seine Gunst, wo der geringste Fehltritt eine persönliche Katastrophe bedeutete. Das verbürgte zwar ihre sklavische Untertänigkeit, lähmte jedoch ihre Kräfte zur Initiative und ihre Wirksamkeit in der Verwaltung. Die gegenwärtige Führung vertraut demgegenüber mehr traditionellen und konventionellen Mitteln der Kontrolle; wozu hervorstechend die äußerst gewissenhafte und wohlüberlegte Verteilung von Autorität, Prestige und Privileg gehört.

Nun kann eine so gewählte und geleitete ranghohe Bürokratie von der politischen Führung nicht einfach mißachtet oder nach ihrem Willen herumgestoßen werden. Die wechselseitige Abhängigkeit ist zu groß. Sie muß sorgfältig »gemanagt« werden (im Sinne des französischen »menagé«, d. h. gut benutzt). Es gibt Grenzen für das Ausmaß, in dem sie gefahrlos durch plötzliche Entscheidungen der Führungsgruppe überrascht werden kann – oder durch Veränderungen der Politik, auf die sie nicht vorbereitet ist und für die sie kein Verständnis hätte.

Ich unterstreiche das, weil viele der alarmierenden Vorstellungen von sowjetischem Verhalten, die jetzt in den Vereinigten Staaten zu hören sind, die sowjetische Führung als eine Gruppe von Männern erscheinen lassen, die – nach Lösung aller internen Probleme auf nichts anderes als unsere Zerstörung bedacht – an der Spitze einer Machtstruktur stehen, deren blinder und bedingungsloser Gehorsam dem einer enorm disziplinierten Streitmacht ähnelt, die zum Angriff gehalten wird und bloß auf höhere Befehle wartet. Das ist schon vom Standpunkt der gegenwärtigen Beziehungen zwischen der Führung und ihrer eigenen Bürokratie aus unrealistisch. Noch unrealistischer ist es, wenn man es auf das Verhältnis dieser Führung zu den Führern der osteuropäischen Satellitenregime bezieht. Und es läßt einen anderen Faktor außer acht, der im Westen bezüglich Rußlands allgemein als unwesentlich betracht wird, nämlich: die öffentliche Meinung innerhalb des Landes. Natürlich spielt die öffentliche Meinung in Rußland nicht dieselbe Rolle wie in einem demokratischen System; sie ist jedoch in den Augen des Regimes nicht ganz ohne Bedeutung – und sei es nur deshalb, weil sie die politische und Arbeitsmoral beeinflußt. Die Reaktionen der breiten Bevölkerung sind auch etwas, woran das Regime denken muß, bevor es abrupte und drastische Veränderungen der Politik in Gang setzt. All das ist natürlich von Bedeutung, wenn im Westen Befürchtungen über einen plötzlichen sowjetischen Angriff auf Westeuropa geäußert werden, beeinträchtigt es doch die Fähigkeit des Regimes, vom Überraschungselement voll Gebrauch zu machen.

Die sowjetische Führung muß demnach als eine alte und alternde Gruppe von Männern betrachtet werden, die über eine sehr große und stabile Bürokratie verfügt, mit ihr aber auch aufs engste verknüpft ist. Diese Bürokratie ist in hohem Maße ein Werkzeug der Gewohnheit. Sie ist wirksam in der Regierung des Landes, aber sie wäre kein sehr bewegliches Instrument für plötzliche und abrupte Veränderungen. Das schließt ein gewisses Maß an konspirativer Tätigkeit seitens der Geheimdienste und derjenigen Teile der Partei nicht aus, die mit geheimen Operationen im Ausland befaßt sind. Es bedeutet, daß der sowjetische Machtapparat nicht plötzlich innerhalb weniger Tage von der normalen Regierung des Landes auf die riesigen und völlig anormalen Anstrengungen eines großen Krieges umgestellt werden kann.

All das oben Gesagte würde auch gelten, wenn die Hauptsorgen dieser Spitzenführer hauptsächlich auf auswärtige Angelegenheiten – und insbesondere den Gedanken einer aggressiven Expansion auf Kosten anderer Mächte – gerichtet wären. In Wirklichkeit spricht nichts dafür, daß letzteres der Fall ist. Es zeigt sich in überwältigendem Maß, daß es seit den Nachwirkungen des letzten Krieges keine Zeit gab, wo die Sowjetführer nicht hauptsächlich um die inneren Probleme besorgt waren, die sich ihnen unmittelbar stellten: Erstens die Bewahrung der Sicherheit ihrer eigenen Herrschaft innerhalb des Landes und zweitens die Entwicklung der wirtschaftlichen Stärke eines Landes, das – obwohl räumlich und bevölkerungsmäßig wesentlich größer als die Vereinigten Staaten – nur annähernd die Hälfte von deren Bruttosozialprodukt erreicht.

Im Hinblick auf die erste dieser Sorgen sieht sich die Führung vor einer Reihe von Problemen – keinen unmittelbar entscheidenden zwar, aber doch solchen, die einige Verwirrung und Unruhe stiften. Eines davon ist die allgemeine Gleichgültigkeit der Bevölkerung gegenüber den ideologischen Ansprüchen des Regimes – und die sonderbare Art von Langeweile und Lustlosigkeit, die einen Großteil der Sowjetgesellschaft überkommt durch das Beharren des Regimes darauf, daß nichts außer der immer wieder gleichen, mittlerweile abgedroschenen und überholten Ideologie in öffentlichen Äußerungen oder organisierten Aktionen zum Ausdruck kommen darf. Daraus ergeben sich zahlreiche negative Konsequenzen, die das Regime nicht ignorieren kann. Überhaupt nicht zu unterschätzen ist der erschreckende Anstieg von Alkoholismus in allen Teilen der Bevölkerung, besonders aber unter der arbeitenden Jugend. Auffallend ist weiterhin die fortbestehende Lebendigkeit des religiösen Glaubens unter einem Regime, das für Religion immer nur Verachtung übrig hatte und seine eigene Ideologie an deren Stelle setzte.

Diese Lage, in der das breite Volk einfach nicht zu begeistern ist und nur Gleichgültigkeit empfindet gegenüber dem, was das Regime als Quelle seiner eigenen Legitimität und als einzig akzeptable Triebkraft politischen und sozialen Handelns angibt, ist für die Führung beunruhigend. Noch beunruhigender ist die Sachlage im Satellitenbereich Osteuropas, wo der Mangel an Interesse für das offizielle Dogma noch weiter verbreitet ist, noch deutlicher ausgesprochen und weniger verheimlicht wird. In normalen Zeiten läßt sich das alles mit den üblichen Kunstgriffen autoritärer Macht kontrollieren und teilweise verbergen. Es bedeutet aber, daß die geistige und politische Grundlage der Sowjetmacht nicht mehr ganz gesund ist; daß Grenzen für deren Belastbarkeit gesetzt sind.

Dann gibt es natürlich noch das Problem der Dissidenten unter den Intellektuellen. Es ist wahrscheinlich kein so großes Problem, wie uns die amerikanische Presse glauben machen möchte. Die Reporter in Moskau stehen in enger Berührung mit den Dissidenten, und deren Kämpfe und Leiden lassen sich gut wiedergeben. Tatsächlich haben die Dissidenten nur wenig Möglichkeiten, innerhalb des Landes um breite Unterstützung zu werben. Und ihre Ziele sind leider etwas unklar geworden dadurch, daß man sie vor der Öffentlichkeit in Verbindung brachte mit dem Anliegen der jüdischen Emigration – eine Verwirrung, an der wiederum die westliche Presse weitgehend schuld ist. Nichtsdestoweniger stellen sie ein beunruhigendes Problem dar – besonders für ein Regime, das – so ungerecht viele seiner Methoden in der Unterdrükkung der Dissidentenbewegung auch sein mögen – nicht an eine Rückkehr zu den rücksichtslosen und brutalen Maßnahmen der Stalin-Ära denkt. Die Dissidenten bilden ein Problem, ob sie nun zu Hause gehalten werden oder emigrieren dürfen; und das Regime scheint – in großer Unsicherheit – zwischen beiden Behandlungsmethoden zu schwanken. Während ihre Aktivitäten keine ernsthafte direkte Bedrohung darstellen, sind noch keine voll zufriedenstellenden Mittel gefunden worden, wie man sie behandeln soll. Und wenn ihre Botschaft mit der Zeit allmählich zur studentischen Jugend durchdringt und an die geheimnisvollen Quellen der Studentenrevolte rührt, die so plötzlich und scheinbar unerklärlich in allen Ländern hochsprudeln, dann könnte die Gefahr noch größer werden. Es war im Grunde genommen also dem sehr ähnlich, was man in den letzten Dekaden des vergangenen Jahrhunderts erlebte und was zum Fundament für das schließliche Ende des zaristischen Regimes wurde.

Die gerade erwähnten Sorgen beziehen sich auf die Geistesverfassung der Sowjetbevölkerung insgesamt. Es gibt aber eine spzielle Dimension dieses Problems in Gestalt der betont nationalistischen Gefühle, die in bestimmten nichtrussischen Sowjetrepubliken vorherrschen. Der ursprüngliche Anspruch des Regimes ging dahin, daß die marxistisch-leninistische Ideologie die brüderlichen Bande liefern würde, die diese Völker mit dem russischen Volk vereinen und ihre Einbeziehung in die Sowjetunion rechtfertigen würden. Eines der großen tragischen Probleme, denen sich die Sowjetführung seit Beginn des kommunistischen Rußland ständig gegenübersah, ist die Tatsache gewesen, daß sich nationale Gefühle in diesem Jahrhundert als mächtigere politisch-emotionale Kraft erwiesen haben denn solche, die sich – wie die marxistische Ideologie – mehr auf die Klasse als auf die Nation bezogen. So sind viele Menschen in den nichtrussischen Republiken, die gegen die Konzepte und Praktiken des marxistischen Sozialismus an sich gar keine großen Einwände haben, doch stark beunruhigt von der Unterwerfung unter russische Herrschaft, die ihre Einbeziehung in die Sowjetunion – für sie – bedeutet. Erschwerend kommt noch hinzu, daß diese Menschen in einigen Fällen eine stärkere Tradition des Individualismus im allgemeinen und der privaten wirtschaftlichen Initiative im besonderen als die Russen haben. Und der Ernst dieses Problems für die Sowjetführung wird noch erhöht durch die Tatsache, daß in einigen dieser Republiken die Bevölkerung schneller als im eigentlichen Rußland anwächst, so daß sich das Gleichgewicht zwischen Russen und Nichtrussen in der Sowjetunion, das sich jetzt schon etwa die Waage hält, ständig weiter zuungunsten der russischen Bewohner des zentralen Kernlandes verändert.

Wie das Problem der Dissidenten, so ist auch die nationale Ruhelosigkeit kein Problem, das nur kurzfristig von Bedeutung ist, sondern eines, das dem Regime auf Dauer zu schaffen machen wird; denn sowohl Nachsicht als auch Unterdrückung machen es eher größer als daß sie es beseitigen. Wenn das Regime es daher nicht übermäßig im kurzfristigen Rahmen zu fürchten hat, so muß ihm doch bewußt sein, daß die richtigte Antwort darauf noch nicht gefunden ist. Und auch das ist beunruhigend für jemanden innerhalb des Regimes, der ein historisches Empfinden hat; erwies sich doch die schon in zaristischer Zeit unter einigen völkischen Minderheiten vorherrschende, ähnlich gelagerte nationalistische Ruhelosigkeit als einer der Hauptfaktoren beim Untergang des Regimes, als dieses unter schweren Druck geriet.

Zu diesen Sorgen muß man das hinzufügen, was wahrscheinlich wichtiger ist und die Aufmerksamkeit der Führer entschieden mehr beansprucht – die diversen, weiterhin bestehenden Probleme der wirtschaftlichen Entwicklung des Landes. Ein enormes Ergebnis wurde diesbezüglich in den letzten Jahrzehnten erreicht; aber es bestehen immer noch Problembereiche, die Anlaß zu ernster Sorge geben. Hauptsächlich geht es natürlich um die anhaltende Unzulänglichkeit der sowjetischen Landwirtschaft, die die Bedürfnisse einer wachsenden Bevölkerung befriedigen muß. Das ist nicht alles durch die Fehler der Kollektivierung verschuldet; einiges läßt sich auch auf die unglückseligen Eigenheiten von Klima und Geographie zurückführen, die der sowjetischen Landwirtschaft zusetzen. Doch was auch immer die Ursachen sein mögen, es ist eine Lage, die nach wie vor große Besorgnis bei denen hervorruft, die vor die Aufgabe gestellt sind, das reibungslose Funktionieren des Sowjetsystems zu gewährleisten. Und darüber hinaus gibt es noch die anderen Probleme: technologische Rückständigkeit (im Vergleich zum fortschrittlicheren Westen) in zahllosen Schlüsselbereichen; die Unfähigkeit des Systems, ein Verteilungssystem für Konsumgüter zu schaffen, das sich mit dem westlicher Länder vergleichen läßt; der Mangel an Eigenheimen; und die fortbestehende relativ unrationelle Arbeitsweise.

All diese Faktoren verdienen Beachtung, weil sie bedeuten, daß selbst wenn die Sowjetführer sehnlichst auf irgendeine Art von militärischem Kampf oder die letzte entscheidende Kraftprobe dringen sollten, sie keinen Verlauf in dieser Richtung wünschen oder gar das Eintreffen einer derartigen Situation beschleunigen würden, solange nicht wesentlich größere Fortschritte in der Überwindung dieser verschiedenen Mängel, Leistungsschwächen und Gefahrenherde im Inneren gemacht sind.

Die äußere Lage

So wie die Sowjetführer hauptsächlich auf die Sicherstellung (nicht Ausdehnung) ihrer eigenen Macht bedacht sind, wenn sie sich ihrem eigenen Land zuwenden, genauso verhält es sich, wenn sie der Außenwelt gegenübertreten.

Das bedeutet für sie in erster Linie den Verzicht auf eine vorzeitige, zu Unruhen führende Abschwächung des sowjetischen Einflusses auf den osteuropäischen Satellitenbereich.

Die sowjetische Führung könnte sich möglicherweise zu gegebener Zeit an ein größeres Maß von Unabhängigkeit seitens des einen oder anderen betroffenen Landes gewöhnen (was in gewissem Umfang schon geschehen ist) – allerdings nur, wenn das militärisch-politische Gleichgewicht in Europa dadurch in keiner für die Sowjetunion, ihre militärische Sicherheit oder ihr Prestige, zu ungünstigen Weise verändert würde, und nur, wenn dadurch keine Wellen der Befreiung ausgelöst würden, die in die Sowjetunion selbst hinübergetragen werden könnten. Letzteres ist eine größere Gefahr als vor 1939, weil die während des II. Weltkrieges erfolgte Ausdehnung der sowjetischen Grenzen weit nach Westen Menschen in die Sowjetunion gebracht hatte, die empfindsamer für die Geschehnisse anderswo in Ost- und Mitteleuropa sind als die Russen selbst.

Die erste Forderung der sowjetischen Außenpolitik besteht somit in der Erhaltung des gegenwärtigen, fein ausgewogenen Kräftegleichgewichts in Europa und – solange befriedigende Abmachungen mit den Westmächten über ein gegenseitiges Disengagement oder einen Rückzug aus Mitteleuropa fehlen – in der Absicherung der Unverletzlichkeit sowjetischer Hegemonie in jener Region. Das ist, wie der Leser bemerken wird, eine stark defensive Erwägung.

Die zweite Forderung, die zwar nicht auf die Beziehungen zu den »kapitalistischen« Ländern gemünzt ist, aber dennoch in die Kategorie der Außenpolitik gehört, besteht im Schutz des Bildes von der Sowjetunion als dem zentralen Bollwerk des revolutionären Sozialismus auf der Welt – und von der sowjetischen Parteiführung als dem einzig weisen und mit Prestige versehenen Gremium von Männern, das über ein tiefes Verständnis marxistischer Prinzipien verfügt und auf große Erfahrung in deren Anwendung zurückblicken kann – einer von daher unentbehrlichen Führungsquelle für kommunistische und nationale Befreiungskräfte überall.

Das ist natürlich das Ideal, nicht die vollständige Realität des heutigen Tages. Es ist ein Ideal, an dem in den letzten Jahren ständig gebohrt wurde und das noch immer unter heftigen Angriffen der Chinesen und anderer steht. Es ist aber nicht ganz ohne Inhalt. Es ist – wenn schon nicht Realität – so doch der Anspruch, der nach Ansicht der Kreml-Herren um jeden Preis verteidigt werden muß.

Warum verteidigt? Weil der Verlust oder die ernsthafte Aushöhlung dieses Bildes für die Führung gefährlichste Isolation und Unsicherheit bedeuten würde: Insolation zwischen einer kapitalistischen Welt, die sie nicht voll anerkannt hat und nicht voll anerkennen konnte, und einer kommunistischen Welt, die das Vertrauen in sie verloren und sie zurückgewiesen hatte; Unsicherheit, weil der Verlust dieses Bildes die Legitimität des Regimes daheim in Frage stellen würde. Die Haltung der moralischen und politischen Überlegenheit unter den marxistischen Kräften sowie den nationalen Befreiungsbewegungen auf der Welt ist wesentlich für die Rechtfertigung der Diktatur, die seit über einem halben Jahrhundert über die Menschen der Sowjetunion ausgeübt wird, wie auch für die Rechtfertigung der Opfer, die ihnen seither abverlangt werden. Wäre erst einmal die Glaubwürdigkeit dieser Haltung nach außen verspielt, würde sich auch die Stellung im Inneren nur noch schwer aufrechterhalten lassen.

Das ist eine Lage, die voll verständlich vielleicht nur denjenigen wird, die eine gewisse Vorstellung von der Bedeutung haben, die man Theorie und Anspruch in Rußland beimißt – eine Bedeutung, die nach russischem Empfinden normalerweise noch über die zugrunde liegende Realität hinausgeht. Das jedenfalls ist der Grund, warum die Führer der Sowjetunion die Rolle einer von hohen Grundsätzen getragenen, engagierten Kraft – tatsächlich der führenden Kraft – für die Verwirklichung der Ideale des sozialistischen Marxismus nicht aufgeben können und warum ihnen gar nichts anderes übrigbleibt, als zu versuchen, sich durch Hervorkehrung des orthodoxen Kommunismus und entsprechender Taten in der Dritten Welt gegen die Angriffe der Chinesen und anderer abweichender kommunistischer Kräfte zu schützen, die genau auf das Bild zielen, das sie erhalten müssen.

Diese Motivation steht hinter den zahlreichen Aspekten sowjetischen Verhaltens in bezug auf die Länder der Dritten Welt. Es ist nicht die einzige Motivation, die dieses Verhalten beeinflußt. Militärische und wirtschaftliche Überlegungen kommen hinzu. Es ist aber in der Hauptsache das, was sowjetische Politik und Aktion im Hinblick auf die südlichen Kontinente ausmacht, was so viel Entrüstung und Alarm in Washington auslöst.

Die Gefahr, die für die sowjetische Führung darin liegen würde, nicht mehr Mittelpunkt der kommunistischen Welt zu sein, ist nicht nur politisch und psychologisch zu sehen. Sie hat auch militärisch-strategische Auswirkungen ernstester Art. Der Verlust dieser Position würde, wie wir gerade gesehen haben, bedeuten, daß Sowjetrußland zwischen zwei Stühle fallen müßte: zwischen eine kommunistische Welt, die sich abgewandt hat, und eine kapitalistische Welt, die sie nicht akzeptieren würde. Und da trifft es sich, daß die hervorstechenden Mächte dieser zwei Kraftfelder – der abweichenden kommunistischen und der verabscheuten kapitalistischen Welt – auch diejenigen Mächte sind, die nach heutigem Stand der Dinge für die Sowjetunion die größten militärischen Bedrohungen darstellen: China und die Vereinigten Staaten. Der Verlust der Führungsposition unter den kommunistischen Kräften der Welt würde die Sowjetunion somit in eine militärische ebenso wie eine politische Isolation bringen.

Es wurde bereits erwähnt, wie die sowjetische Militärmacht den Amerikanern erscheint. Wie aber erscheint die amerikanische Militärmacht zusammen mit der der Nato den Persönlichkeiten im Kreml?

Zuerst sei daran erinnert, daß sich die Sowjetunion seit dem Korea-Krieg einer amerikanischen bzw. Nato-Verteidigungsmacht gegenübergestellt sah, die ihrer eigenen in den meisten Punkten überlegen war. Sie übertraf sie vor allem im Bereich der Nuklearstrategie, was immer noch gilt. Sie besaß eine Überlegenheit an Sprengköpfen, an Zielgenauigkeit der Raketen und an strategischen Bombern. Sie hat die Sowjetunion mit Raketenbasen eingekreist: in Westeuropa, in Griechenland und der Türkei, in Okinawa und Korea, und wo sonst noch überall. Sie hat – namentlich wenn man die Flotten der europäischen Nato-Mächte hinzunimmt – eine klare Überlegenheit im Bereich der Marine gehabt. Nur in der Stärke der Bodentruppen in Mitteleuropa war sie dem unterlegen, was die Sowjetunion gegen sie ins Feld führen konnte – und selbst da nicht in dem Maße, das gemeinhin unterstellt wird.

So standen die Dinge also wirklich. Man bedenke jedoch, daß so, wie die Dinge sind, sie keineswegs immer erscheinen. Man darf wohl annehmen, daß die sowjetischen Strategen die Stärke ihrer eigenen Macht nicht übertreiben, wie wir es tun, sondern daß sie wahrscheinlich umgekehrt unsere Stärke übertrieben. Das Bild, das ich gerade gezeichnet habe, sollte also um einiges vergrößert werden, um dieser Verzerrung Rechnung zu tragen. Ich bezweifle, daß selbst in Mitteleuropa das Gleichgewicht der Kräfte sich für die Russen so überaus günstig ansieht, wie wir vermuten. Die Schwächen der Satellitenkräfte sind ihnen besser bekannt als uns, und zweifellos erscheinen sie aus ihrer Sicht noch größer. Und ich sehe keinen Grund, warum ihnen 29 Nato-Divisionen – 11 von ihnen mit Panzern ausgerüstet und einige von ihnen deutsch, unterstützt von nahezu 7000 sog. taktischen Nuklearwaffen – wie eine kläglich und hoffnungslos unterlegene Streitmacht vorkommen sollten, als die sie der westeuropäischen und amerikanischen Öffentlichkeit dauernd beschrieben werden. Das dürfte insbesondere gelten, wenn die Stärke der Warschauer-Pakt-Truppen substantiell – wie ich vermute – tatsächlich das sein sollte, was die kommunistischen Unterhändler im Rahmen der MBFR-Gespräche jüngst erstmals ihren Gegenspielern offenbarten. Die westlichen Unterhändler, die diese Zahlen lange gefordert hatten, nahmen sie mit spöttischer Skepsis entgegen, als sie schließlich verfügbar gemacht wurden. Doch können wir uns so sicher sein, daß der Irrtum nicht in unseren eigenen Übertreibungen lag?

Ich weiß, man wird sagen, dies alles kann keine Quelle ernsthafter Sorge für sie sein, da sie wissen, daß unsere Absichten gut sind. Wirklich?

Wir sollten uns vor Augen halten, daß es auch hier – wie auf militärischem Sektor – zu einer verzerrten Optik kommt, die eine kapitalistische Regierung in ihren Absichten gegenüber dem Bollwerk des Weltkommunismus feindlich und bedrohlich erscheinen läßt, ja darauf besteht, sie müsse es sein. Diese These wurde vom sowjetischen Propagandaapparat seit einem Vierteljahrhundert vorgetragen. Es kann nicht erwartet werden, daß sie überhaupt keinen Platz im Denken der Sowjetführer einnimmt. Das Ausmaß, in dem diese an ihre eigene Propaganda glauben, läßt sich zwar nie mit Sicherheit abschätzen; ganz sicher aber ist, daß sie stets bis zu einem *gewissen Grad* daran glauben.

Darüber hinaus aber sind sich die Sowjetführer durchweg bewußt, daß in der politischen Gesellschaft Amerikas – wie auch der der westeuropäischen Länder – Kräfte am Werk sind, die von Bitterkeit und Feindseligkeit ihnen gegenüber erfüllt sind und ohne weiteres militärische Mittel gegen sie einsetzen würden, wenn dabei die geringste Aussicht auf Erfolg bestünde. Sie haben nicht die *Captive Nations Resolution* vergessen, die theoretisch immer noch gilt und die die Legislative der USA verpflichtet, die kommunistische Macht überall in Rußland und Osteuropa zu vernichten. Sie vergessen nie, daß der stärkste kontinentale Bestandteil der Nato Westdeutschland ist, wo Millionen von Menschen leben, die von ihnen – den Russen – aus ihrer Heimat vertrieben wurden – ein Westdeutschland, wo diese Flüchtlinge und Millionen von Nichtflüchtlingen verbittert sind über die Teilung des Landes und insbesondere jene Maßnahmen verübeln, die ergriffen wurden (am sichtbarsten die Berliner Mauer), um Ostdeutschland gegen westliche Einflüsse zu schützen. Die Tatsache, daß diese Maßnahmen von großer politischer Schwäche auf kommunistischer Seite zeugten, macht die Sachlage von sowjetischem Standpunkt aus nicht besser; im Gegenteil – sie erhöht das Gefühl der Unsicherheit, das sie erfaßt bei dem Versuch, politische Realitäten ins Militärische zu übertragen. Schließlich erinnern sie sich an das, was die meisten Westeuropäer vergessen zu haben scheinen: daß es noch gar nicht lange her ist, daß ein vereinigtes Deutschland – ein Deutschland, das um etwa ein Drittel stärker war als das heutige Westdeutschland – fähig war, ihr Land weitgehend zu zerstören und bis zur Wolga und dem Nordkaukasus vorzudringen, während es gleichzeitig die kombinierten Streitkräfte von Frankreich und England im Westen fernhielt. Sollten sie dann die mögliche Macht des westdeutschen Zweidrittel-Deutschlands gering veranschlagen, wenn die Streitkräfte nicht nur zahlreicher westeuropäischer Länder – einschließlich Frankreichs und Großbritanniens –, sondern auch der USA mit ihm verbündet, nicht mehr verfeindet sind? Um die Reaktionen der Russen zu verstehen, müssen wir ihnen ein viel längeres Gedächtnis als der westlichen Presse zutrauen – eines, das potentielle deutsche Macht nicht auf die leichte Schulter nimmt.

Es mag der Einwand kommen, daß sich die Russen nicht ablenken lassen sollten durch Kräfte, die ihnen kämpferisch feindselig in westlichen Gesellschaften gegenüberstehen – daß sie sich ruhiger und gründlicher das Gleichgewicht der politischen Kräfte in Westeuropa anschauen sollten; daß sie aus solch einer genaueren Prüfung heraus dann bestätigen könnten, daß die Extremisten nie den Sieg davongetragen haben, daß die öffentliche Meinung im Westen zum überwiegenden Teil entschieden gegen einen neuen Krieg ist und daß es nie eine Zeit gegeben hat, zu der die Nato-Regierungen – gemeinsam oder einzeln – geneigt waren, einen Krieg gegen sie anzuzetteln. All das läßt sich nicht bestreiten. Doch der Vorwurf an die Russen, sie würden die Dinge so nicht betrachten, würde einer westlichen Gemeinschaft besser anstehen, die ihrerseits bereit wäre, Rußland in derselben Weise zu sehen und dieselben Dinge im politischen Verhaltensschema der Sowjets wahrzunehmen.

Mit all dem soll nur unterstrichen werden, daß die sowjetische Ansicht von militärischem Gleichgewicht und von westlichen Fähigkeiten und Absichten nicht identisch mit unserer ist und daß sie nicht mit Wohlbehagen auf die große Anhäufung von Soldaten und Waffen schauen, die gegen sie gerichtet sind – so unangemessen diese Anhäufung vielen von uns auch erscheinen mag.

Es stehen mir keine Mittel zur Verfügung, um genau zu beurteilen, wie die Sowjetführer die militärische Stärke des kommunistischen China einschätzen, mit dem sie es an ihrer langen sibirischen Grenze zu tun haben. Ich weiß nur, daß sie sie für groß genug halten (wenn man den Zahlen, die natürlich aus amerikanischen Geheimdienstquellen stammen, Glauben schenken darf), um sich zur Aufstellung einer gewaltigen Streitmacht an dieser Grenze genötigt zu sehen: um die 40 bis 45 Divisionen und nahezu eine Millionen Mann.

Das ist eine Tatsache von überragender strategischer Bedeutung. Wie irgend jemand die naheliegende Bedeutung übersehen kann, ist mir unverständlich. Seit vielen Dekaden ist ein Grundzug russischen – zaristischen wie sowjetischen – strategischen Denkens die Entschlossenheit gewesen, nach

Möglichkeit einen Zwei-Fronten-Krieg zu vermeiden, der die Aufsplitterung der sowjetischen Streitkräfte zwischen dem europäischen und dem fernöstlichen Schauplatz verlangen würde. Man braucht kein Russe zu sein, um nachzuempfinden, welche Kraft solch eine Überlegung auslöst. Die Militärplaner jedes großen Landes würden in derselben Weise reagieren.

Die Besorgnis gegenüber der chinesischen Bedrohung wird erhöht durch die extreme Verwundbarkeit der langen russischen Nachschublinie, die sich entlang der Südgrenze Sibiriens bis hin zum Pazifik erstreckt. Auf Tausende von Meilen seitlichen Angriffen aus dem Süden ausgesetzt, an einem Punkt gefährlich eingeengt zwischen der mongolischen Grenze und dem Baikal-See, stellt diese Verbindungslinie für sowjetische Militärplaner ein enormes Problem dar.

Die Besorgnis wird weiter verschärft durch den sehr hohen Grad von Spannung und Gereiztheit, der beide Seiten in diesem sonderbaren Verhältnis auszeichnet und kleine Zwischenfälle in Windeseile zu einem großen Flächenbrand werden lassen kann.

Vor solch einem Hintergrund sind die Befürchtungen, die man in Amerika und Westeuropa bezüglich der gegenwärtigen Gefahr eines sowjetischen Überraschungsangriffs auf die westeuropäischen Nato-Länder hört, fast zu grotesk, um ernst genommen zu werden. Abgesehen von all den anderen Gründen, die die Sowjetführer weder dazu anspornen noch in die Lage versetzen, einen derartigen Angriff auf diese Region vorzunehmen, wäre allein die Lage an der chinesischen Grenze schon mehr als genug, um alle Gedanken in dieser Richtung auszuschließen. Wie, so fragt man sich, stellen sich die, die solche alarmierenden Phantasiebilder verbreiten, die Sowjetführer eigentlich vor? Sehen sie sie völlig frei von jeglichem Gespür für politischen und strategischen Realismus, oder als Männer, die aus unerklärlichen Gründen nicht mehr ganz ernst zu nehmen sind? Es dürfte das eine oder andere sein.

Die gegenwärtige Spannung zwischen der Sowjetunion und China – so mag eingewandt werden – kann nicht für immer andauern. Der Streit könnte beigelegt werden. Dann hätte der Kreml freie Hand, sich seinen angeblichen Wunsch zu erfüllen und einen neuen Weltkrieg vom Zaun zu brechen.

Nichts ist unmöglich in der Politik (wie ein hoher sowjetischer Beamter mir gegenüber einmal bemerkte). Doch einige Dinge sind unwahrscheinlich, sogar höchst unwahrscheinlich; und zu diesen gehört eine baldige Lösung des sowjetisch-chinesischen Konflikts – d. h. eine Lösung von solcher Tragweite, daß die Sowjetregierung es sich leisten könnte, die jetzt an der chinesischen Grenze stationierten Truppen abzuziehen und sich in eine militärische Aktion gegen den Westen zu stürzen – voll darauf bauend, daß die Chinesen diese Aktion wohlwollend betrachten und keinen eigenen Nutzen daraus ziehen würden. Eine oberflächliche Wiederannäherung zwischen Moskau und Peking, die Abmachungen über Grenzprobleme und Handelsfragen mit sich brächte und von zahlreichen freundlichen Gesten und höflichen Worten begleitet wäre, liegt durchaus im Bereich des bald schon Möglichen. Aber die Schaffung einer Atmosphäre völligen Vertrauens – basierend auf einem allgemeinen gegenseitigen Verständnis hinsichtlich der Weltprobleme und einem Wissen um weitgehende Identität der politischen Interessen – ist etwas, das sich kaum in wenigen Jahren erreichen ließe, das vielleicht Jahrzehnte braucht, wenn es überhaupt je zustande gebracht werden kann.

Tatsache ist, daß sich die Interessen dieser zwei großen Länder materiell in wesentlichen Punkten unterscheiden. Und die Gewohnheiten zur extremen Geheimhaltung ihrer Überlegungen zusammen mit einer übertriebenen Empfindlichkeit in Fragen der inneren Sicherheit, die beiden Parteien eigen ist, sprechen gegen die baldige Erreichung einer dauerhaften und verläßlichen Verständigung zwischen ihnen. Eine kluge westliche Diplomatie wird weder von der Aussicht eines sowjetisch–chinesischen Krieges ausgehen noch erschrecken, wenn sich chinesische und sowjetische Vertreter plötzlich freundliche Dinge sagen und auf Banketten Trinksprüche wechseln.

Es gibt tiefere und beständigere Elemente in diesem Verhältnis, solche, die gegen das kostspielige Abenteuer eines großen Krieges sprechen – und zwar für beide Seiten –, die es aber eigentlich auch undenkbar machen – jetzt und auf viele Jahre hin –, daß jede von ihnen in ihrer Wachsamkeit nachläßt. So, wie die Dinge sich bisher entwickelt haben, leben diejenigen, die im Westen Alarm schlagen, indem sie uns davon zu überzeugen suchen, daß mit einem sowjetischen Überraschungsangriff gegen Westeuropa zu rechnen ist, wenn wir nicht unser Abschreckungspotential in großem Umfang erhöhen, in ihrer eigenen Traumwelt und sprechen von einer sowjetischen Führung, von der wir übrigen nie gehört haben.

Wenn die Sowjetführer ostwärts blicken, sehen sie nicht nur China. Sie sehen auch Japan und sind sich der überragenden Bedeutung dieses Landes wohl bewußt. Sie würden natürlich gern eine Sicherheit gegen eine zu enge Verbindung zwischen Japan und China haben – besonders auf militärischem Sektor. Sogar die amerikanische Präsenz ist *dem* ihrer Ansicht nach vorzuziehen. Sie streben auch danach, japanische Unterstützung bei der Erschließung der Bodenschätze des sowjetischen Fernen Ostens zu erhalten, was teilweise schon geschehen ist.

Es gibt jedoch zwei ernst zu nehmende Hindernisse für jeglichen weiterreichenden Ausbau der sowjetisch-japanischen Beziehungen. Das eine ist materiell nicht greifbar: der seltsam gefühlsmäßige Vorzug, den die Japaner – teils aus einem

Schuldkomplex, teils aus kultureller Bewunderung heraus – den Chinesen vor den Russen geben. Das zweite – präzisere – ist die Frage der vier südlichsten Inseln jener Kette, die sich vom japanischen Hokkaido zur Halbinsel Kamtschatka erstreckt – Inseln, die die Russen, wie sie immer wieder betonen, als zu den Kurilen gehörig betrachten, die unter ihrer Kontrolle stehen, während die Japaner sie als eigentlichen Teil Japans ansehen.

Moskau könnte seine Beziehungen zu Japan zweifellos merklich verbessern, wenn es fähig wäre, in diesem Punkt nachzugeben. Doch da besteht auf seiten der Führung offenbar eine Furcht, daß solches Verhalten sie anfällig machen würde gegenüber ähnlichen Forderungen nach Grenzkorrekturen in Europa, wo sich die Sowjetunion ebenfalls verschiedene Gebiete angeeignet hat, die andere Regierungen nicht als historisch gewachsene oder natürliche Teile Rußlands betrachten und gerne zurückgewinnen würden. Besonders gefährdet sind in dieser Hinsicht die Gebiete Bessarabiens, wo wahrscheinlich die kommunistische Regierung Rumäniens eine Rückgabe verlangen würde, und die ehedem rein deutsche Provinz Ostpreußen, die 1945 zur Hälfte von der Sowjetunion einverleibt wurde und deren Schicksal sowohl für Ost- als auch für Westdeutschland von Interesse wäre. In seinen Beziehungen zu Japan wird Moskau gegenwärtig noch gehemmt durch die Konsequenzen von Stalins Gier nach immer mehr Land gegen Ende des letzten Krieges. So werden sogar in internationaler Politik die Sünden der Väter an den Söhnen vergolten.

Unter den gegenwärtigen Umständen – angesichts der vergleichsweise geringen Stärke und relativ schwachen Abwehrhaltung der japanischen Streitkräfte und der engen Verbindung Japans zu den Vereinigten Staaten – kann die Moskauer Führung ihre Beziehungen zu diesem Land mit vorsichtiger Billigung, wenn nicht gar Genugtuung betrachten. Doch ist sie sich auch der möglicherweise explosiven Situation in Korea bewußt und weiß, daß ein erneuter militärischer Konflikt zwischen den beiden koreanischen Regimen auf dieser Halbinsel zu unkalkulierbaren Verwicklungen führen könnte, die China, die Vereinigten Staaten und Japan – ebenso wie sie selbst – mit einbeziehen würden.

Auch das müssen die Kreml-Herren bedenken, wenn sie ihre Politik gegenüber den USA und dem Westen entwerfen. Sie müssen erkennen, daß ein großer Krieg zwischen Sowjetrußland und der Nato-Allianz aller Wahrscheinlichkeit nach diese heikle Situation in und um Korea zum Platzen bringen ließe und Konsequenzen hätte, die – gegenwärtig noch gar nicht absehbar – die sowjetische Sicherheit aufs engste berühren könnten.

Dann ist da natürlich noch der Nahe und Mittlere Osten.

Wir sollten uns vor Augen halten, daß dies eine Region ist, die viel näher an den sowjetischen Grenzen als an unseren eigenen liegt. Es wäre verfehlt, wollte man annehmen, daß die Sowjetführer ihre Interessen nicht ernsthaft berührt sehen durch das, was in jener Region geschieht.

Andererseits sollte auch erkannt werden, daß sie – wie schon oben bemerkt – keine wirklichen politischen Interessen in jenem Raum haben – d. h. keine anderen als die, die von strengsten Rücksichten auf ihre eigene nationale Verteidigung diktiert sind –, die die vorhersehbaren Katastrophen eines Krieges mit den Vereinigten Staaten rechtfertigen könnten. Unter solchen Voraussetzungen haben sie – genauso wie wir – ein vitales Interesse daran, daß die internen Konflikte in diesem Raum keine Formen annehmen, die beiden Supermächten einen Krieg auferlegen würden.

Da diese Region besonders empfindlich für die militärischen Interessen der Sowjetführer ist, würden sie natürlich gerne ein Höchstmaß an Einfluß dort haben; sie taten ihr Bestes, um ihn zu erlangen. Die Methoden, die sie dafür wählten, waren nicht immer klug und auch nicht immer erfolgreich. Im Gegenteil – sie müssen sich heute stark desillusioniert und frustriert vorkommen, wenn sie in diese Richtung blicken. Und diese Gefühle müssen ergänzt werden um ein neues alarmierendes Element – sind sie doch Zeugen dessen, wie unzumutbare Mengen an amerikanischen Waffen nach Saudi-Arabien und, für sie noch verwirrender, in den benachbarten Iran einströmen. Die Vereinigten Staaten können sich glücklich preisen, daß die sowjetische Führung gegenüber diesem rücksichtslosen Vorgehen solche Geduld gezeigt und es vorgezogen hat, zu warten und sich weitere Schritte offenzuhalten anstatt aktiv dagegen vorzugehen, wie wir es im Falle Kubas taten. Doch diese Geduld kann durchaus einmal am Ende sein, wenn sich keine Beruhigung in Form einer allgemeinen Übereinkunft mit den Vereinigten Staaten über dieses Gebiet generell finden läßt.

Sowjetische Politik im Hinblick auf den arabisch-israelischen Konflikt ist offensichtlich das Ergebnis starker Meinungsverschiedenheiten innerhalb der politischen Führung Moskaus gewesen. Da dürfte es diejenigen gegeben haben, die nicht gezögert hätten, Israel zugunsten eines engeren arabisch-sowjetischen Verhältnisses zu opfern, wenn sich letzteres so hätte erreichen lassen; und es gab Zeiten, da es bei speziellen Entscheidungen so aussah, als ob diese Leute gesiegt hätten. Bestenfalls kann gesagt werden, daß ihr Einfluß genügte, um eine beträchtliche Schwankung und Verwirrung in die sowjetische Politik zu bringen. Im großen und ganzen aber hat man den Eindruck, daß sich die Sowjetführer immer mehr darüber klargeworden sind, daß die Zerstörung des Staates Israel nicht nur dem ein Ende setzen würde, was ihnen an Einfluß in der arabischen Welt verblieben ist, sondern wahrscheinlich einen Grad von Unbeständigkeit in diese Region bringen würde – ganz zu schweigen von der größeren

Einbeziehung der Vereinigten Staaten –, der sowjetische Interessen ebensoleicht gefährden wie ihnen dienen könnten.

Nachdem das der Fall ist, darf man annehmen, daß die Sowjetführer heute gar nicht abgeneigt wären, eine Übereinkunft mit den Vereinigten Staaten und anderen über die Angelegenheiten dieser Region zu erreichen, wenn mit ihr sichergestellt wäre, daß sie nicht gegen sie ausgenutzt würde und zur Stärkung der Sicherheit ihrer empfindlichen Südgrenze beitrüge.

Wir können sicher sein, daß die Sowjetführer beunruhigt und unglücklich auf Westeuropa schauen. Dessen enge militärische Bindung an die Vereinigten Staaten hat sie immer gestört. Der dort erreichte hohe Lebensstandard läßt das trübe und bedrückende Einerlei des persönlichen Lebens in weiten Teilen Osteuropas nur um so unangenehmer hervortreten. Die geradezu unheimliche Art, wie man dort im Überfluß lebt – in der Tat die eigentliche Dekadenz –, neigt dazu, die kommunistische Jugend in solchem Maße aus der gewohnten Bahn zu bringen, daß sie fähig ist, daraus zu lernen. Und daß sich die kommunistischen Parteien Frankreichs und Italiens bereits so nah an der Macht befinden, ist von sowjetischem Standpunkt aus – wie wir gesehen haben – ein sicherlich zweifelhaftes Phänomen. Die Mißerfolge dieser Parteien sind geeignet, in der Weltmeinung als Mißerfolg des Kommunismus generell zu gelten; während ihre Erfolge, die zwangsläufig ihre Unabhängigkeit anwachsen lassen, nur dazu dienen können, russischen Einfluß auf die kommunistische Weltbewegung zu verringern und den Teil in ihr noch weiter zu vergrößern, der einen eigenen Weg geht.

Wohl wissend, daß große Unordnung in Westeuropa wahrscheinlich ähnliche Unordnung in Osteuropa bedeuten könnte und würde, wünschen die Kreml-Herren sich nicht, daß die Stabilität der Lage dort ernsthaft gefährdet wird. Unter diesen Umständen erscheinen Nato und EG wahrscheinlich als geringere Übel denn die sichtbaren Alternativen, obwohl das nicht zugegeben werden kann. Am allerwenigsten würden diese Männer den ganzen europäischen Kontinent in das extreme und höchst unkalkulierbare Chaos eines großen Krieges stürzen wollen. Sicher wäre allein, daß der aus solch einem Krieg hervorgehende Status quo – auch in Osteuropa – nur noch wenig Ähnlichkeit mit dem hätte, der vorher bestand – selbst für den Teil der europäischen Bevölkerung, der die Katastrophe überlebt hätte. Was folgte, dürfte von sowjetischem Standpunkt aus schlechter sein; es wäre nur schwer vorstellbar, daß es viel besser sein könnte.

Ostdeutschland bleibt aus verschiedenen Gründen der Angelpunkt der gesamten Sowjetposition in Ost- und Mitteleuropa. Aus diesem Grund ist Moskau gezwungen, in bezug auf Berlin, die Mauer und die Teilung Deutschlands allgemein an Positionen festzuhalten, die unvermeidlich Hindernisse darstellen für jede voll zufriedenstellende Beziehung zu Westdeutschland und zu Westeuropa. Viele der einzelnen Haltungen und Reaktionen, die das erfordert, müssen nach westlicher Auffassung zwangsläufig ärgerlich und unannehmbar sein – und eine Belastung für sowjetisch-deutsche Beziehungen insbesondere. Sie nehmen das in Kauf. Es sollte nicht verwechselt werden mit einem Wunsche ihrerseits, Westeuropa und einen Großteil der restlichen Welt durch Entfesselung eines neuen Weltkrieges in unvorstellbaren Aufruhr zu stürzen. Das würde selbst dann gelten, wenn es nukleare Abschreckung – strategisch oder taktisch – überhaupt nicht gäbe.

Obige Bemerkungen bezogen sich auf die sowjetische Einstellung zur Lage in den geographischen Zonen, die für die Sowjetunion am wichtigsten sind. Es bleiben natürlich die vielen und ständig wechselnden Probleme der Dritten Welt. Hier ist Moskau politisch gezwungen, seine Hand im Spiel zu behalten als unterstützende Kraft für linksgerichtete und auf nationale Befreiung gerichtete Anstrengungen jeder Art. Doch Gelegenheiten dafür gibt es heute nur noch wenige. Die Sache des Antikolonialismus ist bereits so weit fortgeschritten, daß es nicht mehr viele Bereiche gibt, die man als echter Beschützer unterdrückter und für die Befreiung von kolonialistischem Joch kämpfender Völker erobern kann. Abgesehen von ein oder zwei Stellen – wie Chile, wo es einheimische Regime gibt, denen man mit altmodischen ideologischen Begründungen gegenübertreten kann, bleibt nicht viel außer den Widerstandsbewegungen, die sich auf den Sturz der weißen Herrschaft in Südafrika richten. Unter diesen Umständen darf angenommen werden, daß Moskau das Beste daraus macht. Der Versuch ist bedauerlich und nicht leicht zu nehmen. Er trägt natürlich zu dem bei, was mit schrecklichem Blutvergießen und Unglück in der Gesamtregion enden könnte. Daß er zu irgendeiner Art von wirksamer sowjetischer Hegemonie über die nichtweiße Bevölkerung dieses Gebiets führen wird, wenn es zu einer Vernichtung oder Vertreibung der Weißen gekommen sein sollte, ist jedoch nicht zu erwarten. Und es ist unwahrscheinlich, daß Moskau selbst davon ausgeht. Es unternimmt dort das, wozu aufgrund der chinesischen Herausforderung nach seinem Empfinden keine andere Wahl bleibt. Ob es daran Gefallen findet oder hofft, daß viel dabei herauskommt im Sinne einer positiven politischen Leistung, kann bezweifelt werden.

Zusammenfassung

Wenn diese Überlegungen irgendeinen Wert haben, läßt sich die Position der sowjetischen Führung etwa wie folgt zusammenfassen:

Es handelt sich um eine alternde, auf reiche Erfahrung zurückblickende und sehr beständige Führung, die sich keiner hastigen oder abenteuerlichen Politik hingibt. Sie verfügt über eine Machtstruktur, mit der sie selbst eng verknüpft ist, und insbesondere über eine höhere Beamtenschaft, die sich nicht gut für die Ausführung einer derartigen Politik eignen würde. Sie sieht sich schwierigen inneren Problemen gegenüber, die ihre Hauptsorge ausmachen.

Blickt diese Führung nun ins Ausland, sieht sie mehr Gefahren als verlockende Gelegenheiten. Ihre Verhaltensweisen und Absichten sind daher viel eher defensiver als aggressiver Natur. Sie wünscht sich keinen großen Krieg, am allerwenigsten einen Nuklearkrieg. Sie fürchtet und respektiert die amerikanische Militärmacht, auch wenn sie versucht, ihr den Rang abzulaufen, und hofft, einen Konflikt mit ihr zu vermeiden. Unter derartigen Umständen einen Angriff gegen Westeuropa zu planen, wäre das letzte, was ihr einfallen würde.

Die größten Sorgen dieser Führung im auswärtigen Bereich beziehen sich heute auf die Herausforderung ihrer Position innerhalb der kommunistischen Weltbewegung durch die Chinesen und andere. Sie würde sich angesichts dieser Herausforderung glücklich preisen, wenn sie darin erfolgreich wäre, ihre Vorrangstellung im Weltkommunismus zu bewahren, einen Krieg zu vermeiden, der – wie sie klar erkennt – den Ruin für alle Beteiligten, sie eingeschlossen, bedeuten würde, und ihre eigenen Tage friedlich zu Ende zu bringen – wobei ihre Mitglieder als konstruktive Führer in die Geschichte eingehen könnten, die viel mehr als Stalin und mindestens so viel wie Chruschtschow zum größeren Ruhm der Sowjetunion und der Sache des Weltkommunismus beigetragen haben.

6 Sowjetisch-amerikanische Beziehungen

Die Auswirkungen der von mir angeführten Gesichtspunkte auf die amerikanische Außenpolitik sind in ihren groben Umrissen wahrscheinlich schon deutlich geworden: ich werde sie jedoch in aller Kürze nochmals zusammenfassen.

Die militärische Gefahr

Zuerst sollten wir die weitverbreitete, feste Überzeugung aufgeben, wonach unsere Differenzen mit den Russen eines Tages in Krieg enden müßten oder jedenfalls militärische Stärke letztlich darüber entscheiden müßte. Ein Krieg zwischen den beiden Ländern ist nicht unvermeidlich. Die Sowjetführer – und ganz besonders Breschnew persönlich – wünschen ihn nicht. Es gibt nichts in den unterschiedlichen Interessen der zwei Länder, was ihn erfordern oder rechtfertigen könnte.

Wenn wir uns nicht davon abbringen lassen, militärische Überlegungen in den Mittelpunkt unserer Betrachtung und Diskussion der sowjetisch-amerikanischen Beziehungen zu stellen, laufen wir Gefahr, am Ende gerade den Krieg zustande zu bringen, den wir nicht wünschen und für dessen Vermeidung wir eintreten sollten. Die Geschichte beweist, daß der Glaube an die Unvermeidbarkeit des Krieges mit einer bestimmten Macht praktisch zu einer Lähmung jeglichen konstruktiven politischen Umgangs mit ihr führt, daß er rein militärischen Zwängen das Feld überläßt und so leicht den Charakter einer sich selbst erfüllenden Prophezeiung annimmt. Ein Krieg, der als unvermeidlich oder gar wahrscheinlich betrachtet und deshalb entsprechend vorbereitet wird, hat alle Chancen, am Ende auch ausgefochten zu werden.

Lernen wir also, das Sowjetproblem als ein ernstes politisches zu betrachten, das in der Tat militärische Konsequenzen hat, aber bedenken wir gleichzeitig, daß diese Begleiterscheinungen sekundärer, nicht primärer Art sind; und lassen wir uns nicht von militärischen Werten so weit hypnotisieren, daß wir blind werden gegenüber anderen und dabei scheitern, hoffnungsvolle und konstruktive Möglichkeiten dieser Beziehung zu entwickeln.

Die größte Gefahr, die in der gegenwärtigen Konkurrenz zwischen der Sowjetunion und den Vereinigten Staaten auf militärischem Sektor liegt, ist nicht die Gefahr eines sowjetischen Angriffs auf uns oder die Nato; es ist die Gefahr, daß das Moment dieses gewaltigen und ungeheuer gefährlichen Rüstungswettlaufs unseren Händen entgleitet, völlig unkontrollierbar wird und durch Verbreitung oder Zufall uns alle zerstört. Schon beim heutigen Stand der Dinge ist der bloße Umfang nuklearen Sprengstoffs – die Megatonnenstärke – in unseren Händen und denen unserer sowjetischen Gegner eine Bedrohung für die gesamte Menschheit. Es übersteigt bei weitem, was sich für einen guten Zweck – gar Verteidigung – gebrauchen ließe. Es stellt, ich wiederhole es, durch seine bloße Existenz eine größere Gefahr dar als alles, was selbst vom schlechtesten politischen Stand der Ost-West-Beziehungen zu erwarten wäre. Unsere erste Aufgabe ist es, diese Situation unter Kontrolle zu bringen. Und diese Aufgabe beginnt mit der Neubestimmung unseres eigenen Denkens.

Die SALT-Gespräche

Beim Abfassen dieser Zeilen werden die SALT-Gespräche gerade wiederaufgenommen. So weit, so gut. Es kann über die betreffenden Probleme gar nicht genug Gedankenaustausch zwischen den beiden Regierungen geben.

Doch selbst die besten Ergebnisse, mit denen bei diesen Gesprächen zu rechnen ist, sind wahrscheinlich noch ungenügend. Der Hauptgrund dafür ist, daß die Geschwindigkeit des Fortschritts im Bereich der Militärtechnologie größer ist als die voraussehbare Geschwindigkeit aller Verhandlungen dieser Art. Der technologische Hintergrund, vor dem die Anweisungen beider Delegationen aufgesetzt würden, wäre zum Zeitpunkt ihres Abschlusses schon nicht mehr maßgebend, so daß zwangsläufig alle erreichten Abkommen teilweise durch die Ergebnisse überholt sein müßten.

Aber es gibt noch eine andere und sogar ernstere Gefahr. Gespräche dieser Art haben sich in der Vergangenheit – fast unvermeidlich – zu Wettkämpfen dergestalt entwickelt, daß man sehen wollte, wie viel man selbst an nuklearer Rüstung behalten und wie weit man diesbezüglich die andere Seite zur Aufgabe bewegen konnte – als ob der ganze Zweck der Übung bloß darin bestünde, der anderen Partei den größtmöglichen Schaden zuzufügen. Dies ist wahrscheinlich unvermeidlich angesichts der üblichen Positionen und Verpflichtungen auf beiden Verhandlungsseiten. Im wesentlichen aber spiegelt es nur auf andere Weise die Annahme von dem absoluten Vorrang militärischer Werte im bilateralen Verhältnis wider – d. h. die bloße Annahme, die die eigentliche Gefahr ausmacht. Solange die Betrachtungsweise vorherrscht, daß die Partei in den SALT-Gesprächen gewonnen hat, die ein Maximum ihrer eigenen strategischen Nuklearmacht behalten und die andere Partei zwingen konnte, etwas mehr von der ihren aufzugeben, läßt sich meines Erachtens kein großer Fortschritt bei der Verringerung nuklearer Rüstung erzielen.

Damit ist auf andere Weise ausgedrückt, daß keine große Wahrscheinlichkeit für einen angemessenen Fortschritt bei den SALT-Gesprächen besteht (angemessen heißt hier: in bezug auf Umfang und Bedeutung des Problems) – es sei denn, diese Gespräche wären flankiert wenigstens von *einigen* Maßnahmen der Zurückhaltung in der Waffenentwicklung auf jeder der beiden Seiten. Das sollte wirklich nicht zu schwierig sein. Das jetzt in amerikanischen Arsenalen befindliche nukleare Zerstörungspotential soll nach Aussagen von Experten schon etwa das Zehnfache dessen betragen, was man ursprünglich für ausreichend hielt, um die Sowjetunion vom Gedanken an einen Krieg abzubringen. Es besteht einfach keine Notwendigkeit für dieses ganze Übermaß an Zerstörungskraft. Beide Seiten könnten es sich leisten, schon morgen vier Fünftel davon aufzugeben – sie würden immer noch genug behalten, um alle nützlichen Zwecke zu erfüllen. Eine einseitige Verringerung um 10% – sofort und in ehrlicher Absicht vorgenommen – könnte keiner Seite schaden.

Es gibt aber noch andere Bereiche, die nichts direkt mit den SALT-Gesprächen zu tun haben, wo es sich die Vereinigten Staaten durchaus leisten könnten, ihre eigene Haltung im Interesse einer sicheren und hoffnungsvolleren Lage bezüglich der Kernwaffen zu ändern; ihnen wollen wir uns jetzt zuwenden.

Nukleartests

Es gibt überhaupt keinen Grund, warum die Vereinigten Staaten – auf der Grundlage der Gegenseitigkeit mit der Sowjetunion – nicht das Angebot machen sollten, alle Versuche mit Kernexplosionen jeder Art einzustellen. Es würde dies keine ernsthafte Gefährdung für unsere Verteidigung bedeuten, es würde uns auch in eine weit bessere Position versetzen, um die Mitglieder der sich rasch vergrößernden Gemeinschaft von Nuklearmächten zum selben Verhalten zu veranlassen.

Ich bin mir bewußt, daß es zahlreiche Leute in unseren militärischen und wissenschaftlichen Institutionen gibt, die sich ganz den unterirdischen Versuchen mit diesen Sprengstoffen verschrieben haben – und ich erkenne, daß wissenschaftliche Neugier bei ihrem Engagement mitspielt. Mit Sicherheit aber besteht der Hauptzweck dieser Versuche, wie sie jetzt unternommen werden, darin, irgendeinen »Dreh« zu finden, durch den wir plötzlich den Russen gegenüber um eine »Nasenlänge« voraus sind in Planung und Produktion derjenigen Waffen, die die fraglichen Sprengstoffe verwenden. Und das ist genau die Art von Denken, der ein Ende gesetzt werden muß, wenn diese verrückte Verbreitung von nuklearer Zerstörungskraft je aufgehalten und rückgängig gemacht werden soll. Wenn die Russen willens sind, solche Tests zu stoppen, sollten wir ebenso dazu bereit sein. Was jetzt not tut, ist nicht das Herausfinden noch raffinierterer Methoden, um diese Vorrichtungen zur Explosion zu bringen, sondern das Wissen darum, wie man ihre Detonation, durch die Tausende und Millionen von Menschen vernichtet werden, vereiteln und abwenden kann.

Das Prinzip der »Erstanwendung«

Ich habe in meinen Erinnerungen ausgeführt, wie ich vor vielen Jahren in einem an den Außenminister gerichteten Memorandum dringend darum ersuchte, vor einer Entscheidung für die Wasserstoffbombe und damit für eine endlose Steigerung der Zerstörungskraft und Kosten atomarer Waffen nochmals sehr ernsthaft und sehr gründlich das ganze Prinzip der »Erstanwendung« dieser und aller anderen Massenvernichtungswaffen zu überdenken; und ich machte es so deutlich, wie es mit Worten möglich war, daß ich bei einer solchen Überprüfung entschieden für das Aufgeben dieses Prinzips stimmen würde.

Obwohl heute – 27 Jahre danach – die Bereitschaft zur Erstanwendung in Theorie und Praxis bei uns und unseren Alliierten weit tiefer verwurzelt ist als damals, sehe ich keinerlei Grund, dies Urteil rückgängig zu machen. Im Gegenteil – ich bin mehr denn je davon überzeugt, daß diese verderbliche Theorie nicht nur die Ursache für das nukleare Wettrüsten mit der Sowjetunion ist, das uns auf eine so gefährliche Bahn brachte, sondern auch für die globale Verbreitung von Kernwaffen, deren Zeugen wir jetzt sind.

Wir sollten natürlich darauf bedacht sein, zum frühestmöglichen Zeitpunkt die schließliche Beseitigung von Kernwaffen und allen anderen Massenvernichtungswaffen aus nationalen Arsenalen zu erreichen. Doch es ist klar, daß das nie zu schaffen sein wird, solange wir auf das Prinzip der Erstanwendung festgelegt sind – solange wir den Glauben haben und andere darin bestärken, daß wir im Westen unsere eigene Verteidigung allein dadurch sicherstellen können, daß wir als erste den Einsatz dieser Waffen vornehmen oder zumindest unsere Verteidigung darauf gründen, was auf dasselbe hinausläuft.

Erst jüngst schlug die sowjetische Regierung einen allgemeinen Pakt vor, um sicherzustellen, daß keiner der Unterzeichner als erster auf die Anwendung solcher Waffen zurückgreifen würde. Dieser Aufruf geschah am Vorabend einer NATO-Ministerratstagung. Er wurde von diesem Gremium sofort ohne die geringste interne Diskussion, geschweige denn eine Diskussion mit den Russen, zurückgewiesen. So tief verwurzelt ist jetzt schon die Festlegung auf die Idee, wonach die Nato ihre eigene Verteidigung ohne Rückgriff auf diese Waffen nicht mehr garantieren könne und deren Einsatz für die Verteidigung unabdingbar sei, daß der Vorschlag keiner weiteren Prüfung mehr für wert befunden wurde.

Diese Argumentation muß ich in Frage stellen. Ich sehe keinen Grund, warum die Nato, wenn sie nur wollte, ihre Verteidigung nicht in einer nur aus konventionellen Waffen bestehenden Umgebung sicherstellen könnte. Es mag mehr kosten; es mag ein etwas höheres Opfer von den betroffenen Menschen verlangen. Aber warum nicht? Überwiegt der kleinere Vorteil, der entstehen mag, wenn man diesen Belastungen entgeht, wirklich eine Gefahr, die für alle Völker der nördlichen Hemisphäre – die westliche Zivilisation schlechthin – größer ist als alles bisher Gekannte? Sind die Bequemlichkeiten dieser speziellen Generation so heilig, haben sie ein solches Gewicht in der großen Zeitspanne westlicher Zivilisation, von der wir nur einen kleinen und flüchtigen Teil ausmachen, daß der gesamte Fortschritt und Fortbestand dieser Zivilisation nur um ihretwillen gefährdet werden sollte? Welcher Egoismus!

Irgendwo in der Presse stieß ich neulich auf die Behauptung, daß wir sofort die Nato-Truppen in Europa verstärken müßten, weil wir beim augenblicklichen Stand der Dinge sonst leicht gezwungen sein könnten, uns im Falle eines russischen Angriffs zurückzuziehen, und weil unsere taktischen Kernwaffen mit begrenzter Reichweite dann bereits auf Nato-Territorium in die Hände des Feindes fallen könnten und somit die Menschen der Nato-Länder gefährden würden anstatt die Bevölkerungen weiter östlich. Wie schändlich, solch ein Gedanke! Als ob die Menschen weiter östlich, die man sonst mit diesen Waffen hätte treffen können, keine Menschen wären – als ob es für sie, die Frauen und Kinder und alle, besser und erträglicher wäre, zu verbrennen, als für die Bürger eines Nato-Landes – als ob diejenigen Osteuropäer, denen angeblich unsere politische Sympathie galt, weniger litten oder so minderwertig seien, daß ihre Leiden vor Gott – und unserem eigenen Gewissen – weniger ausmachten. Gab es je ein besseres Beispiel für die Verdorbenheit menschlicher Ansichten und Annahmen als das von solch einer Denkgewohnheit über den Krieg unter nuklearem Vorzeichen zeugende – als das von solch einem Konzept über die Geiselhaltung ganzer Bevölkerungen zu dem Zweck, Vorteile von ihren Regierungen zu erpressen?

Das und noch viel mehr ist im Prinzip der Erstanwendung enthalten. Wir können uns nicht darüber hinwegsetzen: Entweder wir akzeptieren die Massenvernichtung als ein Mittel der Kriegführung ungeachtet der Katastrophen, die sie für einen Großteil der Menschheit – unsere eigene Zivilisation mit eingeschlossen – bedeutet, und halten konsequent am Prinzip der Erstanwendung dieser Waffen fest, ob sie nun gegen uns eingesetzt werden oder nicht; oder wir mißbilligen sie, weshalb wir dann auch so tapfer sein sollten, die Folgen dieser unserer Gefühle zu tragen und uns zu entschließen, nicht als erste dieses Mittel der Kriegführung anzuwenden, sondern nach anderen Mitteln zu suchen, um unsere Verteidigung sicherzustellen.

Es ist klar, daß wir uns über das Prinzip der Erstanwendung nicht einfach hinwegsetzen können, ohne unsere Nato-Verbündeten zu konsultieren und ohne nach besten Kräften zu versuchen, sie von der Notwendigkeit unseres Handelns zu überzeugen. Sie haben sich – noch hoffnungsloser als wir (und leider nicht ohne unser Zutun) – in den Glauben verrannt, daß sie sich möglicherweise selbst nicht mehr verteidigen könnten ohne den Rückgriff auf eine Waffenart, die jede wirkliche Verteidigung zum Gespött machen würde. Wenn dem so ist – nun gut. Der Vorgang, sie von den falschen Lektionen, die wir ihnen beibrachten, zu befreien, wird natürlich einige Zeit in Anspruch nehmen. Doch ist der Augenblick nicht gekommen, damit zu beginnen?

Man beachte, daß bis hierhin nicht etwa empfohlen wurde, auf all das zu verzichten, was wir an Kernwaffen herstellten oder in unseren Arsenalen hielten (obwohl ich auch das gern erleben würde), sondern nur, daß wir bei einem militärischen Zusammenstoß nicht mit ihrem Einsatz beginnen sollten – nicht die ersten sein sollten, die sie anwenden. Und es gibt angesichts des jüngsten sowjetischen Vorschlags für einen Pakt in dieser Richtung keinen Grund, warum ein derartiger Verzicht einseitig sein sollte. Die Sowjetunion hat doch schließlich schon angeboten, sich uns in solch einem Schritt anzuschließen.

Konventionelle Waffen

Die obigen Bemerkungen laufen natürlich auf den Verlust derjenigen Vorteile hinaus, die wir durch die Entwicklung nuklearer Rüstung und die Entscheidung zur Erstanwendung bei jedem ernsthaften Zusammenstoß zu haben glaubten. Der erste Einwand dagegen würde sein, daß wir im Hinblick auf konventionelle Rüstung hoffnungslos unterlegen und insbesondere nicht mehr fähig wären, Westeuropa gegen einen russischen Angriff zu verteidigen.

Dazu kann ich nur folgendes sagen: Wenn eine Stärkung unserer Position auf konventionellem Rüstungssektor wirklich nötig ist – grundsätzlich oder im erforderlichen Umfang –, damit wir unseren Verpflichtungen Westeuropa und Japan gegenüber genügen können, dann ist es nun einmal so, und die zusätzliche Stärke sollte verfügbar gemacht werden. Es gibt aber verschiedene Vorbehalte.

Als erstes würde man gerne sichergehen, daß die Schätzungen russischer Stärke, vor deren Hintergrund die Erfordernisse der Nato berechnet wurden, einleuchtend und realistisch sind und nicht aus solchen Übertreibungen bestehen, wie wir sie bei den verschiedenen Gelegenheiten beobachten konnten.

Zweitens wäre man gerne sicher, daß in den MBFR-Gesprächen und anderswo die äußerste Anstrengung unternommen wurde, eine allgemeine Verringerung der Warschauer-Pakt-Truppen in Ost- und Mitteleuropa ebenso wie der der Nato zu erreichen. Wenn in dieser Richtung irgendein Erfolg verbucht werden soll, wird es wahrscheinlich notwendig sein, ab einem gewissen Punkt den mehr oder minder öffentlichen MBFR-Verhandlungen mit privateren, weiter reichenden und flexibleren Gesprächen Nachdruck zu verleihen.

Drittens würde man gerne garantiert sehen, daß unsere eigene militärische Führung darauf eingestellt ist, den größten Teil unserer Ausrüstung jetzt bereitzustellen, anstatt ihn als veraltet zu bezeichnen und auf die Schrotthaufen zu verweisen oder an irgendwen sonst zu verkaufen, um die Forderungen nach ausgefalleneren, neueren und noch raffinierteren Gegenständen zu rechtfertigen.

Viertens würde man gern das Gefühl haben, daß die größtmögliche Verbesserung in der Schlagkraft unserer konventionellen Streitkräfte – bei Heer, Luftwaffe und Marine – durch Anpassungen in ihrer Zusammensetzung und ihrer Aufstellung vorgenommen wurde. Es gab zahlreiche Erklärungen führender und sehr erfahrener militärischer Persönlichkeiten des Inhalts, daß die bestehenden Zusammensetzungen und

Aufstellungen nicht voll geeignet seien: daß beispielsweise weder die Stationierung noch die Ausrüstung gewisser Nato-Divisionen optimal sei; daß die US-Marine weniger Flugzeugträger im Ausland stationiert haben und mehr für die Unterstützung amerikanischer Truppen in Übersee bereithalten sollte, usw. Der Laie kann die Wichtigkeit dieser Erfordernisse und Möglichkeiten nicht beurteilen. Er kann nur feststellen, daß die Kritiken von hochqualifizierten Leuten stammen; und er wäre gern sicher, daß alle Möglichkeiten für Verbesserungen nach diesen Grundsätzen erkundet und ausgeschöpft wurden, bevor die endgültige Rechnung für eine Stärkung der konventionellen Truppen präsentiert wird.

Sind diese Bedingungen einmal zufriedenstellend erfüllt, sehe ich nichts, was sich gegen eine notwendige Stärkung der konventionellen Streitkräfte einwenden ließe – vorausgesetzt, die Feststellung der Notwendigkeit ist ehrlich und realistisch. Und wenn das wirklich bedeutet, daß das Verteidigungsbudget nicht nennenswert verringert werden kann, so mag es damit sein Bewenden haben.

Aber dann ist es auch wichtig, daß diese Notwendigkeit einer Stärkung vor Kongreß und öffentlicher Meinung nicht mit alarmierenden Verzerrungen von sowjetischen Absichten und der Wahrscheinlichkeit feindseliger sowjetischer Handlungen begründet wird. Wenn eine geeignete amerikanische Verteidigungsposition nur durch den Gebrauch solcher Verzerrungen aufrechterhalten werden kann, dann ist es für den Augenblick besser, sie nicht zu haben; denn solche falschen Angaben rächen sich später in jedem Fall durch den Mißbrauch, zu dem sie in der öffentlichen Meinung führen. Vor allem dürfen die Erfordernisse nationaler Verteidigung der amerikanischen Öffentlichkeit nicht in der Weise dargestellt werden, daß sie darauf schließen lassen, unsere Meinungsverschiedenheiten mit den Russen seien mit größter Wahrscheinlichkeit nur militärisch zu lösen, und militärische Überlegungen seien in den sowjetisch-amerikanischen Beziehungen ausschlaggebend. Wenn eine angemessene Verteidigungsstärke der Nato in Europa nur dadurch geschaffen werden kann, daß man den Leuten einredet, daß ein bewaffneter Konflikt letztlich unvermeidlich sei oder daß im Ost-West-Verhältnis bestenfalls ein militärisches Unentschieden von unbegrenzter Dauer in einer Atmosphäre voller Mißtrauen und Feindseligkeit erwartet werden könne, dann bin ich nicht sicher, ob der Versuch, solch eine Stärke zu erlangen, nicht zu einer Selbstzerstörung führen würde; denn echte Sicherheit läßt sich auf solch einer Grundlage nie erreichen.

Nachrichtenwesen

So wie die militärische Rivalität und das gegenseitige Mißtrauen im sowjetisch-amerikanischen Verhältnis angelegt sind, wird niemand mit letzter Sicherheit sagen können, welche Rolle die Aktivitäten der geheimen Nachrichtendienste auf beiden Seiten spielten; daß sie jedoch eine sehr große Rolle spielten, steht außer Frage. Ich persönlich hatte Gelegenheit, zahlreiche Fälle mitzuerleben, in denen amerikanische Geheimdienststellen Operationen vornahmen – oder vornehmen wollten –, die einen direkten Mißbrauch nicht nur der zwischen Amerika und der Sowjetunion bestehenden diplomatischen Beziehungen bedeuteten – oder bedeutet hätten –, sondern auch der bloßen Möglichkeiten zur Erreichung einer besseren Verständigung zwischen den beiden Regierungen. Und ich habe keinen Grund zu der Annahme, daß sowjetische Geheimdienststellen unseren eigenen diesbezüglich irgendwie nachstanden. Ein gutes Beispiel für den Schaden, den diese Aktivitäten anrichten können, findet man in der Auswirkung des U-2-Zwischenfalles von 1960 auf die damals geplante Gipfelbegegnung.

Einer der gefährlichsten Aspekte dieser ausgedehnten und übertriebenen Versuche zur Schnüffelei ist, daß sie – wie viele reguläre militärische Vorbereitungen auch – von Annahmen zeugen, nach denen die Beziehungen zwischen den beiden betreffenden Ländern eigentlich nicht mehr von dem zu unterscheiden sind, was in einem bereits bestehenden – oder für die nahe Zukunft als unvermeidlich betrachteten – Kriegszustand gelten würde. Sind solche Annahmen aber erst einmal zur Grundlage von Regierungsaktivitäten im größeren Maßstab geworden, werden sie in den Köpfen derer, die auf entsprechender Grundlage zu handeln haben, bald auch zur Realität; und dann haben sie eine schädliche Wirkung sowohl auf die übrige Regierung, innerhalb deren sie wirksam sind, wie auch auf die, gegen die sie sich richten.

Ein zweites und nicht geringeres Gefahrenelement, das in diesen Aktivitäten steckt, ist die große Schwierigkeit, sie auf die Erfordernisse einer konstruktiven Beziehung hin zu beschränken und anzupassen. Ihr bloßes Wesen schon verlangt, daß sie sehr wenig Leuten bekannt werden. So können viele von ihnen in hoher Position, die an sich die Vollmacht und Erfahrung zu einer entsprechenden Kontrolle hätten, von dieser keinen Gebrauch machen, weil sie nichts von den Aktivitäten wissen. Doch selbst, wo sie bekannt sind, wäre es für einen zivilen Beamten ebenso wie für einen Karrierediplomaten ein kühnes und riskantes Unterfangen, zu versuchen, ihnen Beschränkungen aufzuerlegen oder sie nur zu empfehlen, kann er sich dadurch doch leicht in die Position desjenigen hineinmanövrieren, der sich Anstrengungen und Unternehmungen widersetzt, die für die nationale Verteidigung als notwendig gelten.

Aktivitäten dieser Art werden normalerweise in Meinungsaustausch und Diskussionen zwischen den Regierungen nicht berührt, obwohl sie als Ursachen des Mißtrauens den Gesprächspartner der jeweils anderen Seite oft bewußt sind, auch wenn über anderes gesprochen wird. Das ist tatsächlich ein weiteres Gefahrenmoment, das sie umgibt. Natürlich bildeten 1972 die großen Risiken eines Zwischenfalles, die damals durch die gegenseitige Beschattung sowjetischer und amerikanischer Kriegsschiffe auf See bestanden, einen Diskussionsgegenstand zwischen den beiden Regierungen – und ein zwar nützliches, in seinem Anwendungsbereich aber beschränktes Abkommen wurde erzielt, um die Gefahr von Zusammenstößen zu verringern. Immerhin war das ein Beginn, der das dahinterstehende, weit größere Problem gerade erst an der Oberfläche streifte.

Man könnte annehmen, daß eine allgemeine Verbesserung der Atmosphäre in den sowjetisch-amerikanischen Beziehungen sich in einer Verminderung der Intensität und Gefährlichkeit derartiger Anstrengungen zeigen würde. Leider steht zu erwarten, daß im Falle solch einer Verbesserung die Mitarbeiter des militärischen Abschirmdienstes die letzten wären, die davon Notiz nehmen und sich von daher beeinflussen lassen würden – sofern sie nicht entsprechende Anweisungen von ihren Vorgesetzten erhielten, die ihrem Handeln Grenzen setzten.

Wenn die Entwicklung zur Militarisierung der sowjetisch-amerikanischen Beziehungen nachlassen und sich ins Gegenteil verkehren soll, müssen die Regierungen meines Erachtens zwangsläufig dieses Problem mit in Betracht ziehen, alles tun, was einseitig möglich ist, um die Rücksichtslosigkeit und Gefährlichkeit dessen zu mildern, was auf diesem Gebiet vorkommt, und dann – zu gegebener Zeit und vor einem geeigneten Forum – sich gemeinsam darüber beraten, welche weiteren Mittel gefunden werden können, um derartige Aktivitäten einzuschränken und zu kontrollieren. Wenn Krieg nicht wirklich unvermeidlich oder auch nur wahrscheinlich ist, dann hängt unser Leben nicht in erster Linie davon ab, wieviel wir von den Geheimnissen des anderen erfahren und von unserem eigenen Tun ihm verbergen können.

Eine völlige Aufgabe des Sammelns von geheimem Nachrichtenmaterial (was zu unterscheiden ist von geheimen politischen Unternehmen, die ein Thema für sich darstellen) ist nicht zu erwarten. Es war ein normales Kennzeichen der Politik von Nationalstaaten, lange bevor die Sowjetunion oder auch die Vereinigten Staaten bestanden; und es wäre utopisch, auf ihr totales Verschwinden zu hoffen. Doch es gibt Grenzen. Es ist einer der Fälle, wo Shakespeare bemerkte: »Vernachlässige nur die Zwischentöne – und horch, welcher Mißklang folgt.« Das Problem besteht nicht darin, den Geheimdienst abzuschaffen. Es besteht darin, zu sehen, daß er nicht außer Kontrolle gerät, wozu er – bei ihnen wie bei uns – bereits auf dem besten Wege war.

Dissidenten und Menschenrechte

In den späten 1880er Jahren verfaßte ein Cousin meines Großvaters, der denselben Namen wie ich trug, nach einer langen und beschwerlichen Forschungsreise durch Sibirien ein Buch mit dem Titel *Sibiria and the Exile System* [Sibirien und das Verbannungssystem], in dem er die Leiden der politischen Gefangenen und Verbannten beschrieb, die von den zaristischen Behörden in jene Gegend geschickt wurden, um sie für ihre verschiedenen Versuche eines – teils weniger, teils äußerst gewalttätigen – Widerstands gegen das zaristische System zu bestrafen. Das Buch war so etwas wie eine Sensation, wurde in viele Sprachen übersetzt (es gab sogar eine illegale russische Ausgabe), machte überall tiefen Eindruck und hatte insbesondere eine nachhaltige Wirkung auf die damalige Einstellung der gebildeten Menschen im Westen gegenüber dem zaristischen Rußland. Diese Wirkung war zum Zeitpunkt der russischen Revolution tatsächlich noch spürbar in dem Enthusiasmus, mit dem große Teile der westlichen Öffentlichkeit jenes Ereignis begrüßten.

Zwanzig Jahre nach der Revolution fiel die russische Gesellschaft – und namentlich die der Intellektuellen – unter den Händen Stalins und seiner Helfershelfer einem Terrorregime zum Opfer, wie es kein großes Land in moderner Zeit je erlebt hatte – einem Regime, das von Ausmaß und Brutalität her um ein vielfaches schrecklicher war als das, welches der ältere George Kennan vorfand. Eine ganze Generation von Schriftstellern, Künstlern, Schauspielern, Regisseuren – Intelligenz jeglicher Richtung, viele davon hochbegabt – wurde zusammen mit Millionen anderer Menschen von dieser gewaltigen Massenvernichtung hinweggefegt. Merkwürdig genug ist es jedoch, daß, während die vergleichsweise milden zaristischen Unterdrückungsakte in westlichen Ländern Proteststürme ausgelöst hatten, diese schrecklichen Säuberungen der Zeit zwischen 1935 und 1939 dies nicht vermochten – ebensowenig wie die gleichfalls entsetzlichen Maßnahmen, die während des II. Weltkrieges gegen bestimmte völkische Minderheiten der UdSSR und gegen die Bevölkerungen einiger von Sowjettruppen überrannter Gebiete ergriffen wurden. Die Opfer *dieser* Verfolgungen, unter denen sich so bedeutende Persönlichkeiten wie der Dichter Mandelstam befanden, wurden in ihrem Martyrium und ihrem Tod von der westlichen Welt mit Schweigen übergangen, nicht weiter beachtet und hilflos sich selbst überlassen.

Vierzig Jahre sind seit dieser schrecklichen Zeit verstrichen. Das jetzt an der Macht befindliche Regime in Rußland ergreift ebenfalls Maßnahmen gegen diejenigen Bürger, die sich ihm widersetzen, die es öffentlich ablehnen oder die es auf andere Weise in Schwierigkeiten bringen. Die Maßnahmen sind wie die der zaristischen Regierung vor etwa 100 Jahren oft töricht, gefühllos, unnötig brutal, dazu angetan, die bloße Widerspenstigkeit noch zu verstärken, gegen die sie eigentlich gerichtet sind. In Ausmaß und Härte jedoch sind sie unvergleichlich kleiner und weniger grausam als die, die von

Stalins Polizeistaat in den 1930er Jahren ergriffen wurden. Die gegenwärtigen Dissidenten werden – so unglücklich ihre Situation sein mag – mit einer relativen Großzügigkeit behandelt, die zu Stalins Zeit undenkbar gewesen wäre: sie dürfen in vielen Fällen in ihren Wohnungen in Moskau leben, ihre abweichende Literatur schreiben und privat verteilen, mit Ausländern verkehren, ihre Klagen ausländischen Korrespondenten mitteilen und über sie an die Sympathien der Weltöffentlichkeit appellieren.

Ich möchte nicht mißverstanden werden. Ich bin weit davon entfernt, die Behandlung dieser Menschen durch die sowjetische Polizei zu billigen. Ich kann ein Regime nur bedauern, daß sich dermaßen schwach fühlt, daß es keine besseren Methoden als diese findet, um mit Meinungsverschiedenheiten zwischen sich und einer verhältnismäßig kleinen und hilflosen Gruppe von Intellektuellen fertig zu werden. Doch Ehrlichkeit zwingt mich zu der Feststellung – und ich denke, meine Leser können mir darin folgen –, daß im Vergleich mit den Zuständen vor 40 Jahren das, was wir heute erleben – so ungerecht und unangebracht es uns auch erscheinen mag –, Fortschritt ist. Und doch nimmt die Presse im Westen davon Notiz, ertönen Proteste dagegen in einem Ausmaß, das weit umfangreicher ist als im Fall der viel größeren Exzesse der Stalin-Zeit. Die neue amerikanische Administration sieht sich Forderungen gegenübergestellt, die sowohl von außen als auch aus ihren eigenen Reihen kommen, wonach sie viel weiter gehen und die Behandlung der Dissidenten zum entscheidenden Prüfstein der sowjetisch-amerikanischen Beziehungen machen sollte – wenn nötig, auf Kosten des Fortschritts in anderen Bereichen der Beziehung.

Welche Schlußfolgerungen, so fragt man sich, sollen die Sowjetführer aus dieser Sachlage ziehen? Sollen sie daraus schließen, daß obwohl größere Milde in der Behandlung der Dissidenten – verglichen mit der Stalin-Periode – zu einem deutlichen Anwachsen ausländischer Empörung und ausländischen Protests geführt hat, weitere Milde die gegenteilige Wirkung haben wird, indem sie oppositionelle Aktivitäten in Rußland zum Abklingen bringt und westlichen Reaktionen ihre Schärfe nimmt? Oder sollen sie daraus schließen, daß Stalin am Ende womöglich recht hatte – daß die einzige Methode, eine stabile Diktatur aufrechtzuerhalten, die von der westlichen Welt voll anerkannt wird, in der Bestrafung der Dissidenten nach Stalins Vorbild liegt: mit so schnell folgendem und schrecklichem Terror, daß die westliche Presse überhaupt nichts von den Leiden und dem Schicksal der Opfer erfährt? Sollen sie schließlich daraus folgern, daß das Ausmaß, in dem sie sich zu mehr Milde entschlossen haben, falsch – da zu gering – war, daß es einer Meile bedurft hätte, wo ein paar Zentimeter gegeben wurden, und daß weiter nachzugeben einen Weg zu beschreiten hieße, der am Ende zur Zerstörung ihres eigenen Regimes führen könnte?

Darin besteht für westliche Politiker der Kern des Dilemmas; während nämlich ein geringer Druck von seiten der öffentlichen Meinung im Westen nützlich sein mag, kann zu viel davon dem Kreml vor Augen führen, daß seine Existenz gefährdet ist; und dann dürfte weiteres Nachgeben nicht mehr in Frage kommen, da Selbsterhaltung ein Gesichtspunkt ist, dem Vorrang vor allen anderen – einschließlich den verbleibenden sowjetisch-amerikanischen Beziehungen – eingeräumt würde; und wo Nachgeben ausscheidet, da kann man denen nicht mehr nützen, um derentwillen die Proteste unternommen werden – lediglich den sowjetisch-amerikanischen Beziehungen schaden.

Die sowjetische Regierung lud sich mit Unterzeichnung der Helsinki-Erklärung über Menschenrechte natürlich Schwierigkeiten auf. Die westlichen Regierungen befinden sich formal in vollem Recht, wenn sie daraus einen Streitpunkt ihrer Beziehungen zu Moskau machen, sofern sie daran Interesse haben. Die Frage bleibt, ob es klug für sie ist, in dieser Richtung noch viel weiter zu gehen: ob das den Menschen überhaupt nützt, für die sie sich verwenden sollen; und wenn das der Fall ist, ob dieser Nutzen von solcher Bedeutung ist, daß er den Fortschritt überwiegt, der sonst auf anderen Gebieten erzielt werden könnte.

Ich sollte vielleicht klarstellen, daß ich in meiner Bewunderung für Männer wie Solschenizyn und Sacharow niemandem nachstehe; ich würde sie zu den größten Russen der modernen Zeit rechnen. Wäre ich Russe, so würde ihnen meine aufrichtigste Dankbarkeit und vermutlich (es ist immer gefährlich, wenn man zu wissen glaubt, wie edel man unter hypothetischen Umständen wäre) meine Unterstützung gelten.

Doch ich bin kein Russe. Und all diejenigen sind es auch nicht, für die die US-Regierung vorgibt zu sprechen. Ich habe in diesem Buch versucht, mich in die Lage der US-Regierung zu versetzen, die Dinge vom Standpunkt ihrer Verpflichtungen aus zu betrachten und so etwas wie Prioritäten zwischen diesen einzelnen Verpflichtungen festzulegen, wo diese sich widersprechen.

Unter diesen Verpflichtungen befindet sich, so weit ich sehe, nicht die Aufgabe, die sowjetische Regierung zu stürzen oder einen grundlegenden Wandel in ihrem Wesen zustande zu bringen. Es gibt Grenzen, denen wir uns gegenübergestellt sehen. Wir haben genug damit zu tun, unseren eigenen Weg heraus aus dem Labyrinth der Probleme zu finden, mit denen uns die moderne Zeit umgibt, und Bedingungen innerhalb unseres eigenen Landes zu schaffen, mit denen wir zufrieden sein können. Im Hinblick auf die Sowjetregierung besteht diese Aufgabe nicht darin, sie zu zerstören oder zu etwas anderem zu machen, sondern Mittel und Wege des Zusammenlebens und gegenseitigen Umgangs zu finden, die eher zur Verringerung als zur Vergrößerung der Gefahren beitragen, die uns allen drohen.

General George Marshall pflegte zu seinen Mitarbeitern zu sagen: Bekämpfen Sie nicht das Problem. Eben darum ging es mir hier – und ich meine, auch der US-Regierung sollte es darum gehen, nachdem das Problem in diesem Fall die Sowjetregierung an sich ist – so, wie wir sie vor uns haben und wie sie wahrscheinlich auch künftig noch lange sein wird. Ich habe mich nie für eine amerikanische Politik eingesetzt, die auf ihren Sturz abzielte, habe mich vielmehr aktiv gegen solch eine Politik gewandt – nicht weil die in Rußland vorherrschende Regierungsform mir entspricht und sympathisch ist, sondern weil ich es nicht für unsere Aufgabe halte zu versuchen, über politische Entwicklungen in anderen Ländern zu bestimmen, weil wir dazu wahrscheinlich gar nicht fähig wären, selbst wenn wir es wollten, und weil wir nicht wüßten, was wir an die Stelle des gegenwärtigen russischen Regimes setzen sollten, selbst wenn wir mit seinem Sturze Erfolg hätten. Ich weiß von keinen möglichen demokratischen Regierungen in Rußland, die dann plötzlich auftauchen würden.

Nun läßt sich keine amerikanische Regierungspolitik erkennen, die Hilfe für die sowjetischen Dissidenten einschließt, um damit zum Sturz der Sowjetmacht beizutragen. Nicht alle Dissidenten sehen ihr eigenes Handeln in dieser Richtung. Man kann sagen, daß es hier nicht um den Versuch geht, diese Macht zu stürzen oder ihr grundlegendes Wesen zu ändern, sondern mehr um die Klarstellung dessen, wie stark amerikanische Sympathie für die ist, die unter deren Exzessen leiden, wie aufrichtig der amerikanische Wunsch, die Praktiken des Sowjetsystems mehr im Einklang mit den allgemeinen Idealen der Toleranz und der Respektierung dessen zu sehen, was jetzt unter dem Begriff der Menschenrechte ins breitere Bewußtsein gedrungen ist.

Dagegen kann es prinzipiell keinen Einwand geben. Die betreffenden amerikanischen Sympathien bestehen tatsächlich. Die sowjetische Unterschrift befindet sich unter den

Helsinki-Erklärungen. Mit Sicherheit läßt sich nichts dagegen sagen, daß verantwortliche amerikanische Politiker ihrer eigenen Hoffnung wie auch der ihrer Landsleute Ausdruck verleihen, daß diese Verpflichtungen nicht nur in Worten anerkannt, sondern eines Tages auch in die Politik und Praxis der Sowjetregierung umgesetzt werden.

Ich würde sogar noch weiter gehen. Es wäre nicht unzumutbar für die US-Regierung, ihrem sowjetischen Gegenspieler klarzumachen, daß, solange weiterhin Bedingungen vorherrschen, an die wir täglich von ausländischen Pressevertretern in Moskau erinnert werden – solange mit anderen Worten die sowjetischen Polizeibehörden nicht aufhören, töricht, gefühllos und brutal gegen Männer und Frauen vorzugehen, deren einziges Vergehen darin bestand, zurückhaltend und keineswegs provokativ Ansichten zu äußern, die von denen des Regimes heute wie vor 60 Jahren abweichen – daß, solange die Dinge so stehen, es Grenzen geben wird und geben muß, über die sowjetisch-amerikanische Beziehungen nicht hinausgelangen können – Grenzen, bis zu denen sich Amerikaner, wenn überhaupt, persönlich oder durch ihre Regierung mit sowjetischen Absichten und Idealen, wie sie sich in der gegenwärtigen Praxis zeigen, anfreunden könnten. Anders ausgedrückt: Solange diese Bedingungen weiterbestehen, muß stets eine gewisse Distanz zwischen den beiden Regierungen aufrechterhalten bleiben – eine Distanz, die durch keine Gipfeltreffen, keine herzlichen Trinksprüche, keine freundschaftlichen Gesellschaften, keine kulturelle Zusammenarbeit und kein Gerede über Koexistenz überwunden werden kann –, eine Distanz, die in Anbetracht der gewaltigen Verantwortungen, die mit Blick auf die Erhaltung des Weltfriedens und die Schaffung einer sichereren und besseren Welt auf beiden Regierungen lasten, nur als tragisch bezeichnet werden kann. Dies ist der Zustand der Dinge, von dem man ausgehen muß; und ihn haben sich ausschließlich die sowjetischen Behörden selbst zuzuschreiben.

Andererseits ist bei vielem, was im internationalen Leben wie sonstwo auch geschieht, nicht am wichtigsten, *ob*, sondern *wie* es geschieht. Es gibt Möglichkeiten noch und noch, den Sowjetführern und der Welt klarzumachen, wie Amerika auf die Berichte über die Behandlung der Dissidenten reagiert. Einige Kritiken sind nützlich; andere schädlich. Druckausübung bis zu einem gewissen Grad mag Ergebnisse zeitigen; Druck über diesen Punkt hinaus kann selbstzerstörerisch sein.

Die Aufgabe der US-Regierung wird sein zu sehen, wie diese Empfindungen des amerikanischen Volks der Sowjetregierung in einer Weise übermittelt werden können, die denjenigen mehr hilft als schadet, um deren Bestrebungen und Leiden es dabei geht. Doch die US-Regierung wird auch darauf achten müssen, daß diese Sympathiebekundungen nicht Formen annehmen, die in Moskau falsch interpretiert werden als direkte Versuche, den Gang der internen politischen Entwicklung in Rußland zu beeinflussen, und darauf, daß sie das Hauptanliegen amerikanischer Staatskunst gegenüber Rußland nicht beeinträchtigen, das – wie schon bemerkt – darin besteht, die Gefahr zu verringern, die für beide Länder und die Welt durch die augenblickliche militärische Rivalität gegeben ist.

Handel

Die sowjetische Regierung hat den Möglichkeiten einer Entwicklung des sowjetisch-amerikanischen Handels stets große Bedeutung beigemessen und wird dies auch weiterhin tun. Die Gründe dafür sind zweifellos verschiedener Art. Sie umfassen so praktische Überlegungen wie den Wunsch, Amerikas reiche Quellen an fortschrittlicher Technologie zu erschließen, die Notwendigkeit umfassender amerikanischer

Getreideimporte, um die Ausfälle in der heimischen Landwirtschaft wieder wettzumachen, usw. Doch die Sowjetführer hatten auch immer ein sonderbares Gefühl, wonach eine Bereitschaft zur Ausweitung des Handels oder wenigstens zu Gesten in dieser Richtung auch den Wunsch nach einer Stärkung der politischen Beziehungen symbolisiere – insbesondere im Fall eines kapitalistischen Landes – und daher hohe politische Bedeutung habe.

Für die Regierung der Vereinigten Staaten ist es schwer, solch einer Auffassung zu entsprechen. Sie hat keine Kontrolle über den Handel und kann ihn in den meisten Fällen weder vergrößern noch verkleinern. Der Handel entspringt – ob zum Guten oder zum Schlechten – allein dem, was privaten Kaufleuten an geschäftlichen Anreizen geboten werden kann.

Trotz der offenkundigen Asymmetrien zwischen einem Staatshandelssystem einerseits und einem System privatwirtschaftlicher Initiative andererseits, wie wir es haben, gibt es keinen Grund, warum wir den Handel mit der Sowjetunion behindern sollten – vorausgesetzt allerdings, daß er nicht zu einem so hohen Abhängigkeitsgrad einzelner amerikanischer Firmen oder Firmengruppen von sowjetischen Bestellungen führt, daß dem sowjetischen Handelsmonopol damit ein unzulässiger Einfluß auf unsere Geschäfte eingeräumt würde – wie ihn ähnlich die Araber und andere aufgrund unserer Abhängigkeit vom Öl erhielten –, und vorausgesetzt, daß der Sowjetunion nicht gestattet wird, über normale Handelsgeschäfte Zugang zur hochentwickelten amerikanischen Technologie zu erlangen, die von militärischem Wert sein könnte und ihr normalerweise durch die Regierungspolitik nicht verfügbar gemacht worden wäre. Über letzteres muß unsere Regierung befinden; und sie sollte darauf achten, daß solche Übertragungen von Technologie nicht vorkommen. Hierin sollte man sich jedoch völlig sicher sein: daß erstens die fragliche Technologie wirklich hohen und empfindlichen militärischen Wert besitzt und nicht in der Sowjetunion hergestellt werden könnte; und daß sie zweitens von den Russen nicht aus anderen Quellen bezogen werden könnte. Ich glaube, man wird feststellen, daß der Bereich der Technologie, für den beide Kriterien gelten, tatsächlich sehr begrenzt ist.

Über diese grundlegenden Vorsichtsmaßregeln hinaus gibt es – ich wiederhole es – keinen Grund, sowjetisch-amerikanischen Handel nicht zu begünstigen. Die Idee, daß Handel nützliche menschliche Kontakte fördert und zu freundlicher Einstellung und Frieden führt, kann leicht übertrieben werden, besonders wenn sie den Handel mit einer ausländischen Regierung betrifft, die über ein Handelsmonopol verfügt. Doch wenn der Handel psychologisch und vom Standpunkt menschlicher Kontakte schon nicht übermäßig nützt, so bewirkt er auch keinen großen Schaden; im Gegenteil – er ist, um es mild auszudrücken, wahrscheinlich nützlich, um die Menschen auf beiden Seiten zu überzeugen, daß ihre Gegenspieler menschliche Wesen, keine Ungeheuer sind und daß wir alle auf derselben Welt leben. Wobei noch hinzukommt, was oft vergessen wird, daß er wirtschaftlich nützt.

Unter diesen Umständen ist mir völlig unverständlich, warum der Sowjetunion die Meistbegünstigungsbehandlung vorenthalten werden sollte. Ihre Verweigerung als ein Mittel der Druckausübung auf die Sowjetregierung in der Frage der jüdischen Auswanderung war offensichtlich erfolglos – und zwar in solchem Maße, daß für ihre Verweigerung nicht länger triftige Gründe angeführt werden können. Und andere Rechtfertigungen für diese Praxis gibt es anscheinend nicht. Der Handel ist in den letzten Jahren erheblich zu unseren Gunsten ausgefallen; protektionistische Überlegungen sind von daher kaum am Platze.

Es gab Vorschläge dahingehend, daß wir die Meistbegünstigungsbehandlung vorenthalten und sogar den Handel selbst verhindern sollten als Mittel, um allgemein politische

Zugeständnisse zu erpressen – daß wir beispielsweise mit Getreideexporten nicht fortfahren sollten, solange die Sowjetunion nicht bereit ist, uns auf anderen, davon unabhängigen Gebieten entgegenzukommen. Diese Idee scheint mir völlig falsch zu sein; jedenfalls ist sie nicht anwendbar. Wenn die Sowjetregierung als Inhaber des sowjetischen Handelsmonopols auf dem amerikanischen Markt als Käufer erscheint, zahlt sie den gerade geltenden Preis, d. h. den Marktpreis, für das, was sie kauft – oder sollte ihn zahlen. Wenn der amerikanische Verkäufer nicht mehr fordert und sich bereit erklärt, zum betreffenden Preis zu verkaufen, und die Sowjetregierung ihn dann zahlt, hat sie ein Recht zu der Annahme, daß sie alles getan hat, was vernünftigerweise von ihr als handeltreibende Macht verlangt werden kann, und ebenfalls ein Recht zur Inbesitznahme der Güter, für die sie gezahlt hat. Wir können dann nicht nachträglich noch als Regierung auf sie zukommen und allen Ernstes sagen: »Sie müssen dafür noch einmal in Form von diesem oder jenem politischen Preis zahlen, bevor Sie die Waren haben können.« Entweder wir glauben an das freie Unternehmertum und die Richtigkeit des Marktes – oder wir glauben nicht daran. Tun wir es, sollten wir zugeben, daß die Zahlung des gerade geltenden Preises genug an Bezahlung ist. Tun wir es nicht, sollten wir unsererseits ein Handelsmonopol der Regierung einrichten und Handel aus politischen Gründen führen.

Die Ansicht, daß Handel mit kommunistischen Ländern (er betrifft nämlich nicht die Sowjetunion allein) als Instrument zur Erpressung politischer Zugeständnisse benutzt werden sollte, bedeutet erstens, daß wir auf ihn aus wirtschaftlich-finanziellen Gründen eigentlich gar nicht angewiesen sind, daß wir als Land keinen nennenswerten wirtschaftlichen Nutzen daraus ziehen und daß wir ihn leicht hinnehmen oder auch fallenlassen können; und zweitens, daß unsere Bereitschaft zum Handel mit einem anderen Land gleichsam eine Gnade unsererseits darstellt, für die die andere Partei gewillt sein sollte, sowohl den üblichen Geschäftspreis wie auch eine politische Prämie zu zahlen. Keine dieser Folgerungen dürfte im Fall unseres Handels mit der Sowjetunion gelten: die erste nicht, weil die zu unseren Gunsten ausfallende Bilanz, die in den letzten Jahren durchschnittlich mehrere hundert Millionen Dollar p. a. betrug, ein überhaupt nicht zu unterschätzender Faktor in den Kalkulationen eines Landes ist, das Zahlungsbilanzprobleme hat; und die zweite nicht, weil sie weder dort noch sonst irgendwo akzeptiert wird.

Wir sollten uns deshalb entsprechend darauf einstellen, die Amerikaner mit der Sowjetunion Handel treiben zu lassen, wo immer sie es lohnend finden, sowjetischen Exporten in unser Land die Meistbegünstigungsklausel einzuräumen und bloß ein wachsames Auge darauf zu haben, daß sichergestellt bleibt, daß empfindliche militärische Technologie nicht wider Willen auf diese Weise enthüllt wird und keine zu großen Abhängigkeitsverhältnisse vom sowjetischen Handelsmonopol entstehen. Die sich ergebenden Verbindungen werden in stürmischeren Zeiten, wenn die Beziehungen gespannter sind, einen sicheren kleinen Anker bilden, und von den Tauschaktionen würden wir beide profitieren.

Andererseits sehe ich keinen Grund, warum wir die umfangreichen Regierungskredite über das hinaus erweitern sollten, was im Rahmen der normalen Geschäfte der Export-Import-Bank liegt. Die Sowjetunion hat selbst beachtliche finanzielle Reserven – ausreichend genug, um in verschiedenen Teilen der Welt politische Unternehmungen zu starten, die auch massive Waffenlieferungen einschließen und uns für eine politische Stabilität auf der Welt nicht hilfreich erscheinen. Ich vermag nicht einzusehen, warum wir das unterstützen sollten. Dazu kommt noch die Überlegung, daß die sowjetischen Stellen nie sehr mitteilsam im Hinblick auf ihre eigene finanzielle Lage waren. Ich fürchte, irgend etwas in meiner eigenen schottischen Abstammung wehrt sich gegen den Vorschlag, daß man große Geldbeträge jemandem leihen sollte, dessen tatsächliche finanzielle Lage einem beharrlich verheimlicht wird.

Kulturelle Beziehungen

Auf dem Höhepunkt der Nixon-Kissinger-Entspannung – in der Zeit zwischen 1972 und 1974 – wurden zahlreiche bilaterale Regierungsabkommen zwischen der sowjetischen und der amerikanischen Regierung über eine Zusammenarbeit auf verschiedenen Gebieten von Wissenschaft, Technik und öffentlichem Gesundheitswesen abgeschlossen. Daneben gab es noch Abkommen zwischen privaten Institutionen in den Vereinigten Staaten und verschiedenen sowjetischen Institutionen, die Austausch in vielerlei Art vorsahen.

In den vielen Kritiken, die in letzter Zeit gegen die Entspannung erhoben wurden, sind diese Abkommen mitsamt ihren Folgen allgemein vergessen worden; man gewinnt tatsächlich den Eindruck, daß die meisten Kritiker nie von ihnen gehört haben oder sie für unwesentlich halten.

In Wirklichkeit sind die Ergebnisse dieser Abkommen weder bedeutungslos noch – insgesamt gesehen – negativ. Einiges von dem, was an Austausch und anderen Formen der Zusammenarbeit ins Auge gefaßt wurde, ist anfänglich in Schwierigkeiten geraten, die in der Regel darauf zurückzuführen waren, daß die sowjetische Seite mit kooperativen Versuchen dieser Art nicht vertraut war – manchmal aber auch darauf, daß amtliche Stellen irgendwie zögerten und sich nicht trauten. Außerdem blieben bestimmte Abkommen auf geschäftlichem Sektor unerfüllt, nachdem der Handelsvertrag von 1972 infolge des Ausbleibens der Ratifizierung durch den Kongreß in Washington gescheitert war. Doch im großen und ganzen scheinen die sowjetischen Stellen ehrlich bemüht gewesen zu sein, ihrerseits diese Vereinbarungen einzuhalten. Einige – besonders die Abkommen über das öffentliche Gesundheitswesen und die verschiedenen Abmachungen über den Akademikeraustausch – haben sich als sehr nützlich erwiesen. 200 Wissenschaftler (100 von jeder Seite) arbeiten beispielsweise im Bereich der medizinischen Forschung zusammen; und Dr. Theodore Cooper, Unterstaatssekretär für Gesundheit, Bildung und Wohlfahrt, hat öffentlich die Ansicht geäußert, daß amerikanische Forschung auf diesem Sektor von der Erfahrung der anderen Seite wesentlich profitierte. Alles in allem gibt es keinen Grund, daran zu zweifeln, daß mit Überwindung der anfänglichen Bedenken und zunehmender Gewöhnung an die entsprechenden Verfahrensweisen bedeutsame Ergebnisse für beide Seiten erzielt werden.

Bestimmte Abkommen werden von amerikanischen Militärs und Verfechtern einer harten Linie kritisiert mit der Begründung, daß die Russen mehr Information über uns erhalten als wir über sie. Dieser Vorwurf zeugt natürlich von einer ähnlichen Auffassung wie der, der weiter oben im Zusammenhang mit den Verhandlungen über Rüstungskontrolle angeführt wurde: daß nämlich ihr Gewinn nur unser Schaden sein kann – daß die amerikanische Seite mit diesen Abkommen es nur darauf anlegen möchte, zu sehen, wieviel Information sie von der sowjetischen Seite erlangen kann und wie wenig sie im Austausch dafür hergeben muß.

Dazu kann nur gesagt werden, daß, wenn dies – das Sammeln militärischen oder quasi-militärischen Nachrichtenmaterials – tatsächlich der Zweck war, den unser Volk beim Abschluß dieser Abkommen im Sinn hatte, es besser gewesen wäre, sie gar nicht erst zu unterzeichnen. Doch ich sehe keinen Anhaltspunkt dafür, daß dem so war. Der größte Vorteil, den diese Vereinbarungen bieten, ist materiell nicht greifbar: die größere gegenseitige Bekanntschaft zwischen Fachleuten von beiden Seiten – die Überwindung wirklichkeitsfremder Denkschablonen in den Ansichten beider Parteien –, die Entdeckung, daß nicht alle auf der anderen Seite unmenschlich sind und wir tatsächlich eine Menge gemeinsam haben. Die Wirkung der Abkommen in dieser Hinsicht sollte nicht unterschätzt werden. Die Zahl der Austauschbesuche von Fachleuten diesbezüglich ist seit Bestehen der Verträge auf das mindestens Dreifache angestiegen und beläuft sich jetzt auf zwei- bis dreitausend pro Jahr in beiden Richtungen. Die positiven Ergebnisse einer solchen Selbstdarstellung vor Menschen und Umgebung des anderen Landes sind natürlich nicht unmittelbar zu sehen und können nicht nur in Form der Information gemessen werden, die sich für unsere Seite daraus ergibt. Doch die Information, die die Russen dadurch von uns erhalten, ist im Regelfall eine Information, die sie – wenn sie wollten – auch aus anderen Quellen beziehen könnten; wohingegen sich diese immateriellen Vorteile, die wir besonders schätzen, nur schwer auf andere Weise herstellen ließen.

Darüber hinaus spricht es für eine ziemlich engstirnige und provinzielle Betrachtungsweise dieser Beziehung, wenn man annimmt, daß wir von beruflichen Kontakten dieser Art nichts anderes zu erfahren hätten als technische Information, wie sie ergänzend von unseren Gegenspielern käme. Wir sind Menschen und sie vermutlich auch; und wer wollte behaupten, daß wir unsere eigenen Betrachungsweisen nicht dadurch bereichern könnten, daß wir den ihren eine nachdenkliche und ernste Aufmerksamkeit schenken? Die Tatsache, daß ihr System uns nicht reizen kann, ist kein Grund, warum ihre Erfahrungen und Verhaltensweisen als Menschen nicht informativ sein und einiges Licht auf unsere Probleme werfen könnten.

Natürlich müssen kulturelle Beziehungen – wie andere

auch – auf Gegenseitigkeit beruhen, wenn sie fruchtbar sein sollen; und wenn es Grund zu der Annahme gäbe, daß die Russen sie mit völligem Zynismus betrachten und sie mit solchen Einschränkungen und Bedingungen versehen, daß die direkten Vorteile substantieller Art unwesentlich blieben und die immateriellen gar nicht bestünden, dann würde ich als erster auf ihre Beendigung drängen. Ich sehe jedoch keinen Beweis für solch eine Haltung in dem, was ich über die Wirkung der jetzt in Kraft befindlichen Abkommen zu hören bekomme. Und solange ein derartiger Beweis nicht vorliegt, dürfte dies nach meinem Dafürhalten einer der wenigen möglicherweise förderlichen Aspekte im gegenseitigen Verhältnis sein, den man nicht vergessen, übersehen oder leichtfertig völlig abträglichen Unternehmungen opfern sollte.

Berufsdiplomatie und die Moskauer Botschaft

Wirksame Diplomatie ist nicht nur eine Frage der großen Strategie. Sie ist auch eine Frage der Information und des Rates, den man sucht, der Leute, die man verwendet, und der Nachrichtenkanäle, die man zur Durchführung der Politik wählt. In all diesen Punkten ließ die Praxis der US-Regierung in den letzten Jahren hinsichtlich der Beziehungen zur Sowjetunion zu wünschen übrig.

Es kann überhaupt keine Frage sein, daß das politische Establishment in Amerika eine seit langem bestehende, fast schon traditionelle Abneigung gegen das Berufsbeamtentum in der Diplomatie hat. Das Prinzip, nach dem verfahren wird, besagt, daß Erfahrung in jeder anderen denkbaren Berufsrichtung – im Rechtsbereich, Geschäftsleben, Journalismus oder wo sonst immer – eine bessere Voraussetzung für höhere Verantwortung im diplomatischen Bereich darstelle als Erfahrung im Auswärtigen Dienst selbst.

Es ist hier nicht meine Absicht, gegen diese Auffassung in ihrer umfassenden Bedeutung zu polemisieren; doch wo sie auf unsere Beziehungen zu Rußland angewandt wird, erscheint sie mir ganz besonders fragwürdig; und ich glaube, daß sich unsere Regierung mit ihrem Festhalten daran einer der wertvollsten Quellen beraubt, die ihr zur Verfügung stehen.

Wenn ich mich nicht irre, wurde seit dem Ende der Botschaftertätigkeit des verstorbenen Llewellyn Thompson die amerikanische Botschaft in Moskau kein einziges Mal mehr in nennenswertem Ausmaß als Informationsquelle und täglicher Ratgeber für den politischen Entscheidungsprozeß auf höchster Ebene benutzt – oder auch als Übermittlungsträger für die Darlegung von Washingtons Standpunkt und die Erläuterung seiner Politik gegenüber den geeigneten Stellen des offiziellen Moskau. Bei einer Gelegenheit wurde unser Botschafter nicht nur von der persönlichen Beteiligung an Verhandlungen ausgeschlossen, die für seine offiziellen Verpflichtungen von höchster Bedeutung waren, sondern er erhielt auch keinen Zugang zu angemessener Information über das, was im Gange war. Man scheint in Washington geglaubt zu haben, daß Information über Rußland besser über andere Kanäle als die regulären diplomatischen kommen könnte; daß die, die mit der Führung der Außenpolitik in Washington beauftragt waren, professionellen Rat – besonders vom Fach – nicht besonders nötig hätten; und daß die Aufgabe, Washingtons Position den Leuten in Moskau zu erklären, durchaus gelegentlichen Besuchen von hochrangigen amerikanischen Persönlichkeiten in Moskau überlassen bleiben könne, zufälligen Begegnungen dieser Persönlichkeiten mit ihren sowjetischen Gegenspielern bei internationalen Zusammenkünften oder Diskussionen mit dem sowjetischen Botschafter in Washington. Abgesehen von all den Fragen der Persönlichkeit liegen dieser Betrachtungsweise einige ernsthafte Fehler in sachlicher Hinsicht zugrunde.

Indem führende Politiker in Washington versäumen, von der US-Botschaft Gebrauch zu machen, verzichten sie schlicht und einfach auf das, womit ihnen die Männer in Moskau dienlich sein könnten, die sich mit dem Problem der sowjetisch-amerikanischen Beziehungen am besten von allen auskennen, dem Ursprung des Geschehens ständig am nächsten sind, tagtäglich die Lage verfolgen, die Abweichungen in der sowjetischen Politik zwischen Rhetorik nach außen und Realität im Inneren am feinsten wahrnehmen und ein Gefühl für all das haben, was im Spiele ist. Die meisten Beamten der diplomatischen Mission können etwas Russisch und haben eine Spezialausbildung dieser oder jener Art für ihre Arbeit gehabt – natürlich keine so umfassende Ausbildung, wie sie sie hätten haben sollen, da Washington sie ihnen nicht gibt, aber doch eine größere als die Mehrzahl derjenigen, auf deren Äußerungen bei der Formulierung der Politik üblicherweise gehört wird.

Es ist peinlich zu sehen, wie prominente und einflußreiche Kongreßabgeordnete sich vor russischen Dissidenten, die zu Besuch kommen, klein machen, um Informationen über Rußland zu erhalten, wenn die Leute, die viel objektiver sind – besser unterrichtet über das, was Amerika interessiert, und besser darauf eingestellt, ihnen alles Wissenswerte zu sagen –, überhaupt nie ein Kongreßmitglied treffen. Einige dieser Dissidenten sind natürlich bedeutende Persönlichkeiten; doch es sind nicht die Interessen der Vereinigten Staaten – manchmal nicht einmal die des Weltfriedens –, die ihnen am Herzen liegen; und so viel sie auch über die inneren Zustände in Rußland wissen mögen, sind sie doch oft die reinsten Kinder, wo es um das Verständnis der internationalen Beziehungen geht.

Indem man von der Moskauer Botschaft als einem Instrument zur Unterrichtung der sowjetischen Politiker über Washingtons Ansichten keinen Gebrauch macht, nimmt man dieser Mission viel von ihrem möglichen Wert als einer Informationsquelle für das, was im Rahmen der Sowjetpolitik geplant und unternommen wird; denn auch in der Diplomatie – wie in jedem anderen Beruf – erhält man normalerweise nichts umsonst; und sowjetische Politiker dürften nicht sonderlich interessiert daran sein, über amerikanische Politik mit US-Vertretern in Moskau zu diskutieren, die selbst nur dürftig informiert sind.

Doch darüber hinaus läßt sich die Aufgabe, Washingtons Ansichten in Moskau bekanntzumachen und Verständnis für sie bei sowjetischen Politikern zu finden, nicht mit gelegentlichen Treffen zwischen verschiedenen Persönlichkeiten auf höchster Ebene erfüllen. Es geht nicht nur darum, daß die betreffenden amerikanischen Spitzenpolitiker oft nicht im Bilde sind über die wirkliche Bedeutung und den Hintergrund der Worte und Ausdrücke, die ihre sowjetischen Gegenspieler benutzen, selbst wenn sie wahrheitsgetreu übersetzt werden, sondern auch um die Tatsache, daß Washingtons Standpunkt bei wirksamer Vertretung laufend, fast täglich, den sowjetischen Politikern dargelegt werden muß – von Personen, die sprachlich und überhaupt dazu fähig sind, und nicht nur auf einer einzigen, sondern auf mehreren Ebenen – etwas, was die Botschaft mit ihren breitgestreuten Kontakten in einzigartiger Weise vermag.

Eine kluge amerikanische Diplomatie wird darauf bedacht sein, die ihr berufsmäßig zustehenden Hilfsmittel zur Bewältigung dieses Problems zu verbessern, sie dann auch zu nutzen und nicht zu vernachlässigen.

7 Ziele sowjetischer Strategie

Mit der folgenden Stellungnahme beantwortete Botschafter Kennan dem Auswärtigen Ausschuß des US-Senats eine Reihe von Fragen, die für eine im Dezember 1978 veröffentlichte Studie des Ausschusses an mehrere Persönlichkeiten gerichtet worden waren. Die Fragen lauteten:

- Welche Sicherheitsziele bestimmen die strategische und konventionelle Rüstungspolitik der Sowjets?
- Meint die Sowjetführung, daß ihre Rüstung den Zielen ihrer Sicherheitspolitik entspricht?
- Wie beurteilt die Sowjetführung die Entwicklung des strategischen und taktischen Gleichgewichts?
- Nach welchen Kriterien wird die Sowjetunion ihre Kampfkraft möglicherweise einsetzen?
- Gibt es Bedingungen, unter welchen die Sowjetunion Feindseligkeiten gegen uns oder unsere Verbündeten beginnen könnte?
- Würden sich diese Perspektiven wesentliche ändern, wenn die Vereinigten Staaten größere einseitige Schritte zur Veränderung des strategischen oder taktischen Gleichgewichts unternähmen?

Die Stellungnahme von George F. Kennan ist abgedruckt in *Perceptions: Relations between the United States and the Soviet Union* (herausgegeben vom Superintendent of Documents, US-Government Printing Office, S. 335).

Wie man weiß, ist im Westen in letzter Zeit verschiedentlich Besorgnis über Ausmaß und Tempo der sowjetischen Aufrüstung laut geworden; diese Aufrüstung scheint Dimensionen anzunehmen, die durch Schutzbedürfnis allein nicht erklärlich sind und deshalb auf offensive Absichten dieser oder jener Art schließen lassen.

Abgesehen von der Frage nach der statistischen Grundlage dieser Reaktionen, die hier nicht erörtert werden soll, werfen besagte Ängste auch die Frage auf, wann die Sowjetführung es eigentlich als ideologisch gerechtfertigt und als politisch nützlich betrachten könnte – und wann nicht –, sowjetische Streitkräfte gegen die Truppen anderer Mächte zu schicken. Zu diesem Thema dürften einige Bemerkungen angebracht sein.

Die heutigen Sowjetführer haben von ihren Vorgängern ideologische Postulate geerbt (die für sie mehr Gültigkeit haben, als mancher meint), nach denen es drei und nur drei Möglichkeiten gibt, die Sowjetarmee auf wohlerwogenen Beschluß der Führung vernünftigerweise und berechtigtermaßen in den internationalen Kampf zu schicken. Einmal natürlich, um die Sowjetunion und die Gebiete, die sie zu ihrem Machtbereich zählt, gegen das Eindringen oder den Angriff einer fremden Macht zu verteidigen. Zweitens zur Unterstützung einer »proletarischen« Gruppierung, die in einem hochentwickelten Industrieland mit den Mitteln des Bürgerkriegs eine »kapitalistische« Regierung und Gesellschaftsordnung zu stürzen und durch eine »sozialistische« zu ersetzen strebt. Und drittens in ähnlicher Weise zur Unterstützung eines »Befreiungskrieges« – anders ausgedrückt: des Bemühens einer revolutionären Gruppe in einem Lande der Dritten Welt, die Kolonialherrschaft oder den pseudo-kolonialen Einfluß eines nichtkommunistischen europäischen oder nordamerikanischen Industrielandes abzuschütteln.

Das heißt nicht, daß sich die Sowjetunion in den beiden letztgenannten Fällen *verpflichtet* fühlte, mit sowjetischen

Truppen in den Kampf einzugreifen (sie hat es bisher bei so mancher Gelegenheit nicht getan). Es bedeutet lediglich, daß ihr, sollte sie sich dazu entschließen, die ideologische Rechtfertigung dafür zur Verfügung stünde. Es bedeutet auch nicht, daß man es für gerechtfertigt hielte, in diesen Fällen den Sowjettruppen die Hauptlast der zu erledigenden Arbeit aufzubürden. Alle maßgeblichen Interpretationen kommunistischer Ideologie lassen eindeutig erkennen, daß ein solcher Einsatz sowjetischer Streitkräfte nur hilfsweise und im Notfall zu geschehen hätte, zur Unterstützung, nicht anstelle des Drucks von unten. Dieser müßte von der jeweiligen einheimischen Gruppierung ausgeübt werden. Die Vorstellung, ein solcher Bürgerkrieg oder »Befreiungskrieg« könnte ausschießlich oder auch nur überwiegend von der Sowjetarmee auf sowjetische Veranlassung hin geführt werden, während die Leute, denen die Aktion zugute kommen soll, weitgehend unbeteiligt oder passiv blieben, stünde im Widerspruch zu fundamentalen Lehrsätzen der kommunistischen Doktrin, die da sagen, daß nützliche gesellschaftliche und politische Veränderungen hauptsächlich und notwendigerweise vom spontanen Handeln der »unterdrückten Massen« in einem Lande ausgelöst werden.[1]

Über diese drei Möglichkeiten hinaus ist ein Einsatz der Sowjetarmee außerhalb des eigenen Landes auf sowjetische Veranlassung hin in der kommunistischen Ideologie nicht vorgesehen. Daraus folgt, daß die Ideologie keinen Raum dafür läßt, unprovoziert Feindseligkeiten gegen eine andere große Macht vom Zaun zu brechen.

Nun ist allerdings richtig, daß die Ideologie, wenn sie für die Sowjetführung auch mehr als untergeordnete Bedeutung

1 Das alles hindert natürlich die Sowjetführung so wenig wie die Herren anderer Länder, Stellvertretergruppen zu benutzen oder deren spontane Operationen auszunutzen, wo sich die Gelegenheit bietet.

hat, doch sehr flexibel ist, so daß es kaum eine militärische Aktion geben dürfte, für welche diese Führer, wenn sie wollten, nicht irgendeine ideologische Begründung finden könnten, sei sie noch so fadenscheinig und unglaubwürdig. Aber die Tatsache, daß es an einer sauberen ideologischen Rechtfertigung eines unprovozierten Angriffs gegen eine andere Macht fehlt, trifft sich nun zufällig mit bestimmten pragmatischen Erwägungen, die sich den Männern im Kreml vermutlich dringend empfehlen dürften. Ihre Sicht der Dinge wird anders sein als die vieler Leute im Westen, denn es ist unwahrscheinlich, daß für sie ein militärischer Sieg, sei er noch so komplett, ein Ziel an sich ist, das allein einen bedeutenden militärischen Einsatz rechtfertigt. Der Sieg in diesem Sinne würde in ihren Augen nicht etwas beenden, sondern vielmehr etwas in Gang setzen – etwas viel Wichtigeres, als der militärische Sieg allein es wäre: Nämlich den weiteren Verlauf des politischen Lebens in dem betreffenden Lande und dessen Zielrichtung; und da möchten sie in der Regel einigermaßen vernünftige Gewißheit darüber haben, wie sich das wohl entwickeln würde, bevor sie die gewaltigen Risiken und Belastungen eines neuen Weltkrieges auf sich nähmen. Es wird ihnen nicht entgangen sein, daß Deutschland, angeblich Verlierer des Ersten Weltkrieges, innerhalb von fünfzehn Jahren nach diesem Kriege wieder zur weitaus stärksten Macht in Europa geworden war; sie werden auch nicht übersehen, daß heute, dreißig Jahre nach dem Zweiten Weltkrieg, die beiden wichtigsten »geschlagenen« Teilnehmer dieses Krieges, Deutschland und Japan, einen beispiellosen wirtschaftlichen und materiellen Erfolg genießen – innerhalb von staatlichen Ordnungen, die für den Geschmack und die Interessen der Sowjets keinesfalls akzeptabel sind. Bevor sie einen weiteren großen Krieg auslösen, werden sie also sichergehen wollen, daß sie am Ende die Mittel hätten, ihren möglichen Sieg zur dauerhaften Förderung ihrer Interessen und der Interessen jenes Teils des Weltkommunismus, der ihre Führungsrolle akzeptiert und respektiert, auch wirklich zu nutzen.

Allerdings gibt es nur zwei denkbare Wege, dies sicherzustellen: Erstens durch unmittelbare Sowjetbesatzung und Militärregierung auf unbestimmte Zeit; oder zweitens durch die Übertragung der Macht in dem betreffenden Lande an eine kommunistische Partei, die stark genug ist, auf lange Sicht erfolgreich und sicher an der Macht zu bleiben, und die moskautreu genug ist, um zu gewährleisten, daß sie die sowjetische Führungsrolle auch dann noch respektieren würde, wenn das ihren eigenen politischen Interessen und den Interessen des Volkes, dem sie vorstünde, zuwiderlaufen würde.

In Anbetracht der Lage, mit der die Herren im Kreml es heute zu tun haben, dürften diese Vorbedingungen schwer zu erfüllen sein. Die Möglichkeit einer unmittelbaren und dauerhaften sowjetischen Militärherrschaft dürfte wohl ausscheiden. Jeder Versuch, Westeuropa, die Vereinigten Staaten, China oder auch Japan mit Hilfe der Besetzung und des Besatzungsregimes zu beherrschen, würde die entsprechenden Kapazitäten der Sowjetunion sowohl personell als auch sonst eindeutig übersteigen – Kapazitäten, die schon durch die Truppenstationierung (nicht etwa Besatzung oder Verwaltung, was weit höheren Bedarf an ausgebildetem Personal bedeuten würde) in bestimmten Ländern Ost- und Mitteleuropas stark strapaziert sind. So ausgedehnte Länder und Gebiete wie die genannten sind eben, vielleicht mit Ausnahme Japans, nicht geeignet für die totale Besetzung durch eine fremde Macht – die Aufgabe ist zu groß.

Die Sowjetführung müßte also ihren Entschluß, einen neuen großen Krieg zu beginnen, nicht nur darauf stützen, daß sie Aussicht auf den militärischen Sieg hat, sondern auch auf die Aussicht, daß es dann im feindlichen Lande eine heimische kommunistische Partei geben werde, die den eben skizzierten Anforderungen genügen würde und die durch die russischen Streitkräfte in die Macht eingesetzt werden könnte – wie in Polen und Ostdeutschland nach dem letzten Krieg geschehen. Im Augenblick jedenfalls ist schwer zu sehen, wo solche Parteien zu finden sein könnten. In den Vereinigten Staaten ist von der Existenz einer moskautreuen kommunistischen Partei kaum zu sprechen; das bißchen, was man vielleicht so bezeichnen könnte, wäre als Basis für einen Herrschaftsapparat nach Mitgliederzahl und überhaupt hoffnungslos unzureichend. In China wäre die bestehende Partei fanatisch gegen die Sowjetführung und stünde als mögliches Instrument sowjetischer Machtausübung schlicht nicht zur Verfügung. In Westeuropa gibt es in der Tat zwei Parteien – die französische und die italienische –, die ihrer Mitgliederzahl nach stark genug wären, einem solchen Zweck zu dienen; aber sie sind heutzutage von zweifelhafter Verläßlichkeit und wären das um so mehr, wenn sie in ihren Ländern die Regierungssitze einzunehmen hätten. Denn mit der Verfügungsgewalt über die menschlichen und materiellen Mittel ihrer Länder erhielten sie unweigerlich zunehmende praktische Unabhängigkeit von Moskau, und sie wären den Zentren der russischen Macht zu weit entrückt, um mit Hilfe nackter militärischer Einschüchterung unter Kontrolle gehalten zu werden – wie heute die Staaten des Warschauer Pakts. Selbst wenn man einmal annimmt, Rußland wäre in einem Angriffskrieg gegen eins der genannten großen Länder im militärischen Sinne siegreich (und es bedarf einer weiten Phantasie, sich ein Bild davon zu machen, was dem Begriff »Sieg« in einem Konflikt zwischen Atommächten entsprechen könnte), so würde es dann doch vor schweren und eigentlich unlösbaren Problemen stehen, sobald es seinen noch so totalen militärischen Sieg in politisches Kapital zu münzen versuchte. Nichts von alledem dürfte die Sowjetführung außer acht lassen.

Damit soll nicht gesagt sein, daß die Sowjetführung früher,

heute oder in Zukunft völlig unberührt wäre von jenen tief inneren Trieben, die russische Herrscher zu allen Zeiten (und nicht ohne eindrucksvollen Erfolg) dazu brachten, mit risikolosen Scharmützeln der einen oder anderen Art an ihren langgestreckten Grenzen ihren Machtbereich auf Kosten der unmittelbaren Nachbarn zu erweitern. Was die Sowjetführung angeht, so ist es nicht undenkbar, daß diese Neigung zum stückchenweisen Landgewinn in feindseligen Handlungen gegen ein kleines Nachbarland Gestalt annehmen könnte (wie 1939 in Finnland), vorausgesetzt, man hielte den daraus entstehenden Konflikt für international begrenzbar und für ungefährlich hinsichtlich der Stabilität in anderen sowjetischen Interessengebieten. Die Sowjetführung ist jedoch nicht geneigt, irgend etwas in dieser Art zu wagen, seien es unbedeutende Grenzscharmützel oder Feindseligkeiten gegen einen kleinen und schwachen Anrainer, wenn ernsthaft Gefahr bestünde, daß

a) damit Bündnisverpflichtungen ins Spiel gebracht werden könnten, die zum Krieg mit einer der Großmächte führten;

b) damit ernste Störungen in anderen Bereichen des Sowjetblocks hervorgerufen würden (wie es zum Beispiel bei einer Attacke auf Jugoslawien wahrscheinlich der Fall wäre); oder

c) ein bedrohlicher Nachbar daraus an einer anderen Front unschwer Kapital schlagen oder Vorteile ziehen könnte (was sicherlich im Falle eines ernsten militärischen Engagements der Sowjets auf der europäischen Seite für China zuträfe).

Die traditionelle russische Vorliebe für die stückweise Grenzerweiterung mittels relativ kleiner und risikoloser Schritte ist also keinem russischen Regime wesensfremd, stößt jedoch in den Realitäten der heutigen Weltlage an deutliche Grenzen, über welche die Sowjetführung nicht hinwegsehen wird.

Die hier dargelegten Gedankengänge wären schon dann zwingend, wenn es keine innenpolitischen Rücksichten gäbe, die in die gleiche Richtung weisen. Tatsächlich fehlt es aber durchaus nicht an solchen Motiven der Innenpolitik. Ihre wichtigsten beziehen sich auf die Perspektiven der sozialen und wirtschaftlichen Entwicklung Rußlands bis zum Ende dieses Jahrhunderts. Dies ist nicht der Ort, detailliert auf diese Bedürfnisse einzugehen. Es genügt die Feststellung, daß das soziale und wirtschaftliche Entwicklungsprogramm, das den Sowjetführern am Herzen liegt und zu dem sie sich feierlich verpflichtet haben, seiner Verwirklichung noch sehr fern ist; und die Verwirklichung dieses Programms wäre angesichts der langfristigen Planung, die größere Vorhaben auf diesem Gebiet erfordern, mit Vorbereitungen für ein bedeutendes militärisches Unternehmen unvereinbar. Die Bindung an den Beschluß, einen neuen Weltkrieg vom Zaun zu brechen, und sei es irgendwann in ein paar Jahren, würde ganz einfach den Notwendigkeiten dieses Programms zuwiderlaufen. Und es gibt keinerlei Anzeichen dafür (im Gegenteil, es gibt viele dagegen), daß die Führung gesonnen wäre, eine solche Umkehrung der Prioritäten vorzunehmen und die Preisgabe dieses Programms zu verkünden oder ihm seinen vorrangigen Platz in der Gesamtheit der Ziele und Vorhaben des Regimes zu nehmen.

Hinzuzufügen ist hier noch, daß sich die Moskauer Führung im Hinblick auf ihre Satellitenstaaten in Ost- und Mitteleuropa politisch auf ziemlich dünnem Eis bewegt; jede Störung der Stabilität in diesem Bereich könnte, denkt man an die Einstellungen und Reaktionen der nichtrussischen Volksgruppen in der Sowjetunion selber, sehr leicht Rückwirkungen auf die Stabilität des Systems zu Hause haben. Die Führung müßte also, wenn sie die mögliche Eröffnung von Feindseligkeiten in Erwägung zöge, unbedingt auch daran denken, daß jede nennenswerte Störung des politischen Status quo in Europa, wie sie von einer größeren militärischen Auseinandersetzung ja zu erwarten wäre, ernste und für sie gefährliche Auswirkungen auf den ganzen Osten des europäischen Kontinents haben würde, die Sowjetunion selber nicht ausgenommen.

Mit alledem soll auch nicht gesagt sein, daß in den unmittelbar vor uns liegenden Jahren die Gefahr eines Krieges mit der Sowjetunion überhaupt nicht besteht. Es bleibt natürlich die immerwährende Gefahr des Krieges aus Versehen: durch Fehleinschätzung, durch falsch gedeutete Signale, durch nicht hinnehmbare Prestigeverletzungen, durch übertriebene Ängste und Panik. Man muß sich aus dieser Sicht darüber klarsein, daß es auf der Welt einige Krisenherde gibt – allen voran Korea und der Nahe und Mittlere Osten, von Südafrika ganz zu schweigen –, aus denen militärische Komplikationen, in die eine der Großmächte oder auch alle verwickelt sind, sehr viel eher aufbrechen können als aus einem Willensentscheid der Sowjetführung, Krieg gegen eine andere Macht zu beginnen.

Es bleibt jedoch anzumerken, daß die Gefahr, Komplikationen in den genannten Gebieten könnten zum großen Krieg führen, stark davon beeinflußt wird, wie weit die Atmosphäre der Ost-West-Beziehungen und insbesondere der sowjetisch-amerikanischen Beziehungen militarisiert ist oder nicht – das heißt, wie weit der Tendenz, einen großen militärischen Konflikt für unvermeidlich zu halten, widerstanden werden kann und wie weit anderen Werten als denen des erbarmungslosen Rüstungswettlaufs in den Positionen und Reaktionen der Regierungen auf beiden Seiten des Vorhangs Raum gegeben wird.

8 Politik und die Ost-West-Beziehungen

Viele Jahre lang ist das Studium der Ost-West-Beziehungen tiefgreifend – und meistens ungünstig – von den politischen Verhältnissen beeinflußt worden. Ich möchte ein paar Gedankengänge darüber vortragen, wie sich die starken Spannungen zwischen der westlichen Welt und der politischen Macht, die uns seit nunmehr über sechzig Jahren auf der anderen Seite der ideologischen Barriere gegenübersteht, historisch entwickelt haben.

Das ist ein Thema, mit dem ich mich beruflich und privat mehr als ein halbes Jahrhundert lang beschäftigt habe. Die Schwierigkeit ist nicht, daß es zuwenig zu sagen gäbe, sondern es gibt viel zuviel. Allerdings müssen wir alle in dieser Zeit der besonderen Spannung zwischen den Vereinigten Staaten und der Sowjetunion über dieses Ost-West-Problem sehr viel nachdenken. Es ist ein Problem, dem in den Schriften von Solschenizyn und anderen Oppositionellen oder Emigranten der Sowjetmacht in jüngster Zeit neue Perspektiven hinzugefügt worden sind.

Wenn ich auf die letzten fünfzig Jahre zurückblicke, scheint mir klar ersichtlich, daß das Ost-West-Verhältnis zu allen Zeiten durch bestimmte Eigenheiten im Wesen der jeweiligen Gesellschaft belastet war – durch Faktoren, die nicht nur Ausdruck der Politik einer bestimmten Regierung zu einem bestimmten Zeitpunkt sind, sondern vielmehr tiefverwurzelte, habituelle und zum Teil unterbewußte Reaktionen des jeweiligen politischen Establishments.

Soll ich diese Faktoren nun näher beschreiben, so sei es mir – soweit es die westliche Seite betrifft – gestattet, einfach von meiner eigenen amerikanischen Gesellschaft zu sprechen. Vergleichbares könnte, ich bin sicher, auch von anderen Gesellschaften des Westens gesagt werden, aber das Bemühen, sie in diese Erörterung einzubeziehen, würde uns gewiß zu weit führen.

Ich habe keinen Zweifel, daß es eine Reihe von Gewohnheiten, Gebräuchen und Verhaltensnormen gibt, alle tief in der amerikanischen Tradition wurzelnd, die anderen in ihren Beziehungen zur amerikanischen Regierung hinderlich sind. Da ist zum Beispiel die erhebliche Kompetenzzersplitterung in unserem ganzen Staatsgefüge – eine Zersplitterung, die es dem ausländischen Vertreter oft schwermacht, herauszufinden, wer denn nun für die amerikanische Regierung als Ganzes spricht und mit wem ein Gespräch für ihn nützlich wäre. Da ist das Fehlen jeder Gesamtverantwortung des Kabinetts oder auch eines Systems der gegenseitigen Verantwortlichkeit zwischen staatlicher Exekutive und Legislative. Da sind die erheblichen Vollmachten, die sogar in außenpolitisch relevanten Fragen von einzelstaatlichen, örtlichen oder gar privaten Stellen ausgeübt werden, mit denen der Vertreter des Auslands normalerweise gar nicht verhandeln kann. Da ist die Empfänglichkeit des politischen Establishments für die emotionalen Stimmungen und Launen der Öffentlichkeit, besonders in dieser Zeit des verwirrenden Wechselspiels zwischen der Öffentlichkeit und den diversen kommerziellen Massenmedien. Da ist der ungeregelte Einfluß, den einzelne Interessenvertretungen und andere organisierte Minderheiten ausüben. Und da ist schließlich die außerordentliche Schwierigkeit, die eine solche Gesellschaft hat, wenn sie sich ein ausgewogenes Bild von einem anderen Lande machen soll, das sich den Ruf eines militärischen und politischen Gegners oder Feindes erworben hat – das heißt die Neigung, dieses Bild zu entmenschlichen, zu simplifizieren, seine vielen Nuancen zu ignorieren.

In Anbetracht dieser Bedingungen und anderer, die man noch anführen könnte, ist mir sehr gut verständlich, daß es manchmal für den fremden Diplomaten, den kommunistischen Diplomaten eingeschlossen, ein frustrierendes Erlebnis sein mag, mit unserer Regierung zu tun zu haben. Ich bedauere diesen Zustand, und mit mir tun das andere Amerikaner. Hier liegt einer der Gründe, warum ich persönlich eine gemäßigtere, weniger ambitiöse amerikanische Außenpolitik befürworte als viele meiner Landsleute. Aber diese Umstände ergeben sich, ich wiederhole es, aus dem inneren Wesen unserer Gesellschaft und dürften sich kaum in absehbarer Zeit wesentlich ändern lassen. Ich erwähne sie auch nur, weil ich nicht, wenn ich jetzt zur Nennung ähnlicher Umstände auf sowjetischer Seite komme, den Eindruck erwecken möchte, ich hielte letztere für das einzige permanente Hindernis besserer Beziehungen. Ich weiß, daß wir Amerikaner auch selber einige solcher Hindernisse zu bieten haben.

Tatsache jedoch ist, daß wir, wenn wir uns das Sowjetregime anschauen, auf eine ganze Reihe von Sitten und Gewohnheiten stoßen, die, ebensotief in der Geschichte wurzelnd, schwer auf den äußeren Beziehungen jenes Regimes lasten. Sie scheinen, so merkwürdig das ist, viel weniger ein Erbe der letzten Petersburger Epoche als vielmehr des früheren Großherzogtums Moskau zu sein. Und sie haben auch in den etablierten Traditionen des Marxismus-Leninismus ihre bemerkenswerte Bestätigung gefunden: in dessen ausgeprägtem Sinn für Orthodoxie, in seiner Intoleranz gegenüber gegnerischen Meinungen, seiner Neigung, ideologische Abweichung mit moralischer Verderbtheit gleichzusetzen, seinem tiefen Mißtrauen gegen den ketzerischen Außenseiter.

Ich möchte als ein Beispiel den außergewöhnlichen Drang zur Geheimhaltung in allen Staatsdingen nennen – eine Passion, die die Sowjetbehörden daran hindert, Außenstehenden auch solche Aspekte ihrer eigenen Motivation zu enthüllen, deren Offenlegung für andere beruhigend wäre und ihnen selber zum Vorteil gereichen würde. Übertriebene Geheimhaltung pflegt im übrigen übertriebene Neugierde zu wecken und ist damit geeignet, genau die Regungen zu provozieren, gegen die sie zu schützen vorgibt.

Zu dieser Geheimniskrämerei gesellt sich ein gewisser konspirativer Arbeitsstil im traditionellen Entscheidungsprozeß, vor allem innerhalb der Partei – eine Praxis, die intern ihre Vorteile haben mag, die aber oft andere verunsichert zurückläßt und bis zu einem gewissen Grade Mißtrauen weckt. Und da ist auch noch die enorme Spionagebesessenheit, die das sowjetische Denken ganz zu durchdringen scheint. Spionage ist für die meisten Regierungen, so vermute ich, ein kleineres Übel. Aber nirgendwo, es sei denn in Albanien, beschäftigt man sich mit ihr so intensiv wie offenbar in der Sowjetunion. Um Parallelen hierzu zu finden, muß man bis ins Mittelalter zurückgehen. Und das überrascht; denn man könnte erwarten, wenn überhaupt, dann bei einem schwachen Staat in brisanter Lage so etwas anzutreffen, nicht aber bei einer der größten Militärmächte der Welt.

Wie dem auch sei, diese Mentalität drückt sich natürlich in extremem Argwohn gegenüber dem einzelnen Fremden und in einem ungewöhnlich ausgefeilten System der Überwachung und Kontrolle seiner Kontakte zu Sowjetbürgern aus. Für die Sowjetführer ist das, ich bin sicher, eine rein innere Angelegenheit; für uns andere aber ist es schwer, es genauso zu sehen. Denn menschliche Beziehungen über nationale Grenzen hinweg machen einen guten Teil der wesentlichen Beziehungen zwischen Staaten aus; und uns scheint, daß dieses ausgefeilte Kontrollsystem die sowjetischen Auslandsbeziehungen in vielfältiger Weise beeinträchtigt, und zwar verhängnisvoll beeinträchtigt.

Diese ausufernden Eigenheiten, die so wenig zu den allgemeinen internationalen Gepflogenheiten passen, sind für den Außenstehenden besonders irritierend und beunruhigend, weil sie in so scharfem Kontrast zu der korrekten und zuvorkommenden Fassade des offiziellen sowjetischen Benehmens stehen, dem man häufig begegnet, wenn Fragen der inneren Sicherheit nicht mit im Spiel sind. Der Ausländer, der mit der Sowjetregierung zu tun hat, gewinnt oft den Eindruck, im schnellen Wechsel zwei völlig verschiedenen, nicht leicht miteinander in Einklang zu bringenden sowjetischen Persönlichkeiten gegenüberzustehen: der einen – einem korrekten, einigermaßen freundlichen Menschen, der es gern sähe, wenn die Beziehungen normale, entspannte und angenehme Formen annehmen würden; und der anderen – gezeichnet von so finsterem und krankhaftem Argwohn, in ihren Unterstellungen derart bösartig, daß dies selbst schon eine Art feindseligen Aktes darstellt oder zumindest nicht anders als so zu erklären ist. Ich frage mich manchmal, ob die Sowjetführer eigentlich jemals merken, wie unheilvoll dieser Doppelcharakter das Geflecht der Außenbeziehungen ihres Landes belastet – wie sehr er jenen Leuten draußen in die Hände spielt, die es sich angelegen sein lassen, die Sowjetunion als einen verschlagenen, unberechenbaren und gefährlichen Koloß darzustellen –, wie sehr sie doch ihren eigenen Interessen schaden, indem sie diesen Doppelcharakter kultivieren.

Schließlich ist da noch der Brauch der polemischen Übertreibung und Verzerrung, der häufig so weit getrieben wird, daß Offenkundiges geleugnet und Absurdes feierlich verfochten wird – eine Gepflogenheit, die schon eine Menge Ausländer vor den Kopf gestoßen und verprellt hat und an die sich auch ganz alte Hasen nur sehr schwer gewöhnen können.

Das also ist es, was ich die permanenten Komplikationen im Ost-West-Verhältnis nennen möchte. Unter allen Umständen wären sie da und würden ihre unselige Rolle spielen.

Sie ziehen die Grenzen für die Art von friedlicher Koexistenz, die zwischen den beiden Welten herrschen kann. Immerhin würden sie allein eine friedliche Koexistenz nicht ausschließen. Aber leider waren sie nie die einzigen größeren Komplikationen in diesem Verhältnis. Es hat auch andere gegeben, nicht so dauerhafte, aber noch ernstere; und eben diesen müssen wir uns nun zuwenden.

Die erste, die das Verhältnis während der zwanziger und dreißiger Jahre prägte, war das Bekenntnis des frühen leninistischen Regimes zur Weltrevolution mit seiner Begleitmusik in Wort und Tat. Freilich, die Periode des intensiven Betreibens weltrevolutionärer Pläne war kurz. Schon 1921 begannen solcherart Ziele ihre oberste Priorität in der Politik des Kreml einzubüßen. An ihre Stelle traten allmählich Gedanken zur Selbsterhaltung des Regimes und zur landwirtschaftlichen und industriellen Entwicklung der UdSSR. Die weltrevolutionäre Rhetorik jedoch blieb für die restlichen zwanziger und bis weit in die dreißiger Jahre hinein im wesentlichen unverändert; und während dieser Zeit unterhielt Moskau in den diversen westlichen Ländern kleine Gruppen örtlicher kommunistischer Gefolgsleute, denen es strengste Disziplin auferlegte, die es als Werkzeug zur Verbreitung und Durchsetzung seiner Politik zu benutzen suchte und von denen es bedingungslose Loyalität auch dann verlangte, wenn dies jeglicher Loyalität den eigenen Regierungen gegenüber widersprach. Diese Methoden waren so ungewöhnlich, so beispiellos für moderne Gebräuche und so beunruhigend für westliche Regierungen und Öffentlichkeiten, daß sie, wie ich damals meinte und rückblickend auch heute noch meine, die Hauptursache für die hochgradige Spannung und Unsicherheit bildeten, die damals in den Beziehungen zwischen Rußland und dem Westen herrschten.

Mit dem Sieg Hitlers in Deutschland trat dann allerdings Anfang der dreißiger Jahre ein bedeutsamer Wandel ein. Man kann nicht gerade sagen, der ursprüngliche politische und ideologische Antagonismus zwischen Sowjetrußland und dem Westen oder das offensive Vorgehen der Komintern wäre in westlichen Kreisen gänzlich vergessen worden; aber von 1935 an begann die Gefahr Hitler in westlichen Augen bedrohlicher aufzuragen als die ideologischen Differenzen mit dem Sowjetkommunismus oder der Verdruß über weltrevolutionäre Unternehmungen. Die Folge war, daß man im Westen dazu überging, in der Sowjetunion nicht mehr vor allem den Feind des westlichen Kapitalismus zu sehen, sondern sie mehr aus dem Blickwinkel ihrer Beziehungen zu Nazideutschland zu betrachten. Zeitweilig funktionierte das so, daß die Beziehungen besser und enger wurden; zu anderen Zeiten, so nach dem nazistisch-sowjetischen Nichtangriffspakt von 1939, trat genau das Gegenteil ein. Aber zu jedem Zeitpunkt in den Jahren 1936 bis 1946 war die sowjetische Haltung gegenüber Deutschland das entscheidende Kriterium für die Einstellung des Westens zur Sowjetunion.

Und das hatte mehrere verwirrende Konsequenzen. Zum einen war es geeignet, die Barbarei und Schrecknis der stalinistischen Säuberungen Ende der dreißiger Jahre in ihrem vollen Ausmaß vor der anderweitig beschäftigten westlichen Öffentlichkeit zu verbergen. Zum anderen aber erwachten, als dann die Westmächte mit der Sowjetunion im Krieg gegen Deutschland gemeinsame Sache machten, sentimentaler Enthusiasmus der einen oder anderen Art und illusionäre Hoffnungen auf eine erfreuliche und konstruktive Zusammenarbeit mit Sowjetrußland nach dem Kriege. Eben dies brachte die – vom Kampf gegen Nazideutschland voll in Anspruch genommenen – diversen westlichen Staatsmänner dazu, am Ende des Krieges ohne nennenswertes Zögern zu akzeptieren, daß die Sowjetunion nicht nur jene Grenzlande des ehemaligen Russischen Reiches zurückgewann, die zur Zeit der Revolution verlorengegangen waren, sondern auch im übrigen Osten des europäischen Kontinents de facto eine militärisch-politische Hegemonie errichten konnte.

Unter diesen Umständen ist es nicht überraschend, daß, als das Hitlerregime verschwunden war und die Völker des Westens sich nach dem Krieg den Problemen des Aufbaus einer neuen Weltordnung zuwandten, die Reaktion einsetzte – ja, eine Überreaktion. Plötzlich merkte man, daß die Zerschlagung der bewaffneten Macht Deutschland und die Überlassung eines gewaltigen militärischen Aufmarschgebiets im Herzen des Kontinents an die Sowjetunion ein Westeuropa zurückließ, das einem kriegerischen Angriff der Sowjets oder zumindest der militärisch-politischen Erpressung von sowjetischer Seite so gut wie schutzlos ausgeliefert war. Hinzu kam die wachsende Erkenntnis, daß mit der Errichtung kommunistischer, moskauhöriger Regime in den diversen osteuropäischen Ländern die Beziehungen dieser Länder zum Westen den gleichen komplizierenden und limitierenden Einflüssen unterworfen waren, wie sie bereits die Beziehungen zur Sowjetunion bestimmten. Dann kam der Koreakrieg – ein Konflikt, in welchen zwar die Sowjetarmee gar nicht verwickelt war, den man im Westen aber rasch als ein weiteres Zeugnis der sowjetischen Aggressivität zu betrachten lernte. Und natürlich, zu eben dieser Zeit begann die Atombombe ihren unheimlichen Schatten auf die gesamte Weltszene zu werfen und all die Reaktionen von Angst, Verwirrung und panischer Gegenwehr auszulösen, die eine Waffe von solch apokalyptischen und wahrlich selbstmörderischen Dimensionen unweigerlich auslösen muß.

Der Tod Stalins, die Festigung der beherrschenden Position Chruschtschows und die damit einhergehende Entkrampfung der sowjetischen Politik gaben dann neuen Hoffnungen auf den friedlichen Ausgleich der Ost-West-Differenzen Nahrung. Chruschtschow war zwar ein ungehobelter Bursche, aber er wollte schließlich keinen Krieg; und er hielt etwas von menschlicher Kommunikation. Aber er überzog sein Spiel. Und wenn sein Einfluß günstige Perspektiven bot, so blieben sie doch im Westen weitgehend ohne Echo. Allzu mächtig waren schon die Zwänge des Rüstungswettlaufs und des militärischen Denkens.

Die Sowjetführung beharrte in der traditionellen russischen Tendenz, den Ausbau der Kampfkraft zu übertreiben, besonders bei den konventionellen Waffen. Auch sie unterhielt, wie ihre zaristischen Vorgänger es ihr vorgemacht hatten, entlang ihrer Westgrenzen Streitkräfte, die an Zahl weit stärker waren, als Außenstehenden notwendig scheinen konnte. Für eine europäische Öffentlichkeit, die aus unseliger historischer Erfahrung längst hinter jeder Truppenansammlung und jedem ernsten Weltkonflikt den drohenden Truppeneinmarsch sah, reichte das, um die lebhaftesten Befürchtungen zu wecken. Und das wurde nicht gerade besser dadurch, daß westliche Strategen und Militärs die Stärke dieser Sowjettruppen noch überbetonten, um den eigenen, zögernden Parlamenten größere Rüstungsbewilligungen abzuschwatzen, oder dadurch, daß die westliche Presse und die anderen Medien, um ihr Publikum zu fesseln, diese Übertreibungen noch dramatisierten. Die Amerikaner nun, unfähig, sich an den Gedanken zu gewöhnen, ihr großes Land sei nicht mehr zu verteidigen, stürzten sich Hals über Kopf in das atomare Wettrüsten. Mit dem U-2-Zwischenfall und der Kubakrise um sowjetische Raketen begingen die beiden großen Atommächte verhängnisvolle Fehler und bestätigten einander noch mehr in der Überzeugung, daß in der Rüstung und allein in der Rüstung ihre einzige Hoffnung auf Rettung liege. Und aus all diesen Ingredienzien – und anderen, jüngeren mehr – braute sich die so überaus beunruhigende und tragische Situation zusammen, in der wir uns heute befinden: dieser eifernde Wettstreit in der Entwicklung neuer Waffensysteme; diese blindwütige Entmenschlichung des vermutlichen Gegners; diese systematische Verzerrung der Motive und Absichten jenes Gegners; dieses ständige Ersetzen politischer Überlegungen durch militärische im staatsmännischen Kalkül – kurz, diese entsetzliche Militarisierung des gesamten Ost-West-Verhältnisses im Denken, in der Rhetorik und in der Erwartung. Das ist – unendlich gefährlich, unendlich entmutigend – der beherrschende Zug unserer unseligen Zeit.

Diese moralische und politische Sackgasse, die ich eben beschrieben habe, hat gewisse Eigenheiten, die, so meine ich, unsere Aufmerksamkeit verdienen.

Erstens: Sie bedeutet im Vergleich zu den beiden ersten Jahrzehnten der Sowjetmacht, daß die Ost-West-Spannungen heute grundlegend andere Ursachen haben. Dahin oder weitgehend dahin ist der weltrevolutionäre Eifer, der die Frühstadien der Sowjetmacht kennzeichnete. Dahin sind auch die Ängste, die jener Eifer in westlichen Kreisen hervorrief. Noch immer sieht man die Sowjetunion als Bedrohung, gewiß – aber in erster Linie als aggressive militärische Bedrohung. Es ist nicht die Fähigkeit des Kreml, soziale Revolutionen in anderen Ländern zu fördern, was man fürchtet und übelnimmt. Auch das sowjetische Bemühen um Einfluß in der Dritten Welt bewertet man überwiegend nicht nach den möglichen sozialrevolutionären Folgen, sondern nach den Folgen für das militärische Kräftegleichgewicht in der Welt. Zöge man morgen die diversen militärischen Ängste von der Szene unserer Tage ab, so bliebe die Sowjetunion ein ragendes Problem an den Horizonten westlicher Staatsführungen, aber ein Problem vollkommen anderer Art als in den zwanziger Jahren. Natürlich blieben noch große Differenzen und Interessenkonflikte. Die permanenten Komplikationen, von denen ich zuvor gesprochen habe, wären noch da und würden die Möglichkeiten im Umgang miteinander begrenzen. Es blieben auch die ernsten geopolitischen Probleme der abnormen sowjetischen Position in Osteuropa, Kuba und Afghanistan. Aber Moskau stünde nicht mehr als stärkste treibende Kraft und insbesondere nicht mehr als einzige Kraft der sozialen Revolution da.

Zweitens: Ich möchte darauf hinweisen, daß diese ganze gewaltige Militarisierung des Verständnisses vom Kalten Krieg weithin unnötig ist. Es gibt dafür keinen vernünftigen Grund. Keine Seite wünscht einen dritten Weltkrieg. Keine Seite sieht in einem solchen Krieg ein erfolgversprechendes Mittel zur Durchsetzung ihrer Interessen. Der Westen hat nicht die Absicht, die Sowjetunion anzugreifen. Die Sowjetführung hat, ich weiß es mit Gewißheit, nicht die Absicht und hat niemals die Absicht gehabt, Westeuropa anzugreifen. Die Interessen beider Seiten sind, das ist klar, in einigen Punkten widersprüchlich. Die Erfahrung hat höchst unheilvoll bewiesen, daß in kleinen und eher abseitigen Konflikten, bei denen es nicht um alles oder nichts geht, Streitkräfte in begrenztem Umfang weiterhin eine gewisse Rolle spielen können, ob uns das paßt oder nicht. Diese Möglichkeit kann nicht in jedem Falle ausgeschlossen werden. Die Vereinigten Staaten haben seit dem Zweiten Weltkrieg ihre Streitkräfte dreimal in dieser Weise eingesetzt: im Libanon, in Santo Domingo und in Vietnam. Die Sowjetunion macht es nun ähnlich in Afghanistan. Ich will mit diesen Äußerungen nicht dem Hirngespinst der totalen Weltabrüstung das Wort reden. Aber für das Bereithalten von Rüstung in einem Umfang, der auf die totale Vernichtung eines ganzen Volkes ausgerichtet ist, ganz zu schweigen von der immensen Folgegefahr für die angreifende Macht selber und für Millionen schuldloser Unbeteiligter: hierfür gibt es keine vernünftige Rechtfertigung. Solches Tun kann nur der Angst entspringen – der nackten Angst, der irrationalen Angst also. Sie läßt nichts Positives erhoffen.

Drittens: Diese Militarisierung des Denkens und Verhaltens entbehrt zwar der rationalen Grundlage, ist aber ein Phänomen von denkbar größtem Ernst und höchster Gefährlichkeit. Sie ist gefährlich, eben weil sie keine rationale Grundlage *braucht* – weil sie aus sich selbst lebt und ihre eigenen Antriebskräfte stellt. Ja, sie bestimmt die Aktionen und Reaktionen der Regierungen in größerem Maße, als es irgendeiner positiven Zielsetzung je gelingen könnte.

Niemand wird begreifen, in welcher Gefahr wir alle heute schweben, solange er nicht erkennt, daß die Regierungen dieser modernen Welt noch nicht gelernt haben, mit den Zwängen fertig zu werden, die ihnen nicht bloß aus dem großangelegten Rüstungsausbau eines Gegners erwachsen, sondern auch aus dem eigenen. Ich wiederhole: Völker und Regierungen dieser Gegenwart haben noch nicht gelernt, wie man große Rüstungssysteme und insbesondere solche mit Massenvernichtungswaffen schafft, ohne zum Diener anstatt zum Herrn des Geschaffenen zu werden und ohne sich hilflos den Sachzwängen unterzuordnen, die man damit ausgelöst hat.

Die historischen Forschungen, denen ich mich in letzter Zeit gewidmet habe, haben mich zurückgeführt in die Zeit der europäischen Diplomatie vor hundert Jahren; in den Annalen jener Tage finde ich diese Wahrheiten klar bestätigt, wenn auch die Waffen, die großen Staaten damals zur Verfügung standen, nicht annähernd so entsetzlich waren wie das, was wir heute haben. Ich finde dort Beispiele von Großmächten, die überhaupt keine ernsthaften Interessenkonflikte hatten – das heißt keinen Interessenkonflikt, der die Opfer und das Elend eines Krieges entfernt gerechtfertigt hätte; dennoch ließen auch sie sich hilflos in die Katastrophe des Ersten Weltkriegs treiben; und die Kraft, die sie in diese Richtung trieb, war schlicht die Eigendynamik des Wettrüstens, in das sie damals verstrickt waren.

Dies *kann* sich nicht nur wiederholen – es *ist* bereits im Gange. Wir alle werden in eben diesem Augenblick dahingetrieben, einem neuen kriegerischen Konflikt entgegen – einem Konflikt, der, soweit erdenklich, für keine der Parteien anders als verheerend enden kann. Es ist ein ernüchternder Gedanke: in der modernen Geschichte gibt es kein Beispiel, daß rivalisierende Mächte massiv aufgerüstet hätten, ohne daß am Ende ein Krieg ausgebrochen wäre. Und es besteht kein Anlaß, anzunehmen, wir hätten diesen verhängnisvollen Prozeß besser unter Kontrolle als die Mächte, die in der Vergangenheit in ihm gefangen waren. Wir sind nicht größer oder weiser als unsere Vorfahren. Nötig wäre Einsicht – Verständnis, Besonnenheit, die Bereitschaft, geringere Risiken in Kauf zu nehmen, um den größten zu entgehen –, nötig wären diese Tugenden in ganz anderer Größenordnung als alles, was auf beiden Seiten zu erblicken ist, um uns von dieser schrecklichen Verkrampfung freizumachen und uns und andere vor der Katastrophe zu bewahren, in die sie führt.

Man muß bezweifeln, daß sich im Schoße der Gesellschaften beider Supermächte irgendwo eine Stimme erheben könnte, stark genug, um diesen Akt der Selbstbefreiung zustande zu bringen, von dem die Zukunft der Zivilisation selbst abhängen könnte. Es müßte eine sehr starke Stimme sein, ja, ein machtvoller Chor, der von draußen her den Verantwortlichen beider Supermächte sagt, was ihnen gesagt werden muß:

»Im Namen der Liebe zu Gott, zu euren Kindern, zu der Kultur, der ihr angehört, beendet diesen Wahnsinn. Ihr tragt Verantwortung nicht nur vor der heutigen Generation, ihr tragt Verantwortung für die Vergangenheit der Zivilisation, die ihr sinnlos zu machen droht, und für ihre Zukunft, die ihr im Begriff seid zu vernichten. Ihr seid sterbliche Menschen. Ihr seid nicht unfehlbar. Ihr habt nicht das Recht – kein Mensch hat so viel Weisheit und so viel Kraft –, mit Zerstörungskräften zu hantieren, die ausreichen, dem zivilisierten Leben auf einem Großteil unseres Planeten ein Ende zu setzen. Niemand sollte sich wünschen, mit solchen Kräften zu hantieren. Werft sie von euch. Die Risiken, die ihr damit eingehen könntet, sind nicht größer – können gar nicht größer sein – als die Gefahren, die ihr jetzt für uns alle heraufbeschwört.«

Dies, ich wiederhole es, müßte denen gesagt werden, die das nukleare Wettrüsten betreiben. Wo aber ist die Stimme, die stark genug ist, es zu sagen?

Dieses Wettrüsten hat eine ganz besondere Tragik. Es ist tragisch, weil es die Illusion eines totalen Interessenkonflikts zwischen den beiden Gesellschaften entstehen läßt; und das in einer Zeit, da beide in Wirklichkeit weithin die gleichen Probleme haben. Das Wettrüsten überdeckt die Tatsache, daß jede dieser beiden Gesellschaften heute vor neuen inneren Problemen steht, die keine der Ideologien, an denen sie sich ursprünglich entzweiten, je vorgesehen hatte – Probleme, die über die Bedingungen des neunzehnten Jahrhunderts, auf welche diese beiden Ideologien und insbesondere der Marxismus gerichtet waren, längst hinausgewachsen sind.

Zum Teil meine ich die Umweltprobleme, die uns allen inzwischen vertraut sind: Die Frage, ob große Industriegesellschaften lernen können, sich zu erhalten, ohne die für ihre Existenz lebenswichtigen Naturschätze zu vergiften, zu erschöpfen und damit zu zerstören. Diese Probleme sind nicht nur beiden ideologischen Welten gemeinsam; es verlangt Zusammenarbeit, nicht Feindschaft, um diese Probleme zu lösen.

Darüber hinaus aber gibt es tieferliegende Probleme – soziale und auch moralische und geistige –, die das Leben aller hochindustrialisierten, urbanisierten und technologisch fortgeschrittenen Gesellschaften unserer modernen Zeit zunehmend beeinflussen. Hier handelt es sich im wesentlichen um die Frage, wie der Bürger in der ganz und gar künstlichen und überkomplizierten sozialen Umgebung, die uns die moderne Technologie beschert hat, seinem Leben einen rechten Sinn geben, wie er sich Lebensqualität und Lebenserfahrung sichern kann. Keiner von uns – weder wir im Westen noch sie im Osten – ist bei der Lösung dieser Probleme überaus erfolgreich. Keiner von uns hat viel vorzuweisen, auf das er stolz sein kann. Wir versagen beide – jeder auf seine Weise. Wer dafür ein Beispiel sucht, der braucht sich nur den Zustand der Jugend auf beiden Seiten des Vorhangs anzusehen. Die Russen demoralisieren ihre jungen Leute, indem sie ihnen zu wenig Freiheit geben. Wir demoralisieren unsere, indem wir ihnen zuviel davon lassen. Keines der beiden Systeme erweist sich als fähig, ihnen das zu geben, was sie an Führung und Anregung und Anleitung brauchen, wenn sie ihre eigenen Möglichkeiten als Individuen erkennen und der Verantwortung gerecht werden sollen, die ihnen die Zukunft unweigerlich auferlegen wird.

Und das ist nur einer der Punkte, in denen wir versagen. Weder hier noch dort hat man wirklich unter Kontrolle, wohin sich die Gesellschaft entwickelt. Wir alle in unserem albernen Stolz lassen uns von Strömungen treiben, die wir nicht begreifen und die wir nicht beherrschen. Und vor den Gefahren, die sich daraus ergeben, werden wir uns nicht dadurch schützen, daß wir weiterhin, Jahr für Jahr, große Mengen unserer Substanz in Werkzeuge der kriegerischen Zerstörung gießen. Im Gegenteil, wir werden uns mit dieser Verschwendung von Mitteln, die wir dringend brauchen, um die entstehenden tiefgreifenden Probleme aussichtsreich anzupacken, nur selbst entblößen.

Wir erleben jetzt einen in mancher Hinsicht kritischen Augenblick. Seit dreißig Jahren hat die politische Spannung nicht mehr einen so hohen und gefährlichen Grad erreicht wie heute. Während dieser ganzen Zeit hat es nie ein solches Maß an Mißverstehen, an Argwohn, an Irritation und an schierer Kriegsangst gegeben. Wir müssen davon ausgehen, daß in den kommenden Monaten sowohl in der Sowjetunion als auch in den Vereinigten Staaten ein umfassender Führungswechsel stattfinden wird. Werden die neuen Führer imstande sein, diese Entwicklungstendenzen umzukehren? Es wird für sie nicht zu spät sein, sich darum zu bemühen. Was erhofft werden kann, ist freilich begrenzt. Die permanenten Hindernisse, die einem freundlichen Verhältnis entgegenstehen, wie ich es zu Beginn umrissen habe, dürften fortbestehen und auch unter den denkbar besten Voraussetzungen nicht schnell zu überwinden sein. Aber das würde ja nicht ausschließen, daß man einen echten Wendepunkt erreicht, nach welchem Angst und Pessimismus bei den Menschen überall der Hoffnung und dem Vertrauen weichen.

Zwei Dinge sind in meinen Augen nötig, um eine solche Umkehr möglich zu machen.

Das erste wäre natürlich, daß die Fixierung auf das Militärische überwunden wird, die heute die Reaktionen beider Seiten in so hohem Grade regiert, und Politiker mit mehr Mut an ihre Aufgabe gehen, Rüstungswünsche gegen die übrigen Bedürfnisse des Staates abzuwägen. Es ist dringend nötig, daß die Politiker auf beiden Seiten des Vorhangs ihr Militär in den Griff nehmen und darauf bestehen, daß es zum Diener anstatt zum Herrn und Gebieter des politischen Handelns werden. Auf beiden Seiten muß man lernen, daß Sicherheit nicht im Streben nach militärischer Überlegenheit zu finden ist – nur im Abbau, nicht im Vervielfachen der vorhandenen ungeheuren Arsenale liegt für jede Nation wirkliche Sicherheit.

Darüber hinaus aber, dort, wo es um die normaleren und dauerhaften Probleme der Weltpolitik geht, könnte jede der Supermächte dadurch der Sache des Friedens dienen, daß sie ein bißchen mehr Demut in ihrer Selbsteinschätzung und in ihrem Verhältnis zur Welt ringsum, vor allem zur Dritten Welt entwickelte. Beide könnten mehr Notiz davon nehmen, wie drängend ihre eigenen innenpolitischen Probleme sind und wie notwendig es für sie ist, diese Probleme anzupacken, bevor sie in Träumen von auswärtiger Größe und Weltherrschaft schwelgen. Nur wenn sie diese brennenden Nöte im Inneren beseitigen, werden sie imstande sein, in der Welt ringsum besser zu helfen, vielleicht sogar Eindruck zu machen. Nur wenn sie ihre Modellhaftigkeit verbessern, können sie einen glaubhaften Führungsanspruch in der Welt erheben.

Wenn wir, die Wissenschaftler, mit unserer geduldigen und sensationslosen Arbeit den Politikern helfen können, diese Grundwahrheiten zu verstehen – wenn wir ihnen helfen können, nicht nur die Gefahren, die uns bedrohen, und die Verantwortung, die deren Überwindung ihnen auferlegt, zu verstehen, sondern auch die konstruktiven und hoffnungsvollen Möglichkeiten, die im Verborgenen ruhen und der Erschließung durch eine weisere, besonnenere und realistischere Politik harren – wenn wir das können, dann werden wir für unsere Hingabe und unsere Beharrlichkeit reichlich entschädigt werden; denn dann werden wir die Befriedigung haben, zu wissen, daß Wissenschaft, diese Höchstleistung des Geistes, den höchsten Interessen der Zivilisation gedient hat, wie es ihre Aufgabe ist.

9 Eine gefährliche Gleichung

Tilg Abstufung, verstimme diese Saite,
Und höre dann den Mißklang!

Troilus und Cressida

Diese tiefen Worte Shakespeares könnten in den Vereinigten Staaten für einen erheblichen Teil der – offiziellen und privaten – Meinung über die Sowjetunion gelten. Nicht, daß da nichts Wahres wäre an dem, was die Leute so über die Russen sagen und denken; nur steckt in dem, was sie sagen und denken, eine Menge Übertreibung und unzulässige Vereinfachung. Und da wird es ernst, denn es gibt Zeiten, in denen Übertreibung und Vereinfachung, zäher als geradezu Falsches, ganz genauso verderblich sein können.

Man sagt uns, daß die Sowjets offiziell ein Bild des absoluten Zynismus und des machthungrigen Opportunismus abgeben. Ist diese Sicht falsch? Nicht ganz. Aber sie ist überzeichnet. Setzt man das Auftreten der heutigen Sowjetführung, in der Disziplin langjähriger politischer Erfahrung und Verantwortung nuanciert, gegen die stürmische Rücksichtslosigkeit der reinen leninistischen Lehre, wie sie vor rund sechzig Jahren in der Hitze des revolutionären Kampfes entworfen wurde, so ist das Bild kompliziert. Da gibt es die traditionellen Lippenbekenntnisse zur geltenden Doktrin; da gibt es auch erhebliche innere Reserven.

Die Sowjetführung, sagt man uns, hat sich fanatisch der

baldigen Vollendung der Weltrevolution verschrieben. Ist diese Behauptung falsch? Teilweise, und gewiß ist sie irreführend. Sie übersieht den Unterschied zwischen dem, was den Sowjetkommunisten als erstrebenswertes Ideal vorschwebt, und dem, was sie zum gegenwärtigen Zeitpunkt als notwendiges oder mögliches Ziel betrachten. Sie ignoriert auch den Unterschied zwischen dem, was Kommunisten als Endziel zu glauben behaupten, und dem, was sie praktisch durch eigenes Handeln zustande bringen wollen.

Viel hören wir über den bedrohlichen Umfang sowjetischer Rüstungsprogramme und die daraus folgende Störung des Rüstungsgleichgewichts zu unseren Ungunsten. Falsch? Auch hier: Nicht ganz, aber viel Übertreibung. Diese Ansicht beruht zum Teil auf Berechnungen des »schlimmsten Falles«, besonders was die konventionellen Waffen betrifft. Oft wird unser eigener Beitrag zur ungünstigen Entwicklung des Gleichgewichts übersehen – unsere ungehemmte Inflation, die diversen unnötigen Mängel unserer konventionellen Rüstung. Vieles wird verfälscht durch den fundamentalen Fehler, die Rüstung Waffe für Waffe gegen die Rüstung eines anderen Landes aufzurechnen, anstatt gegen die eigenen Bedürfnisse, so als wären die Bedürfnisse zweier großer Länder identisch und jeder statistische Unterschied zwischen ihren Arsenalen Symptom für jemandes Überlegenheit oder Unterlegenheit.

Wir hören von der Drohung des sowjetischen Expansionsdrangs und von »Abenteuern« in der Dritten Welt. Ist das alles falsch? Nein, nicht alles. Die Anwesenheit der Sowjets auf Kuba vor allem, die wir niemals hätten stillschweigend hinnehmen dürfen, ist nicht auf ewig mit unseren Lebensinteressen zu vereinbaren. Die sowjetische Zusammenarbeit mit und Unterstützung für den Obersten Muammar Ghaddafi, den libyschen Führer, ist ein bewußter Bärendienst an der Stabilität im Nahen Osten. Die Besetzung Afghanistans hat ernste internationale Schwierigkeiten hervorgerufen. Dennoch – solche Bemühungen der Sowjets sind im allgemeinen nicht sehr erfolgreich gewesen. Die Stellung der Sowjetunion in der Dritten Welt ist heute schwächer als vor Jahren, vor dem Abbruch der Beziehungen Moskaus zu Peking, Kairo und Djakarta. Und die Methoden, mit welchen Moskau jüngst bemüht war, Einfluß in der Dritten Welt zu gewinnen, vor allem die Entsendung von Waffen und Militärberatern, gleichen den unseren allzusehr, als daß wir uns dankbar in Ausbrüchen moralischer Entrüstung ergehen könnten.

Es wird behauptet, die Sowjetführung beachte internationale Vereinbarungen nicht. Richtig? Überwiegend nein. Was die Erfüllung klarer und bestimmter schriftlicher Verpflichtungen betrifft, besonders solcher, die Fragen der Motivation vermeiden und einfach präzis festlegen, wann jede Seite was tun wird, schneidet die Sowjetunion gar nicht schlecht ab. Was auf der anderen Seite vage Versicherungen edler Allgemeinplätze betrifft, wie sie etwa in den Vereinbarungen von Helsinki enthalten sind, so behandeln die Sowjets sie mit demselben Zynismus, den sie auch dem anderen Unterzeichner solcher Dokumente zuschreiben.

Es wird gesagt, daß keine sinnvolle Zusammenarbeit mit der Sowjetunion möglich sei. Richtig? Eigentlich nicht. Es gibt in der Tat einen weiten Bereich, in welchem das, was wir als normale und vertraute Beziehungen betrachten würden, nicht möglich ist, weil ideologische Bindungen der Sowjets, ihre prozeduralen Gebräuche und andere Absonderlichkeiten das ausschließen – nicht zu reden von unseren eigenen Schrullen. Aber es gibt einen anderen, zugegebenermaßen begrenzten Bereich, zu dem bestimmte Formen des Reisens, des Handels, des Austauschs von Wissenschaftlern und der Zusammenarbeit auf kulturellem und anderen unpolitischen Gebieten gehören, in welchem das anders ist. Und es ist wichtig, daß man diesen Bereich nicht außer acht läßt, denn das

Miteinander dieser Art erweitert nicht nur unser Wissen über und unser Verständnis für die Sowjetgesellschaft, es dient auch als ein unverzichtbares Polster, das von den Stößen der Mißverständnisse und Konflikte, die es in anderen Bereichen geben mag, einiges abfängt.

In einer Beziehung von so immenser Bedeutung wie der sowjetisch-amerikanischen sollte kein Platz für Extremes und Simplifiziertes sein. Das erzeugt nicht nur seine Entsprechungen auf der anderen Seite, es bringt uns auch durcheinander. Es veranlaßt uns, ein Problem als ganz und gar unlösbar zu betrachten, das nur zum Teil unlösbar ist.

Die Sowjetgesellschaft besteht aus Menschen wie wir. Weil sie menschlich ist, ist sie vielfältig. Sie ist nicht, wie viele der schrecklichen Vereinfacher unterstellen möchten, etwas Statisches, Unveränderliches. Auch sie entwickelt sich, und die Richtung, in die sie sich fortentwickelt, wird bis zu einem gewissen Grade davon beeinflußt, welches Bild wir von ihr haben und wie wir mit ihr umgehen.

Was auf unserer Seite nötig ist, ist nicht der Versuch, die eigene Tugend durch die Dramatisierung der sowjetischen Schlechtigkeit nachzuweisen, sondern vielmehr das ernsthafte Bemühen, die Sowjetgesellschaft in ihrer ganzen Vielfalt zu erforschen und uns ein wahrheitsgemäßes, durchdachtes Urteil über Art und Umfang des Problems, das sie für uns darstellt, zu bilden. Wenn wir das tun, gibt es keinen Grund zu der Annahme, daß die Interessenkonflikte, die diese beiden großen, in ihrer Geographie, ihrer Geschichte, ihren Traditionen so unterschiedlichen Länder trennen, zu dem verheerenden Höhepunkt führen müssen, den moderne Waffen unglücklicherweise heute möglich machen.

10 Zwei Ansichten über das sowjetische Problem

Wenn ich darauf zurückblicke, wie sich die Meinungsverschiedenheiten zwischen mir und meinen verschiedenen Kritikern und Gegnern über die Beziehungen zwischen Ost und West im Lauf der letzten Jahre dargestellt und entwickelt haben, so muß ich zum Schluß kommen, daß sie im wesentlichen nicht die Interpretation von Erscheinungen betreffen, über deren Realität wir uns alle einig sind, sondern viel eher das Wesen und die Bedeutung der zu beobachtenden Erscheinungen selbst. Mit anderen Worten: Unsere Ansichten gehen nicht über die Bedeutung dessen auseinander, was wir sehen, sondern in erster Linie darüber, was eigentlich zu sehen sei.

Ich will das zunächst am Beispiel unserer unterschiedlichen Auffassungen über das Wesen des sowjetischen Regimes erläutern.

Wenn ich den Standpunkt meiner Gegner nicht falsch interpretiere, dann sehen sie die sowjetischen Führer als eine Gruppe von Männern, die in erster Linie vom Wunsch beseelt sind, ihren Machtbereich noch weiter auszudehnen, und zwar auf Kosten der Unabhängigkeit und Freiheit anderer – auf Kosten der Stabilität der internationalen Beziehungen und allenfalls des Weltfriedens. Sie sehen diese Männer bei einem rücksichtslosen und gigantischen Ausbau ihrer eigenen Streitkräfte, einem Ausbau von solchen Dimensionen, daß er nicht mehr aus defensiven Überlegungen zu erklären ist und folglich – so wird argumentiert – aggressiven Absichten entspringen muß. Sie sehen sie im Bestreben, andere Länder in der Dritten Welt und anderswo unter ihre Herrschaft zu bringen, um diese Länder als Trabanten gegen die Vereinigten Staaten und andere Nationen der westlichen Allianz einsetzen zu können; und sie sehen Situationen, wie sie heute in Angola, Äthiopien und Afghanistan bestehen, als gefährliche Beispiele für den Erfolg dieser Bestrebungen.

Meine Gegner weisen die Vermutung zurück, die sowjetische Politik könnte weitgehend durch defensive Überlegungen motiviert sein. In ihrer Sicht fühlen sich die sowjetischen Führer weder politisch eingekreist noch sonstwie ernstlich bedroht. Und obwohl anerkannt wird, daß sich Moskau ernsten innenpolitischen Problemen gegenübersieht, will man nicht gelten lassen, daß diese Probleme das Regime wirklich ernsthaft darin behindern könnten, aggressive außenpolitische Absichten zu verfolgen.

Was sich in dieser Perspektive abzeichnet, ist natürlich ein Bild des sowjetischen Regimes, das sich nur geringfügig von dem Bild des Naziregimes kurz vor dem Zweiten Weltkrieg unterscheidet. So kommt die Schlußfolgerung nicht überraschend, es sei die Hauptaufgabe der westlichen Staatskunst in dieser Zeit, all das zu vermeiden, worin man heute allgemein die großen Fehler der Westmächte in den späten dreißiger Jahren erblickt. Das heißt: zu vermeiden, was man *Appeasement* nennt. Verhandlungs- und Schlichtungsmöglichkeiten hintanzustellen und sich auf den Ausbau einer so imposanten und einschüchternden Militärmacht und einer so unerschütterlichen westlichen Einheit zu konzentrieren, daß die sowjetischen Führer die Undurchführbarkeit und Gefährlichkeit ihrer Angriffspläne einsehen und die Notwendigkeit akzeptieren müssen. Seite an Seite mit anderen Nationen auf einer Basis leben zu lernen, die mit den Erfordernissen der internationalen Stabilität und des Weltfriedens vereinbar ist.

Ich stelle den guten Glauben amerikanischer Regierungsvertreter nicht in Frage, die behaupten, sobald dieses neue militärische und politische Machtverhältnis hergestellt sei, wären sie bereit, sich mit ihren sowjetischen Partnern an einen Tisch zu setzen und die Voraussetzungen für eine sicherere Welt zu diskutieren. Aber ich fürchte, daß sie jeden möglichen Erfolg einer solchen Diskussion als etwas sehen, wozu die sowjetischen Führer nur widerwillig und mit knirschenden Zähnen zu bewegen wären, und das scheint mir eine schlechte Voraussetzung für die Dauerhaftigkeit irgendwelcher Resultate, die so erzielt werden könnten.

All das also, glaube ich, sehen meine Gegner, wenn sie ihren Blick auf den Kreml richten. Was ich sehe, ist etwas weitgehend anderes. Ich sehe eine Gruppe beunruhigter Männer – meist ältere Männer –, deren Entscheidungsfreiheit und Handlungsmöglichkeiten stark eingeschränkt sind. Ich sehe diese Männer als Gefangene mannigfacher Umstände: Gefangene ihrer eigenen Vergangenheit wie derjenigen ihres Landes; Gefangene der antiquierten Ideologie, an die ihr ausgeprägter Sinn für Orthodoxie sie bindet; Gefangene des starren Machtsystems, dem sie ihre Autorität verdanken; Gefangene aber auch gewisser tief eingefleischter Besonderheiten der russischen Staatskunst früherer Zeiten: des angeborenen Gefühls von Unsicherheit, des Mangels an innerem Selbstvertrauen, des Mißtrauens gegenüber dem Fremden und seiner Welt, der Leidenschaft für die Geheimhaltung, der neurotischen Angst vor dem Eindringen anderer Mächte in Gebiete nahe der eigenen Grenzen – und einer ständigen aus allen diesen Elementen genährten Tendenz, den Aufbau militärischer Stärke zu übertreiben.

Ich sehe Männer, die, wie ihre Vorgänger im zaristischen Rußland, tief beunruhigt sind von Prestigefragen – in manchen Fällen tiefer beunruhigt vom Schein als von der Realität. Ich sehe sie nicht als Männer, die darauf aus sind, ihre Macht durch direkten Gebrauch ihrer Streitkräfte auszudehnen, obwohl sie leicht zu erschrecken und dadurch zu Aktionen zu veranlassen wären, die den Anschein haben könnten, dieses Ziel zu verfolgen. Ich sehe sie allerdings darum bemüht – und natürlicherweise darum bemüht –, ihren Einfluß in den Ländern der Dritten Welt zu verstärken. Das ist für mich weder überraschend noch alarmierend. Die meisten Großmächte verfolgen ähnliche Ziele. Und die von der Sowjetunion dabei angewandten Methoden sind nicht derart verschieden von den Methoden anderer. Zudem haben sich die sowjetischen Anstrengungen auf diesem Gebiet weniger durch Erfolge als durch Mißerfolge ausgezeichnet. Ich sehe in jüngster Zeit keine sowjetischen Leistungen in dieser Richtung, die auch nur entfernt die großen Mißerfolge der Nachkriegszeit in Jugoslawien, in China und in Ägypten wettmachen könnten.

Aber darüber hinaus ist der Wunsch nach erweitertem Einfluß nicht dasselbe wie der Wunsch, die formellen Grenzen der eigenen Macht und Verantwortlichkeit auszudehnen. Und letzteres, meine ich, wollen die sowjetischen Führer überhaupt nicht. Insbesondere sind mir keine Beweise dafür bekannt, daß sie in irgendeiner Weise geneigt wären, Westeuropa zu besetzen und dadurch weitere Gebiete formell unter ihre Herrschaft zu bringen. Sie tun sich schwer genug mit den Verantwortlichkeiten, die sie in Osteuropa eingegangen sind. Sie haben keinerlei Ursache, eine Vermehrung dieser Belastungen anzustreben. Ich kann mir vorstellen, daß es gewisse europäische Gebiete außerhalb ihres gegenwärtigen Hegemoniebereichs gibt, in denen ihnen eine Art militärischer Kontrolle zu defensiven Zwecken gelegen käme, wenn sie eine solche Kontrolle sicher und leicht und ohne schwere Störung des internationalen Gleichgewichts erlangen könnten. Aber es liegt eine weite Strecke von da bis zur Annahme, daß sie geneigt wären, irgendeines dieser Gebiete in Friedenszeiten aus heiterem Himmel zu besetzen, um den Preis eines weiteren Weltkriegs.

Es ist meine Überzeugung, daß diese Männer tatsächlich

der Ansicht sind, die Sowjetunion sei in den vergangenen Jahren in zunehmende Isolierung und in die Gefahr einer Einkreisung durch feindliche Mächte geraten. Ich sehe nicht, wie sie die amerikanischen Militärbeziehungen mit dem Iran zur Zeit des Schahs oder die noch jüngeren amerikanischen Militärbeziehungen mit Pakistan und China anders interpretieren sollten. Und ich meine, dies sind nicht die einzigen Überlegungen, welche die Sowjetführer in ihrer Freiheit einschränken, sich auf Träume von äußerer Expansion einzulassen, selbst wenn sie zu solchen Träumen neigten. Sie sind sich offensichtlich der Gefahr eines Zerfalls ihrer Vorherrschaft in Osteuropa und besonders in Polen sehr bewußt; und dies nicht, weil sie irgendein bewußtes Bedürfnis hätten, diese Völker zu mißhandeln oder zu unterdrücken, sondern weil sie jede weitere Verschlechterung der Situation in diesem Gebiet als eine Bedrohung ihrer politischen und strategischen Interessen in Deutschland betrachten – Interessen, die unzweifelhaft in hohem Maß defensiven Ursprungs sind.

Ich glaube außerdem, daß die innenpolitischen Entwicklungen in der Sowjetunion die Aufmerksamkeit der sowjetischen Führer stark und mit hoher Priorität in Anspruch nehmen. Diese Männer sind tief engagiert in der Erfüllung ihrer eigenen wirtschaftlichen und sozialen Entwicklungsprogramme, und ich bin sicher, daß sie über die zahlreichen Probleme äußerst besorgt sind, die in jüngster Zeit die Erfüllung dieser Programme behindert haben: die ewigen Fehlschläge in der Landwirtschaft, die vielen Anzeichen von Apathie, Mutlosigkeit, Trunksucht und schlechter Arbeitsmoral in der Bevölkerung; das Gefälle im Bevölkerungswachstum zwischen dem russischen Zentrum und der nichtrussischen Peripherie; der zunehmende Mangel an geschulten Arbeitskräften; und die weitverbreitete Korruption und der Mangel an Disziplin in der Wirtschaft. Sie mögen unter sich darüber uneinig sein, wie diese Probleme angepackt werden sollen, aber ich bezweifle, daß irgendeiner unter ihnen der Meinung ist, sie könnten durch die Entfesselung eines weiteren Weltkriegs gelöst werden. Die primitive, weitgehend von irreführenden und überholten Beispielen aus dem 19. Jahrhundert abgeleitete These, der Kreml neige dazu, zum Krieg als einem Mittel zur Lösung seiner innenpolitischen Schwierigkeiten zu greifen, lehne ich mit allem Nachdruck ab. Nichts in der russischen Geschichte oder Psychologie stützt eine solche These.

Indem ich das sage, will ich nicht bestreiten, daß es innerhalb des Gesamtbilds der sowjetischen Diplomatie auch gewisse beunruhigende Tendenzen gibt, welche die westlichen Politiker in der Bemühung um den Frieden zu scharfer Wachsamkeit zwingen.

Ich glaube, diese Tendenzen widerspiegeln nicht so sehr einen Drang nach direkter Aggression als vielmehr Übervorsicht, Angst vor Übervorteilung und Überlistung, ein übertriebenes Prestigebedürfnis und eine Auslegung von Rußlands defensiven Bedürfnissen, die so extrem, so extravagant und so weitreichend ist, daß sie an sich zur Bedrohung oder doch zu einer scheinbaren Bedrohung für andere Nationen wird.

Von diesen Schwächen ist vermutlich kein sowjetischer Staatsmann ganz frei, aber nach allem, was mir vorliegt, sind sie doch an ganz bestimmten Punkten der sowjetischen Machtstruktur konzentriert, vor allem in den Kommandostellen des Heeres und der Marine, in dem ausgedehnten Polizeiestablishment und auf gewissen Ebenen des Parteiapparats. Bis jetzt scheinen mir diese Tendenzen in der Sowjetpolitik nicht die Oberhand gewonnen zu haben, ausgenommen bei der Entscheidung zur Intervention in Afghanistan, einer Entscheidung, die unter nicht ganz normalen Umständen getroffen wurde und die heute, glaube ich, selbst in Moskau weitgehend als Irrtum erkannt wird. Aber in der Besetzung der politischen Führungspositionen in Moskau stehen umfangreiche Ablösungen bald bevor, und die westliche Führung sollte bedenken, daß eine westliche Politik, die den gemäßigteren Elementen in der Sowjethierarchie keine Unterstützung bietet, unvermeidlich die Karten und die politische Stellung jener stärkt, die gar nicht gemäßigt sind.

So viel zu unseren unterschiedlichen Ansichten über das Sowjetregime. Natürlich wird jemand, der das Phänomen der Sowjetmacht anders beurteilt als andere, auch darüber anderer Ansicht sein, wie man diesem Phänomen am besten begegnet. Es ist klar, daß meine Gegner das Sowjetregime in erster Linie als große, unmittelbare und stetig wachsende militärische Gefahr betrachten und daß ihre Vorstellung vom Umgang mit ihm dadurch bestimmt ist. Über die Existenz einer großen Gefahr bin ich nicht anderer Meinung als sie, wohl aber über die Ursachen dieser Gefahr. Ich sehe sie nicht in der angeblichen Aggressivität der einen oder der anderen Seite, sondern im Wettrüsten selbst. Ich sehe sie in den Zwängen, denen dieses Wettrüsten wie jedes andere zwischen souveränen Staaten alle Beteiligten unterwirft. Ich sehe sie in der schrecklichen Militarisierung der Optik, zu der diese Art von Wettkampf führt: einer ganz spezifischen Besessenheit, die jene, die ihr verfallen sind, dazu bringt, ihr Augenmerk und ihre Anstrengungen ausschließlich auf die hoffnungslosen Möglichkeiten eines militärischen Konflikts zu richten, die hoffnungsvolleren von Verständigung und Schlichtung zu ignorieren und so eben die Gefahren zu erhöhen, die zu bekämpfen sie sich einbilden.

Ich lasse die Probleme der nuklearen Bewaffnung für den Moment beiseite und möchte ein Wort über das militärische Gleichgewicht im Bereich der konventionellen Waffen sagen. Der Eindruck ist geschaffen worden, es habe in letzter Zeit ein neuer und riesiger Ausbau der konventionellen sowjetischen Streitmacht auf dem europäischen Kontinent stattgefunden, der das Gleichgewicht der Kräfte in diesem Bereich stark zuungunsten des Westens verändert habe. Diese Ansicht ist in den Äußerungen einer ganzen Anzahl von prominenten westlichen Persönlichkeiten zum Ausdruck gekommen. Ich kann die Richtigkeit dieser These nicht rundweg bestreiten. Ich bin nur ein privater Bürger. Nicht alle Informationen, die den Regierungen zur Verfügung stehen, sind mir zugänglich. Aber bei allem Respekt für die Aufrichtigkeit und den guten Glauben jener, die diese Ansicht vertreten, bin ich nicht geneigt, sie auf der bloßen Basis ihrer Äußerungen zu übernehmen. Ich bin dazu nicht geneigt, weil ich in den letzten Jahren einige Anstrengungen unternommen habe, die von der Presse und den übrigen Medien verbreiteten Informationen zu verfolgen, und weil ich diese Informationen in ihrer Gesamtheit wirr, widersprüchlich, statistisch fragwürdig und oft irreführend finde. Das meiste davon scheint aus Angaben zu stammen, die den Medien von einem der westlichen militärischen Nachrichtendienste zugespielt wurden, und man kann sich des Eindrucks nicht erwehren, es spiegle sich darin die Tendenz, ein übertriebenes und furchterregendes Bild von den sowjetischen Kräften und Absichten an die Wand zu malen – ein sogenanntes Bild des schlimmsten Falles.

Das geschieht zweifellos zum Teil aus einer übertriebenen professionellen Vorsicht, aber zum anderen Teil, so fürchte ich, im Hinblick auf die Reaktion diverser westlicher Parlamente, denen Angst eingejagt werden muß – so glaubt man wenigstens –, damit sie angemessene Mittel für die Verteidigung bewilligen. Ich kann nur sagen: Wenn die Nato-Regierungen wirklich wollen, daß wir, die Öffentlichkeit, an die Realität eines dramatischen Anwachsens der Bedrohung Westeuropas durch konventionelle sowjetische Waffen glauben, dann müssen sie uns eine kohärentere und plausiblere statistische Grundlage für diese Ansicht liefern als bisher.

Weder nach der Anzahl Divisionen noch nach der Gesamtzahl der Mannschaftsbestände, noch nach irgendeiner der übrigen wichtigen Positionen beweist die heute erhältliche Information dem gewöhnlichen Zeitungsleser, daß sich das Gleichgewicht der konventionellen militärischen Stärke in Mitteleuropa in den letzten zehn oder zwanzig Jahren wesentlich zuungunsten des Westens verschoben habe.

Das heißt nicht, daß das gegenwärtige Kräfteverhältnis befriedigend sei. Das behaupte ich nicht. Natürlich besteht ein Übergewicht auf der sowjetischen Seite. Ein solches Übergewicht hat seit dem Zweiten Weltkrieg existiert. Natürlich ist das nicht wünschenswert. Ich für mein Teil befürworte eine Stärkung der konventionellen Kräfte der Nato, besonders wenn die Stärkung so erfolgt, daß sie eine Verbesserung der Moral, der Disziplin, der Ausbildung und der Wachsamkeit bedeutet – und nicht einfach eine Anhäufung modischer und teurer neuer Ausrüstung, für deren Bedienung uns die Leute und für deren Unterhalt uns die Mittel fehlen. Aber wenn diese Stärkung erfolgen soll, dann sollte sie, meine ich, der Öffentlichkeit als eine normale Politik der Vorsicht – eine angemessene langfristige Vorsichtsmaßnahme in unruhigen Zeiten – und nicht als Reaktion auf irgendeine spezifische Bedrohung von irgendeiner spezifischen Seite dargestellt werden. Insbesondere sollten die westlichen Regierungen Unterstützung für ein solches Programm nicht dadurch zu gewinnen versuchen, daß sie ein übertriebenes und unnötig alarmierendes Bild von den sowjetischen Kräften und Absichten an die Wand malen. Dieses Vorgehen stellt in meinen Augen einen Mißbrauch des öffentlichen Vertrauens dar, der sich letzten Endes stets rächt. So viel zu den konventionellen Waffen.

Nun – mit einem Stoßseufzer und mit beklommenem Herzen – zu den Kernwaffen. Hier muß ich leider sagen, daß ich mit keiner einzigen von den Prämissen einverstanden bin, aufgrund deren unsere Regierung und manche anderen Nato-

Regierungen ihre Politik zu entwerfen scheinen. Vor allem anderen scheinen meine Gegner den nuklearen Sprengstoff als eine Waffe wie alle anderen anzusehen, bloß daß er größere Zerstörungen anrichtet – und weil er größere Zerstörungen anrichtet, halten sie ihn für eine bessere und stärkere Waffe. Ich bestreite, daß sich der nukleare Sprengstoff als Waffe überhaupt eignet. Er genügt meiner Ansicht nach keinem der Kriterien, nach denen konventionelle Waffen traditionellerweise beurteilt werden. Er kann keinen nützlichen Zweck erfüllen. Er kann nicht verwendet werden, ohne daß über alle Beteiligten die Katastrophe hereinbricht. Ich betrachte ihn als Ausdruck eines riesigen Mißverständnisses über die wahren Zwecke der Kriegführung und den wahren Nutzen der Bewaffnung.

Meine Gegner glauben, daß die Sowjetunion eine statistische Überlegenheit über die Nato-Mächte auf diesem Gebiet gesucht und erreicht hat. Ich selber habe keinerlei Beweise dafür gesehen, daß sie diese Art von Überlegenheit erreicht hat, und ich sehe auch keinen Grund zur Annahme, daß sie sie zu erreichen wünsche. Das vorliegende Material scheint mir darauf hinzudeuten, daß sie das anstrebt, was sie als Gleichgewicht im statistischen Sinn betrachten könnte – nicht aber Überlegenheit. Meine Gegner glauben, Unterschiede in der Überlegenheit oder Unterlegenheit (im statistischen Sinne) seien von Bedeutung: Wer mehr von diesen Waffen habe als der Gegner, sei besser imstande, sich gegen Einschüchterung oder einen eigentlichen Angriff zu wehren. Ich stelle diese Auffassung in Frage. Ich gebe zu bedenken: Wenn – wie heute bei uns allen – von etwas die Rede ist, das in Wahrheit nichts anderes bedeutet als groteske Quantitäten von *overkill*, das heißt von Waffenlagern, die genügen würden, das Hoheitsgebiet des Gegners vielfach zu zerstören, dann sind statistische Unterschiede zwischen den Waffenlagern beider Seiten völlig bedeutungslos. Und eben dies – das absurde Übermaß der existierenden nuklearen Waffenlager – ist die Situation, vor der wir stehen.

Meine Gegner behaupten, wir müßten Kernwaffen haben, weil wir im Fall eines Konflikts nicht in der Lage wären, der Sowjetunion mit konventionellen Waffen standzuhalten. Ich möchte sagen: Wenn das wahr ist, dann laßt uns die Situation unverzüglich korrigieren. Weder hinsichtlich der Mannschaftsbestände noch in bezug auf das industrielle Potential fehlt es uns an Mitteln, eine konventionelle Streitmacht aufzustellen, die genauso stark ist wie jene, die gegen uns in Europa bereitsteht.

Meine Gegner sagen: Wir brauchen diese Waffen zur Abschreckung. Die Anwendung dieses Begriffs setzt zwei Annahmen voraus: erstens, daß es die Russen sind, die in der Entwicklung dieser Waffen die Führung übernommen haben, so daß wir lediglich auf das reagieren, was sie tun; und zweitens, daß die Russen Ungeheuer sind, die ohne unsere Abschreckung mit Sicherheit einen nuklearen Angriff auf uns auslösen würden, mit allen damit verbundenen Schrecken und Leiden. Ich stelle beide Annahmen in Frage, und ich stelle insbesondere die Frage, ob es sinnvoll sei, die zweite Annahme alljährlich vieltausendfach in der Öffentlichkeit zu wiederholen und diese dadurch in den Glauben zu versetzen, unser sowjetischer Gegner habe jede Spur von Menschlichkeit verloren und nichts anderes mehr im Sinn als die unbegrenzte Zerstörung um der Zerstörung willen.

Ich bin zudem nicht sicher, daß die Stationierung dieser Waffen auf dem eigenen Territorium deren Anwendung durch andere nicht eher herausfordert als verhindert. Ich war nie ein Verfechter einseitiger Abrüstung, und ich sehe heute keinerlei Veranlassung dazu. Aber ich muß sagen: Hätten wir Amerikaner heute auf unserem Grund und Boden nicht die Zehntausende von nuklearen Sprengkörpern stationiert, von denen man redet, sondern gar keine, dann hätte ich für die

Zukunft meiner Kinder und Enkel ein weitaus sichereres Gefühl, als ich es jetzt habe. Denn wenn etwas die Russen dazu bewegen kann, Kernwaffen gegen uns zu verwenden, dann sicher in erster Linie unser eigener enormer nuklearer Aufmarsch.

Endlich gibt es viele Leute, die den Versuch unnütz oder sogar unerwünscht finden, mit diesen Waffen ganz Schluß zu machen, und die glauben, eine befriedigende Lösung könne durch irgendwelche halbe Maßnahmen der einen oder andern Seite gefunden werden: durch Abkommen, die ihre Anzahl oder ihre Zerstörungskraft oder ihre Stationierungsgebiete begrenzen. Für solche Spekulationen ist vor allem eine Regierung wie die unsere anfällig, die Kernwaffen während langer Zeit als wesentlichen Bestandteil der eigenen Verteidigung betrachtet hat und nicht gewillt war, sich eine Zukunft ohne sie vorzustellen. Ich traue keinem dieser schönen Pläne. Ich sehe die Gefahr weder in der Quantität oder Qualität dieser Waffen noch in den Absichten derer, die über sie verfügen, sondern in ihrer Existenz als solcher, ganz gleich, in wessen Händen sie sich befinden.

Solange wir uns nicht zur Einsicht bereitfinden, daß Kernwaffen in unseren eigenen Händen eine ebenso große Gefahr sind wie in den Händen des Gegners, so lange, glaube ich, wird es keinen Ausweg aus der Verwirrung und den Zwangslagen geben, in die uns diese Waffen verwickelt haben und mit der Zeit immer mehr verwickeln müssen. Aus diesem Grunde sehe ich keine andere Lösung für das Problem als das vollständige Verschwinden dieser und aller anderen Massenvernichtungswaffen aus den Waffenlagern aller Nationen. Je rascher und je mutiger wir diese Lösung in Angriff nehmen, um so eher werden wir davonkommen.

11 Afghanistan und Polen

Afghanistan: Die sowjetische Besetzung

Am Weihnachtstage 1979, nach mehr als einem Jahrhundert periodischer Eingriffe in die inneren Angelegenheiten des turbulenten Nachbarn und nach monatelangem vergeblichem Bemühen um eine sowjetfreundliche afghanische Persönlichkeit, die dem Lande vorstehen könnte, erweiterte die Sowjetregierung plötzlich den ohnehin schon beträchtlichen Truppeneinsatz in Afghanistan zur ausgewachsenen Besatzung und versprach, daß die Truppen wieder abziehen würden, sobald ihr begrenzter Auftrag erfüllt sei.

Dieser Schritt kam nicht nur unvermittelt – nichts war getan worden, um die Weltöffentlichkeit darauf vorzubereiten –, er wurde auch mit ganz unglaublicher politischer Unbeholfenheit ausgeführt. Der Vorwand, der geliefert wurde, war eine Beleidigung der Intelligenz auch der gläubigsten Gefolgsleute Moskaus. Es blieb der Weltöffentlichkeit gar nichts anderes übrig, als die Operation in schärfster Form zu verurteilen, und das tat sie denn auch.

So grotesk war die Aktion der Sowjets, daß sich einem die Frage aufdrängt, welcher Nische in der strengen Abgeschiedenheit des sowjetischen Politikmachens die Inspiration dazu eigentlich entsprungen ist und woher der politische Einfluß kam, um sie bewilligt zu bekommen. Es war eine Aktion, die in ihrer Art weder auf Alexej N. Kossygin noch auf Leonid I.

Breschnew hindeutet. (Der eine freilich war krank und nicht aktiv im Dienst. Die Beeinträchtigung der Gesundheit und der Konzentrationsfähigkeit des anderen ist bekannt.) Auch Andrej A. Gromyko dürfte ihr kaum seine Zustimmung gegeben haben. Diese Überlegungen weisen darauf hin, daß nun Kräfte des harten Kurses zu beherrschenden Machtpositionen durchgebrochen sind – Kräfte, die sich viel weniger um die Weltmeinung scheren, die aber auch viel weniger Erfahrung haben als jene älteren Figuren.

Für wachsame Kremlologen kam dieser Wechsel nicht unerwartet, besonders in Anbetracht der neuerlichen Verschlechterung der amerikanisch-sowjetischen Beziehungen. Allerdings hätte man erwartet, er würde nur im Zusammenhang und gleichzeitig mit dem Rücktritt Breschnews und der älteren Politbüromitglieder stattfinden. Daß er sich unter Beibehaltung der Gallionsfigur Breschnew vollziehen könnte, war nicht vorauszusehen.

Wie dem auch sei – diese undurchdachte Aktion mußte für die Welt unannehmbar sein, und die Vereinigten Staaten konnten gar nicht anders als sich der Verurteilung durch die Vereinten Nationen anschließen. Darüber hinaus aber hat die offizielle amerikanische Reaktion einen beunruhigenden Mangel an Ausgeglichenheit gezeigt – sowohl was die Analyse des Problems betrifft als auch, kaum überraschend, dann dessen Behandlung.

Die amtliche amerikanische Interpretation der Ereignisse in Afghanistan scheint so bestimmende Faktoren wie die geographische Lage, die ethnische Verwandtschaft der Völker auf beiden Seiten der Grenze und die politische Instabilität in dem Lande, das ja schließlich ein Anrainerstaat der Sowjetunion ist, gar nicht ernsthaft berücksichtigt zu haben. Gewiß, bestimmende Faktoren dieser Art, die alle mehr auf defensive als auf offensive Motive hindeuten, dürften nicht das einzige gewesen sein, was die Sowjets bewegt hat. Sie hätten auch als

Rechtfertigung der Aktion nicht ausgereicht; aber sie waren von Bedeutung und hätten in jeder realistischen Wertung der Aktion die gebührende Berücksichtigung finden müssen.

Statt dessen scheint die Meinung der Amerikaner über die sowjetische Aktion unaufhaltsam auf die Unterstellung hinauszulaufen, sie sei ein Vorspiel zu aggressiven militärischen Schritten gegen andere, fernere Länder und Regionen. Natürlich, niemand kann garantieren, daß solche Dinge nicht hier oder da stattfinden. Es ist Kriegsatmosphäre erzeugt worden. Äußerungen über militärische Gegenmaßnahmen der Amerikaner beherrschten die Diskussion in Washington – Bereitstellung von Militärstützpunkten und Ausrüstung, Schaffung von »Schnellen Eingreiftruppen«, Ausbau militärischer Verbindungen zu Ländern entlang der empfindlichen Südgrenze Rußlands. Unter solchen Bedingungen kann alles passieren. Tatsache jedoch ist, daß diese überzogene Vorstellung von der Motivation der Sowjets bis heute ausschießlich auf unseren eigenen Vermutungen beruht. Mir ist nicht bekannt, daß die Sowjetführer selber irgend etwas gesagt oder getan hätten, was diese Vorstellung stützen könnte. Im Gegenteil. Breschnew hat ausdrücklich, öffentlich und entschieden jegliche derartigen Absichten bestritten.

Auf der Grundlage unserer Vermutungen haben wir, zum Teil noch vor der Besetzung Afghanistans, in öffentlichen Warnungen an die Russen geschwelgt, da oder dort nicht anzugreifen, und täten sie es doch, dann würden wir mit militärischen Mitteln antworten. Sieht so wirklich kluges Verhalten aus? Warnungen dieser Art sind versteckte Anklagen und Verurteilungen zugleich. Wir reden hier immerhin von einem Anrainergebiet der Sowjetunion, nicht von den Vereinigten Staaten. Abgesehen von der Frage, ob wir zu diesen Androhungen überhaupt stehen könnten, wenn es darauf ankäme – ist es denn weise, sich hinzustellen und jemanden öffentlich zu warnen, er dürfe nicht, was er doch nie als seine Absicht kundgetan hat? Ist das nicht vielmehr ein Verfahren, das Verstimmung erzeugen und zur Fehldeutung von Signalen führen muß?

Unser schiefes Bild von der Motivation der Sowjets hat logischerweise auch unsere Ansichten über andere Faktoren der Lage im Mittleren Osten beeinflußt. Was sonst als erhebliche Gleichgewichtsstörungen könnte erklären, daß wir im Falle Pakistans bereitwillig vergessen, wie unzuverlässig die derzeitige Regierung ist, wie rücksichtslos sie das Leben unseres Botschaftspersonals aufs Spiel gesetzt hat, mit welcher Unredlichkeit sie ihre Atompläne betreibt – und uns dann demütigen lassen, indem wir ihr Angebote auf Militärhilfe aufdrängen, die ihr doch nur Schimpf und Verachtung entlocken? Was sonst könnte im Falle des Iran unsere plötzliche Bereitschaft – wenn sie nur die Geiseln freiließen – erklären, nicht nur deren Leiden zu vergessen, sondern auch all das Fahnenverbrennen, die drohenden Fäuste, die haßverzerrten Gesichter, das »Tod für Carter«-Geschrei – und das Angebot zu machen, eben dieses Volk im gemeinsamen Widerstand gegen die sowjetische Angriffslust an unseren Busen zu drücken? Was sonst könnte unsere naive Hoffnung erklären, daß die arabischen Staaten allein durch den Afghanistan-Schock dazu gebracht werden könnten, ihre Differenzen mit Israel zu vergessen und sich zu uns zu gesellen in dem Bestreben, die angeblich machtbesessenen Russen zu bremsen?

Dies letztere verdient noch ein besonderes Wort. Ich sprach ja schon von der Kriegsatmosphäre in Washington. Niemals seit dem Zweiten Weltkrieg ist das Denken und der Dialog in der Hauptstadt so weitgehend militarisiert gewesen. Ein unvoreingenommener Fremder, den man mitten hineinsetzte, könnte nur zu dem Schluß kommen, daß die letzte Hoffnung auf friedliche, unkriegerische Lösungen dahin sei – daß von jetzt an nur noch, so oder so, Waffen sprechen könnten.

Diese Worte sind nicht als Einwendungen gegen eine rasche und wirksame Stärkung unserer Kampfkraft im Mittleren Osten zu verstehen. Wäre es hier darum gegangen, einen dicken Knüppel zu zeigen, aber leise zu sprechen, anstatt mit einem Stecken zu winken und dabei über den ganzen Platz zu donnern, wer könnte dagegen etwas haben? Laufen wir mit unserem Vorurteil von der sowjetischen Kriegsdrohung, deren Realität noch zu beweisen ist, nicht Gefahr, zu vergessen, daß die größten realen Gefahren für unsere Sicherheit in jener Region immer noch dieselben sind wie je: Unsere selbstgeschaffene Abhängigkeit vom arabischen Öl und unser Engagement in einem überaus labilen israelisch-arabischen Verhältnis, was sich beides für eine Korrektur mit rein militärischen Mitteln nicht eignet und wobei die Sowjetunion nicht die Hauptrolle spielt?

Wenn der Persische Golf wirklich für unsere Sicherheit wichtig ist, so waren es zweifellos wir selbst, die ihn mit unserer hemmungslosen Gier nach Öl wichtig gemacht haben. Wäre es nicht besser, wir würden uns ernsthaft und entschlossen daranmachen, eine Abhängigkeit zu beseitigen, die wir gar nicht erst hätten entstehen lassen dürfen, anstatt zu versuchen, mit militärischen Mitteln in höchst unfreundlicher Umgebung die unhaltbare Lage, in die unsere Abhängigkeit uns gebracht hat, abzustützen? Es ist denkbar, daß ein militärischer Einsatz als Ergänzung solchen Bemühens nötig wird; niemals wäre er ein angemessener Ersatz.

Am absonderlichsten drückt sich diese Unausgewogenheit vielleicht in den bilateralen Maßnahmen aus, mit denen wir unserer Auffassung nach die Russen für ihre Aktion bestraft haben. Abgesehen davon, daß durchaus offen ist, wen wir mit diesen Maßnahmen am meisten gestraft haben – Rußland oder uns selber –, haben wir sie als Beispiel dafür hingestellt, was Moskau alles passieren könnte, wenn es einen der künftigen aggressiven Akte begehen sollte, die zu planen wir ihm unterstellen. Genau dies aber sind diese Maßnahmen nicht; denn es sind Karten, die bereits ausgespielt wurden und nicht zweimal ausgespielt werden können. Es bestand nie ein Grund für die Annahme, daß die Sowjetregierung, stand erst einmal ihr Prestige auf dem Spiel, durch offenen Druck dieser Art dazu gebracht werden könnte, ihre Truppen aus Afghanistan zurückzuziehen. Das nun bedeutet aber, daß wir für eine tatsächlich aussichtslose Sache sämtliche wichtigen nichtmilitärischen Karten verausgabt haben, die wir in der Hand zu haben meinten. Schließt man das Mittel eines Krieges aus, so hat die Sowjetregierung das Schlimmste, was wir zu bieten haben, bereits geschluckt und hat fürderhin von uns nichts mehr zu fürchten. War dies wirklich reife Staatskunst von unserer Seite?

Wir befinden uns nun in der Gefahrenzone. Ich erinnere mich an kein Beispiel in der modernen Geschichte, bei welchem ein solcher Zusammenbruch der politischen Kommunikation und ein solcher Triumph der hemmungslosen militärischen Verdächtigung, wie sie die sowjetisch-amerikanischen Beziehungen heute kennzeichnen, nicht am Ende zum bewaffneten Konflikt geführt hätten. Die Gefahr erhöht sich noch dadurch, daß wir zum gegenwärtigen Zeitpunkt nicht wissen, mit wem wir es auf sowjetischer Seite eigentlich zu tun haben. Wenn es je eine Zeit gegeben hat, die Realismus, Besonnenheit und Zurückhaltung in der amerikanischen Diplomatie verlangte, so ist es diese Zeit. Auch in der Leidenschaftlichkeit des Wahlkampfs ist nichts, was die Nichtbeachtung dieser Notwendigkeit andeutungsweise entschuldigen könnte.

Hier halten wir es nicht für nötig, daß die Sowjetregierung etwa ihrem politischen Interesse an diesem Lande völlig entsagte. Immerhin ist es ein Grenznachbar der Sowjetunion. Sein innenpolitisches Leben war seit langem von periodischen Unruhen gekennzeichnet. Es ist begreiflich, daß Moskau empfindlich reagiert auf alles, was nach Eindringen und Einmischen anderer großer Mächte in sein Gebiet riecht.

Wir halten es für nötig, das gegenwärtige sowjetische Militärengagement schrittweise abzubauen und dort etwas Ähnliches wie ein heimisches Regime zu errichten, wie immer es zusammengesetzt sei. Eine solche Entwicklung wird kaum durch Pressionen von unserer Seite gefördert werden – das heißt durch Ultimaten und Forderungen, die die Sowjetunion lediglich in ihrer Haltung verhärten und ihr Prestige ins Spiel bringen. Sie wird kaum dadurch gefördert, daß wir militärische Beziehungen zu anderen Nachbarn im Süden Rußlands aufbauen, insbesondere zu den Chinesen, denn sie vermitteln den Eindruck, als ginge es uns um die militärische Beherrschung der gesamten Region mit Hilfe eines amerikanisch geführten Militärbündnisses. Es kann durchaus sein, daß der zivile Widerstand der einheimischen Bevölkerung gegen die Sowjetbesatzung immer mehr zunimmt, bis die Sowjetführung zu dem Schluß kommt, alle Anstrengungen, das Land zu befreien und in Schach zu halten, lohnten sich nicht, bis sie nach Wegen sucht, sich mit geringstmöglichem Schaden für Interessen und Prestige zurückzuziehen. Das aber wird ihr dann schwerfallen, wenn es so aussieht, als werde der Widerstand weitgehend von fremden Mächten inspiriert und gestützt, etwa von China und den Vereinigten Staaten. Sollte zum fraglichen Zeitpunkt dies der vorherrschende Eindruck der Weltöffentlichkeit sein, dann könnte Moskau sich gezwungen fühlen, durchzuhalten, auch wenn es sich im Prinzip gern zurückziehen würde – festzuhalten zumindest an Städten, Flughäfen und großen Straßen. Und ich wüßte keinen Grund, warum ihr das nicht auf lange Zeit hin gelingen sollte, wenn keine andere annehmbare Möglichkeit erkennbar wäre.

Bisher war noch nicht die Rede von der vieldiskutierten Möglichkeit weiterer Kriegshandlungen der Sowjets in der Mittelost-Region. Ich selbst habe in Äußerungen oder Benehmen der Sowjets nichts entdeckt, was darauf hindeuten würde, daß die Sowjetführung solche Handlungen in Erwägung zöge. Insbesondere in Pakistan ist etwas Derartiges höchst unwahrscheinlich (es sei denn eine sehr begrenzte Aktion zur Beseitigung von Zufluchtstätten afghanischer Guerilla auf der pakistanischen Seite der Grenze). Aber in einer hochmilitarisierten Situation, wie wir sie heute vor uns haben, und in Anbetracht der zur Zeit herrschenden ungewissen Lage in der Sowjetführung kann keine Eventualität vollkommen ausgeschlossen werden.

Falls so etwas geschehen sollte, müßten wir je nach Art und ersichtlichem Zweck der Aktion reagieren. Bestimmte denkbare Aktionen dieser Art würden vermutlich unsere vitalen Interessen berühren, andere nicht unbedingt.

Ich hätte es jedenfalls nicht gern, als Gegner einer Stärkung der für die Probleme jener Region wichtigen amerikanischen Kampfkraft zu gelten. Es gibt mehrere Möglichkeiten, die meiner Meinung nach den Einsatz amerikanischer Streitkräfte rechtfertigen und unumgänglich machen könnten. Wenn und solange allerdings solche Fälle nicht eintreten, ist es für mich von höchster Bedeutung, daß wir, wie stark wir unsere Streitkräfte auch machen, dies in Ruhe und nicht provozierend tun und daß wir mit größter Sorgfalt darauf achten, dies unserer Öffentlichkeit und der Weltöffentlichkeit als vernünftige und maßvolle Vorsichtsmaßnahme zu präsentieren, nicht als Beweis dafür, daß wir den bewaffneten Konflikt für unvermeidlich halten, daß wir unsere ganze Aufmerksamkeit und all unsere Hoffnungen auf die militärische Karte setzen oder das ernsthafte Bemühen um nichtkriegerische Lösungen für die Probleme der Region praktisch aufgegeben haben. Das nämlich – ich bedauere, es sagen zu müssen – scheint mir der Eindruck zu sein, den die jüngste Diskussion dieser Probleme in unserer Presse und anderen Medien ebenso wie bestimmte Äußerungen von Regierungsvertretern weithin erweckt haben – ganz zu schweigen von der außergewöhnlichen Fülle vorsätzlicher anonymer Indiskretionen zu Rüstungsfragen aus Militär- und Geheimdienstquellen innerhalb unserer Regierung. Es muß meiner Meinung nach bei amtlichen öffentlichen Äußerungen erheblich mehr Zurückhaltung geübt und gegen das Durchsickern militärischer Informationen aus diversen regierungsinternen Quellen weit strengere Disziplin verhängt werden, bevor wir wirklich sagen können, wir hätten alles getan, was in unserer Macht steht, um zu verhindern, daß die gegenwärtige Lage in der Golfregion sich zu Konfliktformen entwickelt, die für alle Beteiligten nur unheilvoll enden können.

Polen:
Jaruzelskis Kurs

Die 1945 in Osteuropa errichtete Sowjethegemonie war eine von Anfang an unnatürliche – und auf lange Sicht unhaltbare – Regelung.

Diese Hegemonie mußte im Laufe der Zeit zwangsläufig einem Zustand weichen, der den geopolitischen Realitäten einschließlich der Traditionen und Empfindungen der betroffenen Völker und ihrer Fähigkeit zu erfolgreicher, selbständiger nationaler Existenz mehr entsprach. Die Frage war nur, wie, in welchem Tempo und auf welche Weise sich der Wandel vollziehen würde.

Daß dieser Wandel friedlich und erfolgreich vor sich gehen kann, vorausgesetzt, er entwickelt sich schrittweise und ist keine allzu harte Herausforderung für die wohlverstandenen Sicherheitsinteressen eines innerlich unsicheren Sowjetregimes, hat sich im letzten Vierteljahrhundert vielfach gezeigt und nirgends überzeugender als in Polen selber.

Wäre die »Solidarität« bereit gewesen, vor einem oder zwei Monaten eine Pause einzulegen – sich ein Weilchen auf ihren Lorbeeren auszuruhen und Moskau Zeit zu lassen, sich davon zu überzeugen, daß Freiheit in Polen nicht gleichbedeutend sei mit dem unverzüglichen Einsturz des Himmels –, sie könnte sich bereits die historische Leistung der nationalen Selbstbefreiung gutschreiben, eine Leistung, die alles in den Schatten stellt, was Osteuropa seit dem Ausbruch Jugoslawiens 1948 erlebt hat. Entscheidend wäre natürlich gewesen, daß die Mitgliedschaft Polens im Warschauer Pakt und seine »sozialistische« (was immer das heißt) Staatsform nicht in Frage gestellt wurden. Aber das war ja nun nicht der Weg, den die »Solidarität« oder zumindest ein Teil der »Solidarität« wählte.

Was nun geschehen ist, ist schlimm, gewiß. Aber es hätte noch schlimmer sein können. General Wojciech Jaruzelski hat die Zusicherung gegeben, wenn und sobald die öffentliche Ordnung wiederhergestellt sei, werde er das Kriegsrecht aufheben und demokratische Reformen vornehmen. Dies ist ein Kurs, den ihm die Umstände geradezu vorschreiben. General Jaruzelski ist schließlich ein Pole, umgeben von Polen, und eine Rückkehr zur alten Ordnung ist undenkbar. Wie erfolgreich er bei diesem Unternehmen sein wird, bleibt abzuwarten. Einiges wird sicherlich davon abhängen, wie weit er imstande sein wird, die aggressiven Angehörigen seiner Armee und Polizei zu zügeln und Brutalitäten der Art, wie sie Gerüchten zufolge bereits stattgefunden haben, zu verhindern. Aber vielleicht ist es das beste, daß man ihm die Chance gibt zu zeigen, was er kann.

Eine Rückkehr zu dem Zustand, daß eine halb gelähmte kommunistische Regierung einer »Solidarität« gegenüberstand, die durchaus imstande war, diese Regierung zu blokkieren, aber in keiner Weise vorbereitet, sie zu ersetzen, wäre für Polen auch nicht die ideale Lösung.

Schließlich ist es durch ebensolchen Kompetenzwirrwarr mit der wirtschaftlichen und finanziellen Lage Polens im letzten Jahr so verheerend abwärts gegangen. Wollte man jetzt zu alledem zurückkehren, so verspräche das alles andere als den Idealzustand. Eine solche Umkehr würde die Armee und den Regierungsapparat, so wie er ist, völlig demoralisieren, ohne etwas anderes an deren Stelle setzen zu können. Es ist fraglich, wie weit damit eine lebendige und ordentliche Wirtschaftstätigkeit sicherzustellen wäre – und das ist ein entscheidender Punkt, denn wenn es je für ein Volk dringend notwendig war, zu arbeiten, hart zu arbeiten, damit es zu essen hat, dann ist es das heute für die Polen. So ernst ist die finanzielle und wirtschaftliche Lage Polens, daß die Wiederherstellung der Produktivität in Industrie und Landwirtschaft im Augenblick als dringlichste Notwendigkeit im öffentlichen Leben Polens erkannt werden müßte. Andere Dinge können eher warten.

Das letzte und wichtigste ist dies: Eine Rückkehr zum *status quo ante* würde das bißchen Geduld, das die Sowjetführung bisher immerhin davon abgehalten hat, unmittelbar mit ihren Truppen einzugreifen, an die Zerreißgrenze bringen.

Die Sanktionen, die die Reagan-Administration über die polnische Regierung verhängt hat, sind nun vollendete Tatsachen. Sie haben unsere Sympathien dokumentiert, wenn sie auch sonst nicht viel bewirkt haben. Vermutlich müssen sie aufrechterhalten werden, wenigstens eine Zeitlang.

Vielleicht ist es ein Glück, daß diese Sanktionen nicht mehr bewirken; das heißt nämlich, daß unsere Regierung noch Zeit hat, das zu tun, was sie von Anfang an hätte tun sollen: angesichts einer sehr veränderlichen und unberechenbaren Entwicklung, die wir jedenfalls kaum zu beeinflussen vermögen, ihr Urteil zurückstellen, ihre Ansichten eine Zeitlang für sich behalten, mit den Sticheleien gegen unsere Verbündeten aufhören und darauf warten, daß sie ein bißchen mehr in die Hand bekommt, bevor sie überlegt, was wir, wenn überhaupt, sinnvollerweise tun können.

Wie der Kreml es sieht

Die Sanktionen, die die Reagan-Administration über die Sowjetunion verhängt hat, zeichnen sich leider dadurch aus, daß sie in der Frage, was man vom Sowjetregime erwartet, damit sie wieder aufgehoben werden können, außerordentlich vage bleiben. Man möchte sich weigern zu glauben, daß von Moskau verlangt wird, es solle der Warschauer Regierung befehlen, die Ereignisse seit dem 13. Dezember rückgängig zu machen und den *status quo ante* wiederherzustellen. Denn solche Machtvollkommenheit Moskaus über Warschau ist ja genau das, was wir zu beklagen vorgeben.

Man kann nur vermuten, was von der Sowjetregierung erwartet wird: daß sie sich gegenüber den Ereignissen in Polen unparteiisch verhält und der Lage dort erlaubt, sich einzupendeln, welche Konsequenzen das für Polens Staatsform oder für seine Stellung in der Welt auch haben mag.

Das allerdings wäre ein einschneidendes Verlangen. Es griffe nach dem eigentlichen Fundament der bestehenden Teilung Europas, die es seit dem Zweiten Weltkrieg gibt. Die Teilung selbst war ein Kriegsergebnis.

Zunächst hatte der militärische Sieg der Nazis die Vorkriegsordnung in Osteuropa zerschlagen. Dann zog das militärische Scheitern der Nazis unter dem Beifall der Westalliierten die militärische und politische Macht der Sowjets in das entstandene Vakuum, wo sie sich fest einrichtete und seitdem geblieben ist. Und die Erinnerung an das bittere Unrecht, das die Deutschen der Sowjetunion antaten, als sie im Lande kämpften, ließ es dem Sowjetregime als sein vitales Sicherheitsinteresse erscheinen, wenigstens das östliche Drittel Deutschlands und alles, was dazwischenliegt, fest in der Hand zu behalten, um sicherzugehen, daß Rußland nicht noch einmal einem wiederbewaffneten und wiedervereinigten Deutschland, möglicherweise – diesmal – mit den Vereinigten Staaten verbündet, gegenüberstünde.

Das im wesentlichen ist der Ursprung des sowjetischen Interesses an Polen, wie wir es in diesen letzten 35 Jahren kennengelernt haben. Bei der Durchsetzung dieses Interesses hat Moskau viele und große Fehler gemacht. Manch einer mag diesem Interesse die Legitimität absprechen, aber die Sowjetführung sieht es nun einmal so, und eben dieses Interesse hatte sie zuallererst im Sinn, als sie während des vergangenen Jahres dastehen und mit wachsender Unruhe mit ansehen mußte, was in Polen vor sich ging.

Bis heute hat die Sowjetunion nicht mit eigenen Truppen eingegriffen. Zu dieser Zurückhaltung hat nicht die endlose Kette hochrangiger Warnungen aus Washington sie motiviert. Der Kreml hatte offenbar gewichtige eigene Gründe, nicht einzugreifen – welche, das kann man sich unschwer vorstellen.

Man darf davon ausgehen, daß nur eins die Russen zu einem so drastischen Schritt treiben könnte – wenn sich die Lage in Polen so weit verschlechterte, daß es ihre gesamte militärische und politische Hegemonie in Ost- und Mitteleuropa einschließlich Ostdeutschlands untergraben und damit ihrem Ansehen und möglicherweise der inneren Stabilität der Sowjetunion selber erheblich Abbruch tun könnte. Sollte ihnen das passieren, dann ist völlig offen, was sie tun würden.

Falls wir diese und andere Gefahren eines allzu besorgten

Sowjetinteresses am politischen Schauplatz Polen wirklich abwenden wollen, dann müssen wir bereit sein, uns dem grundlegenden strategischen Interesse des Kreml an der ost- und mitteleuropäischen Region zuzuwenden. Und hierfür müßten wir bereit sein, die Grundbedingungen zu überprüfen, nach denen die Teilung des Kontinents die letzten dreieinhalb Jahrzehnte hindurch funktioniert hat. Das würde zunächst heißen, sich durch Sondierungen und Gespräche zu vergewissern, was für Zusicherungen Moskau verlangen würde und welche Garantien geleistet werden müßten, um den Sicherheitsverlust, den eine solche Kursänderung der sowjetischen Politik für die Sowjets bedeuten würde, auszugleichen.

Dann müßten wir, zusammen mit unseren Verbündeten im Nordatlantikpakt, die Möglichkeiten zur Erfüllung dieser Bedingungen erforschen. Sicher, es ist unwahrscheinlich, daß Moskau so weit gebracht werden kann, seinem Sicherheitsinteresse am Stand der Dinge in Polen voll und ganz zu entsagen. Aber eine gewisse Mäßigung seiner Ansprüche und damit eine gewisse Lockerung der bestehenden Spannung könnte erreicht werden, wenn Moskau die Gewißheit vermittelt werden könnte, daß sich die Nato-Mächte etwas Derartiges nicht zum Schaden der strategischen Position der Sowjets in ganz Ost- und Mitteleuropa zunutze machen werden.

Der Regierung der Vereinigten Staaten kann dieser Aspekt des Problems nicht unbekannt sein, aber in ihren offiziellen Verlautbarungen und Maßnahmen scheint sie ihn bis heute nicht berücksichtigt zu haben. Ist es nicht höchste Zeit, diese Unterlassung zu berichtigen? Wir laufen nämlich sonst Gefahr – und es ist eine ernst zu nehmende Gefahr –, die Sowjetführung gnadenlos in die Enge und damit zur Verzweiflung zu treiben.

Teil III Die Krise des Atomzeitalters

12 Ein Vorschlag für internationale Abrüstung

Es fehlen die Worte, um den ganzen Ernst unserer heutigen Lage auszudrücken. Nicht nur, daß wir uns im Augenblick politisch auf Kollisionskurs mit der Sowjetunion befinden und daß der Prozeß des vernünftigen Miteinanderredens zwischen beiden Regierungen völlig zusammengebrochen scheint; es kommt die – noch bedeutsamere – Tatsache hinzu, daß hinter der widerstreitenden Politik der beiden Regierungen als äußerstes Druckmittel eine Art und ein Maß von Bewaffnung stehen, die ohne schlimmstes Unheil für uns alle unmöglich angewendet werden können.

Seit mehr als dreißig Jahren warnen uns kluge und weitblickende Leute vor der Sinnlosigkeit jedes mit Atomwaffen ausgetragenen Krieges und vor den Gefahren, die deren Bau in sich birgt. Unter den ersten, die so ihre Stimme erhoben, waren große Wissenschaftler, an erster Stelle Albert Einstein selbst. Aber es hat auch an anderen nicht gemangelt. Jeder Präsident dieses Landes von Dwight D. Eisenhower bis zu Jimmy Carter hat versucht, uns in Erinnerung zu rufen, daß es in einem Krieg mit solchen Waffen so etwas wie Sieg nicht geben könne. Eine große Zahl anderer hervorragender Persönlichkeiten hat das gleiche getan.

Wenn man heute zurückblickt auf die Geschichte dieser Warnungen, hat man den Eindruck, daß inzwischen einiges verlorengegangen ist von dem Gefühl der Bedrängnis, von den Hoffnungen und der Aufregung, die sie vor so vielen Jahren einmal geatmet haben. Man spürt selbst bei denen, die das

Problem heute am schärfsten sehen und sich innerlich am meisten damit herumquälen, eine gewisse Entmutigung, Resignation, ja vielleicht Verzweiflung, wenn es darum geht, das Thema wiederaufzuwerfen. Die Gefahr ist so offenkundig. So vieles wurde schon gesagt. Was ist durch Wiederholen zu gewinnen? Was soll das nun noch nützen?

Sehen wir uns die Vergangenheit an. All diese Jahre hindurch ist der Wettstreit um immer neue Kernwaffen weitergegangen, unablässig, unerbittlich, ohne all die warnenden Stimmen im mindesten zu beachten. Wir haben weiter Waffe auf Waffe, Rakete auf Rakete gehäuft, einen neuen Rekord der Zerstörungskraft auf den alten. Wir haben das hilflos, beinahe unfreiwillig getan: wie die Opfer einer Art von Hypnose, wie Leute in Trance, wie Lemminge, die sich ins Meer stürzen, wie die Kinder von Hameln, die blindlings ihrem Rattenfänger nachlaufen. Und das Ergebnis ist, daß wir heute, wir und die Russen zusammen, in der Erzeugung dieser Waffen und ihrer Trägersysteme bei einem Überfluß von solch grotesken Ausmaßen angelangt sind, daß es sich dem rationalen Verständnis entzieht.

Ich sage Überfluß. Ich kenne keine bessere Möglichkeit der Bezeichnung. Aber eigentlich ist das Wort zu milde. Es gibt zu verstehen, daß es für diese Waffen ein Maß geben könnte, das nicht überflüssig wäre. Ich persönlich bezweifle das. Ich zweifle, ob diese Erfindungen eigentlich überhaupt Waffen sind. Eine richtige Waffe ist bestenfalls ein Ding, mit dem man das Verhalten einer anderen Gesellschaft zu beeinflussen sucht, indem man die Stimmung, die Berechnungen, die Absichten der Leute an ihrer Spitze beeinflußt; es ist kein Ding, mit welchem man unterschiedslos alles Leben, die Substanz, die Hoffnungen, die Kultur, die Zivilisation eines anderen Volkes auslöscht.

Was wäre es doch für ein geistiges Armutszeugnis, welche Bankrotterklärung der intelligenten Staatskunst, wenn wir zugeben müßten, daß diese Eckpfeiler unserer militärischen Stärke, wie wir sie zu sehen gelernt haben, zu solchen blinden, sinnlosen Zerstörungsakten am besten zu gebrauchen sind.

Für mich ist die Atombombe die nutzloseste Waffe, die je erfunden wurde. Man kann sie zu keinem vernünftigen Zweck verwenden. Sie ist nicht einmal ein wirksamer Schutz gegen sich selbst. Sie ist nichts als ein Ding, mit dem man in einem Moment der Wut oder der Panik so entsetzliche Vernichtungsschläge führen kann, wie sie kein Mensch, der bei Sinnen ist, je auf dem Gewissen haben möchte.

Mit einem Seufzer wird mir mancher in vielem des eben Gesagten zustimmen, wird aber darauf hinweisen, daß es eine Notwendigkeit gibt, die man Abschreckung nennt. Dies nun ist eine Vorstellung, die anderen Leuten – anderen, die wie wir von Müttern geboren wurden, die auf zwei Beinen gehen und ihre Kinder lieben, kurz: Menschen – die teuflischsten und unmenschlichsten Absichten zuschreibt.

Aber gut: Nehmen wir um der Klärung willen einmal an, diese Gegner seien zutiefst abscheulich, so kann doch wohl, denke ich, niemand bestreiten, daß die heutigen sowjetischen und amerikanischen Arsenale, die mehr als die millionenfache Zerstörungskraft der Hiroshima-Bombe darstellen, für den in Frage kommenden Zweck ein fantastischer Überfluß sind. Wenn dasselbe Verhältnis gewahrt wäre, dann würden weit unter zwanzig Prozent dieser Vorräte sicherlich für die hoffnungsvollsten Abschreckungspläne genügen, sei es zwischen den beiden atomaren Supermächten oder gegenüber all den anderen Staaten, die so schlecht beraten waren, sich auf den nuklearen Weg zu begeben. Welchen Argwohn sie auch gegeneinander hegen mögen, für diese beiden Staaten gibt es keine Entschuldigung dafür, daß sie mit diesen Waffen aufeinander zielen und gewissermaßen auf die ganze nördliche Hemisphäre, und das in ungeheuren Quantitäten, die jedes vernünftige und nachweisliche Bedürfnis hinter sich lassen. Wie sind wir in diese gefährliche Klemme geraten?

Wir wollen doch die Frage nicht verwischen und einfach alles unserem sowjetischen Gegner in die Schuhe schieben. Natürlich trägt er seinen Teil der Schuld, nicht zuletzt durch die hochmütige Zurückweisung des Baruch-Plans vor vielen Jahren. Auch er hat seine Fehler gemacht; ich wäre der letzte, das zu leugnen. Aber wir müssen uns daran erinnern, daß wir Amerikaner es waren, die bei fast jedem Schritt auf dem Wege zu dieser Bewaffnungsart die Führung übernommen haben. Wir waren es, die diese Erfindung zuerst produziert und erprobt haben; wir haben als erste mit der Wasserstoffbombe ihre Zerstörungskraft auf eine neue Stufe gehoben; wir haben den Mehrfachsprengkopf eingeführt; wir haben jeden Vorschlag zurückgewiesen, vom Prinzip des »Erstschlages« abzugehen, und wir allein, Gott helfe uns, haben die Waffe in Wut gegen andere eingesetzt, gegen Zehntausende wehrloser Zivilisten zudem.

Ich weiß, daß für einige dieser Dinge Begründungen geliefert worden sind. Ich weiß, daß vielleicht andere diese Art von Führung übernommen hätten, hätten wir es nicht getan. Aber im Angesicht dieser Vergangenheit wollen wir uns doch nicht so sehr in Selbstgerechtigkeit und Heuchelei verlieren, daß wir das Maß unserer eigenen Mittäterschaft an der Lage, in der wir uns heute sehen, vergessen.

Was also, wenn nicht unser eigener Wille und auch nicht die Verruchtheit unserer Gegner, was hat uns in die Sackgasse geführt? Die Antwort, meine ich, ist klar. Es ist in erster Linie die innere Dynamik, die eigene Dynamik des Wettrüstens selber – die Sachzwänge, die entstehen und von großen Mächten Besitz ergreifen, wenn sie um den Aufbau großer Rüstungen jeder Art in Wettbewerb miteinander treten.

Das ist nichts Neues. Ich bin Historiker der Diplomatie. Ich sehe dieses gleiche Phänomen bereits vor einem Jahrhundert in den Beziehungen zwischen den europäischen Großmächten seine unheilvolle Rolle spielen. Ich sehe denselben wetteifernden Aufbau von Heeren, ursprünglich als Mittel zum Zweck gedacht, aber bald zum Selbstzweck geworden. Ich sehe, wie er Besitz ergreift von der Phantasie und dem Betragen der Leute und zu einer eigenständigen Kraft wird, indem er sich von den politischen Differenzen löst, die ihn anfänglich in Gang gesetzt haben, und wie er dann beide Seiten unveränderlich und unerbittlich dem Kriege zutreibt, den sie nicht mehr zu verhindern wissen.

Dies ist eine Form der Fixierung, aus vielen Bestandteilen zusammengebraut. Da sind Ängste, Antipathien, Nationalstolz, persönlicher Stolz; da sind Mißdeutungen der Absichten des Gegners – manchmal sogar die Weigerung, sie überhaupt zu deuten. Es gibt bei nationalen Gemeinschaften die Tendenz, sich selbst zu idealisieren und den Gegner zu entmenschlichen. Es gibt die verengte Scheuklappensicht des Berufsmilitärs und seine Tendenz, den Krieg unvermeidlich zu machen, indem er von seiner Unvermeidlichkeit ausgeht.

Diese Bestandteile, miteinander vermahlen, ergeben ein starkes Gebräu. Es lenkt die Ängste und die Ambitionen von Menschen. Es packt die Politik von Regierungen und peitscht sie auf wie Bäume vor dem Sturm.

Ist es möglich, aus diesem Zauberkreis und Zirkelschluß auszubrechen? Ernüchtert stellt man fest, daß bisher niemand, wenigstens soweit ich weiß, ausgebrochen ist. Aber niemand hat freilich jemals eine so große Katastrophe, eine so unveränderliche Katastrophe am Ende des Weges vor Augen gehabt. Andere konnten sich in früheren Jahrzehnten noch an Siegesträumen berauschen. Uns ist, glücklicherweise vielleicht, diese verführerische Aussicht versagt. Wir müssen aus dem Kreis ausbrechen. Wir haben keine Wahl.

Wie machen wir das?

Ich muß bekennen, daß ich keine Möglichkeit sehe, dies

mit Hilfe von Diskussionen nach dem Muster der Verhandlungen zu tun, die in den letzten zehn Jahren immer wieder unter dem Kürzel SALT geführt worden sind. Ich bedauere natürlich, daß das jüngste SALT-Abkommen nicht ratifiziert worden ist. Ich bedauere es, denn der Nutzen, der von diesem Abkommen zu erwarten ist, wäre zwar gering, aber seine Nachteile wären eben noch geringer; und es hätte einen Symbolwert, den man nicht so leichtherzig hätte opfern sollen.

Aber ich hege, ich wiederhole es, keine Illusionen über Verhandlungen nach dem SALT-Muster – das heißt Verhandlungen, bei denen jede Seite von der Chimäre des relativen Vorteils besessen ist und nur danach strebt, selbst ein Maximum an Bewaffnung zu behalten, den Gegner hingegen in eine möglichst ungünstige Lage zu versetzen. Ich mache mir keine Illusionen, daß solche Verhandlungen je geeignet sein könnten, uns aus dieser Grube zu ziehen. Sie sind kein Ausweg aus dem Wettrüsten; sie sind dessen Bestandteil.

Wer nicht begreift, daß im Zusammenhang mit Atomwaffen der ganze Begriff des relativen Vorteils illusorisch ist – wer nicht begreift, daß dort, wo von absurden und widersinnigen Mengen von »Overkill« die Rede ist, die relativen Größen der Arsenale keine rechte Bedeutung mehr haben – wer nicht begreift, daß die Gefahr nicht darin liegt, daß ein anderer möglicherweise mehr Raketen und Sprengköpfe hat als wir, sondern darin, daß es unfaßliche Mengen hochgiftiger Sprengkörper überhaupt gibt, zudem in so schwächlichen und zittrigen und unzuverlässigen Händen wie unseren oder denen unserer Gegner oder denen irgendeines anderen einfachen Menschenwesens: Wer diese Dinge nicht begreift, wird uns niemals hinausführen aus dem immer dunkler und drohender werdenden Wald von Wirrungen, in dem wir uns alle verirrt haben.

Ich sehe keinen anderen Weg aus dem Dilemma als den des kühnen und mitreißenden Aufbruchs – eines Aufbruchs, der mit einem chirurgischen Schnitt die übertriebenen Ängste, die selbsterzeugten Alpträume und die ausgeklügelte Vernichtungsmathematik, in die wir alle während der letzten Jahre verstrickt waren, durchtrennt und uns erlaubt, mit Mut und Entschlußkraft an den Kern des Problems zu gehen.

Präsident Reagan hat neulich – sehr klug, wie ich meine – gesagt, er würde »verhandeln, solange es nötig ist, um die Zahl der Kernwaffen so weit zu verringern, daß keine Seite das Überleben der anderen bedroht«.

Das ist nun genau der Gedanke, an den ich mich mit den vorliegenden Bemerkungen wende. Aber ich frage mich, ob die Verhandlungen denn wirklich so langwierig sein müßten. Ich würde mir vom Präsidenten wünschen, daß er nach gebührender Beratung mit dem Kongreß der Sowjetregierung die sofortige lineare Verringerung der jetzt von beiden Supermächten unterhaltenen Atomarsenale um fünfzig Prozent vorschlüge – eine Reduzierung, die in gleichem Maße alle Waffenarten beträfe, strategische, Mittelstrecken- und taktische Waffen, ebenso ihre Trägersysteme – all das unverzüglich und ohne weiteres Expertengerangel durchgeführt und den nationalen Überwachungsmöglichkeiten unterworfen, die den zwei Mächten heute zur Verfügung stehen.

Ob der Abbau präzis gleichgewichtig wäre – ob sich eine statistische Begünstigung der einen oder anderen Seite konstruieren ließe, darum ginge es nicht. Wenn wir erst anfangen, so zu denken, dann sind wir wieder in demselben alten, unheilvollen Gleis, das uns dahin gebracht hat, wo wir heute stehen. Was immer eine solche Reduzierung im einzelnen ergäbe, es bliebe noch massenhaft Overkill übrig – so viel, daß ich, wenn diese erste Operation erfolgreich abgeschlossen wäre, dann gern eine zweite in die Wege geleitet sähe, mit der wir wenigstens zwei Drittel des dann Verbliebenen los würden.

Nun habe ich natürlich keine Ahnung von den wissenschaftlichen Aspekten einer solchen Operation; ich kann mir aber vorstellen, daß sich ernste Probleme ergeben könnten bei der Aufgabe, den radioaktiven Inhalt Tausender von Sprengköpfen, die es zu zerlegen gäbe, zu beseitigen und unschädlich zu machen. Sollte das der Fall sein, so hätte ich gern, daß der Präsident seinen Appell für die fünfzigprozentige Abrüstung mit dem Vorschlag verbindet, einen gemeinsamen sowjetisch-amerikanischen Wissenschaftsausschuß unter Vorsitz einer anerkannten neutralen Persönlichkeit zu bilden, der gemeinsam und in aller Bescheidenheit nicht nur das Problem der schadlosen Beseitigung dieser Abfälle untersucht, sondern auch Möglichkeiten, diese so zu nutzen, daß sie einen positiven Beitrag zum menschlichen Leben leisten, entweder in den beiden Ländern selbst oder – was vielleicht vorzuziehen wäre – anderswo. In einem solchen gemeinsamen Wissenschaftsprojekt könnten beide Seiten einige ihrer früheren Dummheiten gutmachen und das Fundament für eine konstruktivere Beziehung legen.

Man wird sagen, dieser Vorschlag, sei er noch so gut, betreffe nur ein Teilproblem. Das ist vollkommen richtig. Dahinter würden weiter die tiefen politischen Differenzen schwelen, die uns jetzt von der Sowjetunion trennen. Dahinter würden weiter die Probleme stehen, die jüngst im SALT-Forum verhandelt wurden und weiter verhandelt werden müssen. Dahinter würde immer noch die große Frage stehen, ob der Krieg selbst, jeder Krieg, auch der konventionelle, als Mittel zur Problemlösung unter großen Industriemächten in diesem hochtechnisierten Zeitalter annehmbar ist.

Was hier vorgeschlagen wird, würde der weiteren Behandlung dieser Fragen nicht vorgreifen, wie sie ja auch heute in den Gremien und unter den Vorsichtsmaßnahmen, die beide Mächte für notwendig halten, behandelt werden könnten. Die Auseinandersetzungen und Diskussionen über diese Fragen könnten alle zur Zufriedenheit jener Leute, die mit leidenschaftlicher Hingabe an ihnen hängen, weitergehen. Es ginge einfach nur um ein geringeres Wagnis; und das wäre für uns alle eine große Erleichterung.

Was ich vorgeschlagen habe, ist natürlich nur ein Anfang. Aber irgendwo muß ein Anfang gemacht werden; ist es nicht, wenn er schon gemacht werden muß, das beste, ihn dort zu machen, wo die Gefahr am größten, aber auch am unnötigsten ist? Könnte ein Schritt dieser Art mit Erfolg getan werden, dann fänden die Menschen vielleicht den Mut, mit mehr Vertrauen und größerer Entschlossenheit die vielen Probleme anzupacken, die noch übrigblieben.

Man wird auch einwenden, das sei riskant. Schon möglich. Ich sehe die Risiken nicht. Ich will die Möglichkeit nicht leugnen. Aber wenn es riskant ist – na und? Kann man sich größere Risiken vorstellen als die am Ende des Kollisionskurses, auf dem wir uns jetzt befinden? Und wenn nicht: Warum sollen wir das größere – ja, das größte – aller Risiken wählen in der Hoffnung, damit die geringeren zu umgehen?

Wir stehen hier, meine Freunde, vor zwei Wegen. Am Ende des einen liegt Hoffnung – schwache Hoffnung, wenn Sie so wollen, ungewisse Hoffnung, von Gefahren umringte Hoffnung, wenn Sie darauf bestehen. Am Ende des anderen liegt, so weit ich sehen kann, keinerlei Hoffnung.

Kann es denn – angesichts unserer Pflicht nicht nur für uns selbst (denn wir werden alle früher oder später sterben), sondern unserer Pflicht für die eigene Art, unsere Pflicht für den Fortbestand der Generationen, unserer Pflicht für das große Experiment des zivilisierten Lebens auf diesem seltenen und reichen und herrlichen Planeten – kann es denn angesichts dieser Ansprüche an unsere Loyalität überhaupt eine Frage sein, welchen Weg wir nehmen müssen?

In seiner letzten Lebenswoche unterschrieb Albert Einstein den letzten der Gemeinschaftsappelle gegen die Entwicklung von Kernwaffen, die er in seinem Leben unterzeichnete. Er war tot, bevor dieser Appell erschien. Es war ein Appell, den meiner Erinnerung nach Bertrand Russell entworfen hatte. Ich hatte damals wie rückblickend heute meine Meinungsverschiedenheiten mit Russell; aber ich möchte einen Satz aus dem Schlußabsatz jenes Appells zitieren, nicht nur, weil es das letzte war, was Einstein unterzeichnet hat, sondern weil es, so glaube ich, all das zusammenfaßt, was ich zu dem Thema zu sagen habe. Der Satz lautet:

Wir appellieren als Menschen an Menschen: Erinnert euch eurer Menschlichkeit und vergeßt alles andere.

13 Wir haben die Wahl

Ich bin bekanntlich keineswegs Experte auf dem Gebiet der Rüstungsentwicklung oder Rüstungskontrolle. Ich bin an keinen strategischen Denkpool angeschlossen. Meine Arbeitsstunden sind der Diplomatiegeschichte gewidmet – genauer der Geschichte der Diplomatie einer Zeit, in der die Menschen in der glücklichen Unschuld der Kernwaffenlosigkeit lebten. Ich bin nur ein Privatmann, der einiges von dem liest, was in Veröffentlichungen zu diesem Thema erscheint, und der gelegentlich, in einer freien Minute, sogar Notizen macht zu dem, was er liest. Ich kann Ihnen also nur einen Überblick über einige persönliche Eindrücke geben. Da ich Historiker bin, müssen Sie mir gestatten, zunächst ein bißchen in der Zeit zurückzugehen und zu bemerken, daß die Strategie, Krieg ebenso gegen die Gesamtbevölkerung wie gegen die Truppen eines militärischen Gegners zu führen, noch ganz jungen Datums ist. Zum erstenmal kam sie im Ersten Weltkrieg auf. Im Zweiten Weltkrieg wurde sie von beiden Seiten mit Begeisterung aufgegriffen. Zu ihren wichtigsten Zügen gehörte das Bombardieren von Städten und Industriezentren. Als wir 1945 die Atombombe gegen Japan einsetzten, war das also nur eine Weiterentwicklung dessen, was wir mit konventionellen Bomben zu tun pflegten; und ich nehme an, daß es den Leuten ganz natürlich vorkam, diese Weiterentwicklung vorzunehmen, besonders Militärleuten, die zu dem Glauben neigen, daß relative Unterschiede nicht von Bedeutung sind und daß eine Waffe um so effektiver ist, je zerstörerischer sie wirkt – auch wenn die Zerstörungskraft selbstmörderisch wird.

Wie dem auch sei – da wir uns bei der Entwicklung und Anwendung von Kernwaffen an die Spitze gesetzt, da wir beharrlich deren offenkundig selbstmörderische Qualitäten ignoriert, da wir uns anfänglich mit ihnen unerschütterlich überlegen gefühlt und in ihnen eine leichte Ausweichmöglichkeit vor der politisch unbequemen Bürde der Erhaltung ausreichender konventioneller Streitkräfte in Friedenszeiten gesehen haben, nahmen wir die Kernwaffen mit Begeisterung auf, setzten sie gegen die Japaner ein, schlossen sie ins Herz und gründeten, wenig klug, unsere militärische Position sehr weitgehend auf ihre Entwicklung. Und als wir so weit waren, gingen wir dazu über, nicht nur unsere moralische Position zu zerstören, sondern auch unsere Möglichkeiten, bei den Bemühungen um nukleare Rüstungskontrolle wirksam die Führung zu übernehmen, indem wir uns weigerten, das Prinzip des »Erstschlags« aufzugeben, das heißt, indem wir uns beharrlich das Recht vorbehielten, diese Waffen in jeder ernsthaften militärischen Auseinandersetzung anzuwenden, gleichgültig, ob sie gegen uns eingesetzt würden oder nicht.

Dieses letztere Faktum steht, so glaube ich, in einem fundamentalen Kausalzusammenhang mit unseren gegenwärtigen Schwierigkeiten und Gefährdungen. Eine Regierung, die die eigenen Pläne und Vorbereitungen auf den Ersteinsatz von Kernwaffen gründet, kann nicht erwarten, eine nützliche Führungsrolle zu übernehmen bei dem Bemühen, diese Art von Bewaffnung unter internationale Kontrolle zu bringen.

Ich habe – erfolglos – versucht, dies alles vor 31 Jahren meinen Vorgesetzten im Amte klarzumachen. Damals ging es um die Frage, ob wir die Wasserstoffbombe bauen sollten. Ich mühte mich, jene Vorgesetzten zu überzeugen: Wenn wir fortführen, die atomare Bewaffnung weiterzuentwickeln, und uns gleichzeitig das Recht vorbehielten, sie als erste anzuwenden, auch wenn sie nicht gegen uns angewendet würde, dann legten wir den Keim mancher künftigen Sorgen und beschwörten Schwierigkeiten herauf, in denen unsere Öffentlichkeit sich eines Tages nicht mehr in der Lage sehen würde, unsere Staatsführung zu verstehen oder zu unterstützen. Ich sehe noch heute keinen Grund, diese Warnungen zu bedauern. Jener unglückselige Tag, fürchte ich, rückt heran. Ich glaube weiterhin, daß das ärgerliche Beharren auf der Option des Ersteinsatzes der Waffe den Kern unserer Hilf- und Tatenlosigkeit gegenüber den Gefahren des zunehmenden Wettrüstens bildet und daß wir nicht imstande sein werden, eine aussichtsreiche und effektive Politik auf dem Gebiet der Rüstungskontrolle oder in der Frage der nuklearen Proliferation zu entwickeln, solange wir nicht tief durchatmen und zu der Meinung finden, daß wir in einer Welt ohne Kernwaffen existieren können und zu existieren bereit sein müssen.

Lassen Sie mich in diesem Zusammenhang auf einen gewissen Zug von Ironie in unserer offiziellen Haltung zu diesen Fragen hinweisen. Wir erklären und versichern immer wieder, daß unsere atomare Rüstung dem alleinigen Bedürfnis dient, die Sowjetregierung von nuklearen Schlägen gegen uns oder unsere Verbündeten abzuschrecken. Nun war die Sowjetregierung, anders als wir, nicht führend in der Entwicklung dieser Art von Rüstung. Sie hat nie Kernwaffen im Groll gegen jemanden eingesetzt. Sie hat wiederholt nach einem internationalen Abkommen verlangt, das alle Seiten zum klaren Verzicht auf das Prinzip des »Ersteinsatzes« verpflichtet, womit sie ihre eigene Bereitschaft dazu bestätigte für den Fall, daß wir ebenso handelten. Vor vierzehn Tagen erst hat Herr Gromyko der Vollversammlung der Vereinten Nationen eine Resolution vorgelegt, die einen solchen Ersteinsatz von Kernwaffen zum internationalen Verbrechen erklärte. Auf der anderen Seite dann wir, die von der Waffe im Groll Gebrauch gemacht *haben*, die noch heute nicht gewillt sind, auf das Recht des Ersteinsatzes zu verzichten, und wir sagen, wir müßten mehr und mehr Kernwaffen haben, um die Sowjetunion davon abzuhalten, einen atomaren Angriff gegen uns zu starten. Liegt hier nicht ein gewisser Widerspruch? Wenn es bei der Stationierung der Waffen unser einziger Zweck ist, andere von deren Benutzung »abzuschrecken«, was doch zu besagen scheint, daß wir nicht die Absicht haben, das als erste zu tun, daß wir sie nur zur Vergeltung einsetzen würden – warum klammern wir uns dann an das Recht des »Erstschlages«? Könnten nicht die anderen mit mehr Logik sagen, daß wir diejenigen sind, die abgeschreckt werden müssen?

Gehen wir jedoch zu etwas anderem über. Ich habe den Eindruck und glaube, ihn mit einer ganzen Menge nachdenklicher Leute zu teilen, daß wir nach fünfunddreißigjährigem Bemühen, unsere Sicherheit auf diese Art der Bewaffnung und auf diese Art von Sicherheitspolitik zu gründen, nur eins geschafft haben: eine geradezu groteske Summe nuklearen Overkills zu erzeugen und unsere Gegner anzuregen, es uns gleichzutun – ungeheure Mengen von Kernwaffen, die zu keinem erdenklichen Zweck zu gebrauchen sind außer zu so irrsinnig verheerenden, daß kein Mensch, der bei Sinnen ist, wünschen kann, die Verantwortung dafür zu tragen – ja, ein derart widersinniges Overkill-Volumen, daß angesichts der Möglichkeiten des Irrtums, des Unfalls, der Sabotage und des Mißbrauchs durch Unbefugte die bloße Existenz dieses Volumens eine Gefahr für die gesamte Zivilisation der nördlichen Hemisphäre darstellt. Und unsere Regierung hatte in Anbetracht dieser Situation nichts Besseres zu tun als das einzige ausgehandelte Abkommen abzulehnen, das dem Vorwärtsdrang des Wettrüstens zumindest bescheidene Grenzen hätte setzen können – das SALT-II-Abkommen nämlich –, und sich in der Vermutung zu ergehen, daß wir uns mit der weiteren Vervielfachung dieses Overkills schon irgendwie sicherer machen können.

Ich glaube die Argumentation zu kennen, die hinter dieser Politik steht. Ich weiß, daß einige unserer Reißbrett-Strategen ein sogenanntes »Fenster« der Verwundbarkeit zu sehen behaupten, durch welches die Sowjets an irgendeinem Tag in ein paar Jahren unsere landgestützten Raketen mit einem einzigen, gutplazierten Schlag »ausheben« könnten, wenn sie wollten, womit sie uns in solche Hilflosigkeit versetzten, daß wir nicht wagen würden, mit den nicht ausgehobenen Raketen zurückzuschlagen, und daß wir uns deshalb dem sowjetischen Diktat beugen – oder, wie es die dramatischere Formulierung ausdrückt – »ausliefern« müßten.

Meine Zeit erlaubt es nicht, diese merkwürdige Argumentationskette kritisch auseinanderzunehmen. Ich werde nur so viel dazu sagen: sie stützt sich auf so wilde und unwahrscheinliche Szenarios, auf ein so fantastisches Bild von der Monströsität unserer sowjetischen Gegner, sie läßt so viele erkennbar wichtige Erwägungen aus und verrät eine so kindische Vorstellung von den Motivationswegen und Handlungsweisen großer Staaten, daß ich mich bei dem Gedanken ertappe, es müsse da etwas äußerst Wichtiges geben, was mir entgangen ist; sonst müßte ich wohl Rückschlüsse auf den Geisteszustand unserer Strategen in Washington ziehen, die ich bei dieser Gelegenheit nicht gern näher erläutern möchte.

Man könnte fragen: Gibt es keine anderen Möglichkeiten als den Kurs, den wir jetzt verfolgen – das heißt Möglichkeiten, die man sowohl in Regierungskreisen als auch in unseren öffentlichen Diskussionen wenigstens ernsthaft in Erwägung ziehen sollte? Die Antwort ist: Selbstverständlich gibt es sie. Wir könnten uns verpflichten, diese Waffen im Kampf nicht als erste einzusetzen. Wir könnten auf ein umfassendes Testverbot drängen, ein Ziel, zu dem wir schon ein Stück Weges zurückgelegt haben und das, ist es einmal erreicht, vielleicht mehr als alles andere dazu beitragen kann, wenigstens eine Stabilisierung des nuklearen Gleichgewichts zustande zu bringen. Wir könnten ernsthaft prüfen, ob nicht tiefe Einschnitte in unsere strategischen Arsenale möglich sind. Prüfen könnten wir auch die Möglichkeiten für eine totale nukleare Abrüstung Mittel- und Nordeuropas.

Aber solche Alternativvorschläge werden offenbar auf der Ebene der staatlichen Exekutive entweder ignoriert oder als weniger bedeutsam behandelt. Der Kongreß scheint entweder nicht geneigt oder zu beschäftigt zu sein, sich damit zu befassen. In der Presse und den Massenmedien werden sie kaum erwähnt. Ja, unsere Presse scheint, wenn es um diese Fragen geht, geradezu ihre Kraft als energische, kritische Wächterin eingebüßt zu haben. Und die Öffentlichkeit, vor allen Dingen die informierte Öffentlichkeit, scheint von hoffnungslosem Fatalismus ergriffen, einem Gefühl, daß da nichts mehr zu machen ist, daß man nur noch abwarten kann: laßt unsere Regierung nur weitermachen mit ihren Plänen zur Erweiterung und Beschleunigung des Wettrüstens und hofft gegen alle Hoffnung auf das Beste.

Und so geht, wie Sie alle wissen, dieses Wettrüsten nun nicht nur mit rasender Geschwindigkeit weiter, sondern es besteht auch die reale Gefahr, daß es bald völlig außer Kontrolle gerät. Und zwar deshalb, weil das Prinzip der gegenseitigen Verwundbarkeit, auf das sich die ersten SALT-Vereinbarungen stützten, jetzt zusehends durchlöchert wird, indem neue Technologien eingeführt werden, die das Überwachungsproblem komplizieren und die Gefahren der Entwicklung von »Erstschlag«-Kapazitäten auf beiden Seiten steigern.

Ich kann Ihnen gar nicht sagen, wie ernst ich diesen Zustand nehme. Nicht nur, daß die sowjetisch-amerikanischen Beziehungen am tiefsten Punkt seit dreißig Jahren stehen – an einem Punkt, wo kaum noch ein Polster des gegenseitigen Verstehens und Miteinanderredens plötzliche Stöße abfangen kann. Nicht nur, daß das gegenwärtige Wettrüsten im Verein mit der politischen Spannung alle Merkmale solcher Situationen trägt, die in der Vergangenheit unerbittlich zu großen Kriegen geführt haben. Es ist auch die Tatsache, daß wir es in einigen Teilen der Welt, wo die Interessen beider Supermächte heute heftig engagiert sind, mit äußerster Instabilität zu tun haben, so daß dort jeden Augenblick Komplikationen aufbrechen können – Komplikationen, die keine der Supermächte provoziert oder gewünscht oder auch nur vorausgesehen haben mag, die jedoch hochbrisante Krisen erzeugen könnten, in denen sich keine der Supermächte in der Lage sähe, den Griff zu den Waffen zu vermeiden. Ich möchte kein Schwarzmaler sein; aber mir scheint, die Weltlage läßt auch bei oberflächlichster Prüfung erkennen, daß wir auf Zunder sitzen – auf Zunder von unendlich bedrohlicherer Art als alles, was die Welt bisher gekannt hat. Ich wäre glücklich, wenn die Entwicklung mich als Überpessimisten ausweisen würde. Aber so ist die Lage, wie ich sie sehe.

14 Nukleare Abrüstung

Die Reagan-Administration ist nun beauftragt, Ende nächsten Monats in Gespräche mit der Sowjetunion über die sogenannten »theater«-Kernwaffen in und rund um Mitteleuropa einzutreten. Wir wollen hoffen, daß die Administration bei der Festlegung ihrer Verhandlungsposition auch den Vorschlag berücksichtigt, der, eben weil er der einfachste ist, auch als der radikalste erscheinen mag – nämlich die totale nukleare Abrüstung jener Region.

Es dürfte zwei denkbare Lösungen geben, die die Delegation der Vereinigten Staaten anstreben könnte. Die eine wird von der Stationierung taktischer Kernwaffen der Amerikaner auf westeuropäischem Gebiet ausgehen und eine Übereinkunft mit der sowjetischen Seite nur insoweit suchen, als es um Anzahl, Merkmale und Stationierungsgebiete dieser Waffen und der entsprechenden, auf Westeuropa gerichteten sowjetischen Waffen geht. Dieser Weg wäre der Versuch, sich mit Moskau nur über die Begrenzung, nicht über die Streichung von taktischen Kernwaffen, die in der Region stationiert werden sollen, zu einigen.

Die zweite Lösung wäre, die totale nukleare Abrüstung Mittel- und Nordeuropas anzustreben, und zwar so verstanden, daß die Beseitigung aller landgestützten Kernwaffen, die in der Region stationiert oder auf die Region gerichtet sind, verlangt wäre. Das würde natürlich bedeuten, daß die sowjetische Seite nachweislich ihre sogenannten SS 20 und die älteren Raketen, die von ihnen abgelöst werden, entfernte. Das würde bedeuten, daß die Vereinigten Staaten ihre rund sechstausend sogenannten taktischen Kernwaffen, die sie in Westdeutschland stationiert haben sollen, ebenfalls entfernten – vermutlich kein großes Opfer unsererseits, wenn zutrifft, was man so von Veraltung und allgemeiner Unbrauchbarkeit dieser Waffen hört. Ausgeschlossen wäre jede weitere Stationierung neuer Kernwaffen in der Region oder in ihrer Umgebung.

Diese Lösung hätte für alle Betroffenen bedeutende Vorteile. Vor allem wäre es eine saubere Lösung und verhältnismäßig leicht zu kontrollieren. Es ist schließlich einfacher nachzuweisen, daß alle Kernwaffen weg sind, als daß es ein paar davon nicht mehr gibt.

Für Moskau hätte sie den Vorteil, daß die taktischen Waffen der Vereinigten Staaten, die jetzt in Westdeutschland stationiert sind, beseitigt würden und die Stationierung neuer amerikanischer Kernwaffen dort abgewendet wäre.

Die Europäer würde diese Lösung vom Alptraum der sowjetischen Mittelstreckenraketen befreien, die jetzt auf Mittel- und Nordeuropa gerichtet sind. Sie käme den Gefühlen der Mehrheit der Skandinavier entgegen, die auf ihrem Boden nie Kernwaffen stationiert haben und entschlossen sind, das auch in Zukunft zu verhindern; die Forderung nach einer kernwaffenfreien Zone im Norden wäre damit erledigt. Einige der europäischen Nato-Regierungen, an erster Stelle die der Bundesrepublik Deutschland, fänden sich entlastet vom starken und wachsenden Druck der Kräfte in ihrer Bevölkerung, die sich heftig gegen die Stationierung jeder Art von Kernwaffen auf ihrem Gebiet wehren, und mit dieser Entlastung würde auch die ernste Gefahr für die Einheit der Nato schwinden, die jener Druck darstellt.

Zu jedermanns Erleichterung wäre die Stationierung der Neutronenbombe in Westdeutschland oder sonstwo in der Region kein Thema mehr.

Schließlich, und das ist von nicht geringer Bedeutung gerade jetzt im Augenblick, würde eine ganze Menge Geld gespart, überall.

Was ist dagegen einzuwenden?

Es kann eingewandt werden, daß die sowjetische Seite diese Lösung nicht akzeptieren würde. Worauf zu entgegnen wäre: Wenn man es nicht versucht, wird man es nicht erfahren. Leonid I. Breschnew hat wiederholt seine Bereitschaft zu erkennen gegeben, ernsthafte Konzessionen zu machen, wenn die vorgesehenen amerikanischen Stationierungen auch nur aufgeschoben würden. Die Aussicht auf Entfernung der taktischen Sprengköpfe der Amerikaner – was meines Wissens von unserer Seite nie angeboten wurde – müßte ein zusätzlicher Anreiz sein, und eine amerikanische Zusage, keine weiteren Kernwaffen in der Region zu stationieren, wäre ein noch größerer. Ganz ohne Zweifel würde es Schwierigkeiten zu überwinden und Fragen zu lösen geben, bei diesem und bei jedem anderen Vorschlag, den wir Moskau in diesem Zusammenhang machen mögen, es ist jedoch höchst unwahrscheinlich, daß die sowjetische Seite einen Vorschlag, der ihren Hauptsorgen in so hohem Maße entgegenkommt, rundweg ablehnt.

Es könnte auch geltend gemacht werden, daß ohne die amerikanischen Kernwaffen in Westdeutschland die gesamte Region wehrlos der sowjetischen Überlegenheit auf dem Gebiet der konventionellen Rüstung gegenüberstünde. Es gibt bei uns Leute, die bezweifeln, daß die Annahmen über sowjetische Kapazitäten und Absichten, auf denen dieser Einwand beruht, richtig sind. Aber auf jeden Fall ist die entschlossene Stärkung der konventionellen Schlagkraft der Nordatlantikpakt-Organisation in der Region (und zwar nicht bloß mit modernstem Gerät, sondern auch in Disziplin, Moral, Ausbildung, Personalstärke und in der allgemeinen Qualität des Personals) längst überfällig; und sie wäre aus vielen Gründen eine bessere Antwort auf das Problem der sowjetischen Überlegenheit als ein Programm für weitere Kernwaffenstationierungen, das das nukleare Wettrüsten auf neue Stufen des Übermaßes und der Gefährlichkeit zu heben und im Verlauf dieses Prozesses die Nato in Stücke zu reißen droht.

Diese Lösung würde die Bemühungen, zu einem wesentlichen Abbau der strategischen Arsenale an amerikanischen und sowjetischen Langstreckenraketen zu kommen, weder ausschließen noch überflüssig machen. Im Gegenteil, sie wäre eine notwendige Ergänzung dieser Bemühungen. Eine Lösung dieser Art würde auch nicht durch neue Komplikationen beim Problem Polen beeinträchtigt. Die Fragen, die hier auf dem Spiel stehen, sind vorhanden und bedürfen der Behandlung, gleichgültig, wie es im Augenblick um die Beziehungen zwischen der Sowjetunion und den Vereinigten Staaten bestellt ist.

Wenn wir uns bemühen, das nukleare Wettrüsten zu kontrollieren und zu stoppen, dann tun wir das schließlich nicht den Russen zuliebe und ebensowenig uns selbst zuliebe. Es ist ein Gebot der Sicherheit und des Überlebens der gesamten westlichen Zivilisation. Gehorchen wir zunächst diesem Gebot. Alles andere kann später kommen.

15 Über den Atomkrieg

Die Bewegung gegen den Atomkrieg, die in letzter Zeit in den Vereinigten Staaten wie in Europa wächst und an Stärke zunimmt, ist für meine Begriffe die faszinierendste Erscheinung dieser ersten achtziger Jahre. Sie ist um so eindrucksvoller, weil sie so überaus spontan ist. Sie hat bereits Dimensionen angenommen, die es, denke ich, den jeweiligen Regierungen unmöglich machen, sie zu ignorieren. Sie wird weiter anwachsen, bis etwas getan wird, was ihr entgegenkommt.

Wie jede große, spontane Volksbewegung hat sie ihre zerfasernden Ränder und wird sie behalten müssen, und sie hat auch ihre Gefahren. Sie wird die Aussteiger und die Extremisten an sich ziehen. So mancher von den falschen Leuten wird sich ihr anschließen. Sie wird sich in falsche Richtungen verirren und mit anderen, weniger lohnenden Zielsetzungen durcheinandergeraten. Schon zeigt sie das Bedürfnis nach Führung und nach zentralisierter Organisation.

Aber es ist vergeblich, zu versuchen – wie einige Leute es getan haben –, sie als »kommunistisch gelenkte« Bewegung abzustempeln. Natürlich, Kommunisten drängen sich ins Geschehen. Natürlich beuten sie die Bewegung aus, wo immer sie können. Diese Taktiken sind für sie politische Routine. Tatsächlich aber sehe ich keinerlei Anzeichen dafür, daß der kommunistische Anteil an dieser großen öffentlichen Reaktion von irgendeiner entscheidenden Bedeutung gewesen wäre.

Es ist auch nicht sinnvoll, den gesamten europäischen Flügel dieser Bewegung als den Ausdruck eines vagen und naiven Neutralismus darzustellen. Das gibt es dabei auch, gewiß; aber wo es das gibt, ist es weitgehend eine Reaktion auf unsere negative, aussichtslose Politik des Kalten Krieges, die auf nichts anderes hinauszulaufen scheint als auf endlos wachsende politische Spannungen und Atomgefahren. Es ist nicht überraschend, daß viele Europäer in einer so unfruchtbaren Perspektive keine Lösung sehen und sich nach etwas anderem umschauen, etwas Positivem – einem Hoffnungsstrahl.

Am allerwenigsten ist dieses neutralistische Gefühl unbedingt Ausdruck des feigen Wunsches, sich den normalen Pflichten der nationalen Verteidigung zu entziehen und lieber die sowjetische Autorität anzuerkennen. »Lieber rot als tot« ist ein eingängiger und geschickter Slogan; in Wirklichkeit aber steht niemand in Europa vor einer solchen Wahl oder muß damit rechnen, vor diese Wahl gestellt zu werden. Wenn wir uns bemühen, die Probleme Europas zu verstehen, werden Entstellungen dieser Art uns nicht hilfreich sein. Unsere Regierung wird erkennen müssen, daß es eine große Zahl von Menschen gibt, die die Notwendigkeit einer ausreichenden nationalen Verteidigung einsehen, die aber nachdrücklich bestreiten, daß die Kernwaffe und insbesondere der Ersteinsatz der Kernwaffe ein Mittel ist, mit welchem sich ein Land verteidigen sollte oder könnte.

Nein, diese Bewegung gegen Atomrüstung und Atomkrieg mag zerfasert und wirr und unorganisiert sein, aber ihr Kern sind sehr fundamentale und vernünftige und kraftvolle Motivationen: unter anderem das wachsende Bewußtsein vieler Menschen von den wahren Schrecken des Atomkrieges, ihre Entschlossenheit, einen Holocaust dieser Art nicht das Leben ihrer Kinder oder deren Zivilisation vernichten zu lassen, und schließlich, wie Grenville Clark gesagt hat, eine sehr handfeste Erbitterung gegenüber ihren Regierungen und deren Sturheit und Traditionalismus, mit denen sie den fundamentalen

Unterschied zwischen konventionellen Waffen und Massenvernichtungswaffen ignorieren und Auswege aus der schrecklichen Falle, in die uns die Kernwaffenentwicklung führt, nicht finden, ja nicht einmal ernsthaft suchen.

Solche Überlegungen sind nicht das Echo kommunistischer Propaganda. Sie sind nicht die Produkte eines feigen Neutralismus. Sie sind Ausdruck eines tiefen, instinktiven Festhaltens am – mit Verlaub – nackten Überleben, am Überleben als Personen, als Eltern, als Angehörige einer Zivilisation.

Unsere Regierung wird diese Tatsache nur auf eigene Gefahr ignorieren. Diese Bewegung ist zu machtvoll, zu elementar, zu tief im natürlichen Selbsterhaltungstrieb des Menschen verwurzelt, um einfach vom Tisch gewischt zu werden. Früher oder später – und je früher, desto besser – werden sich alle Regierungen zu beiden Seiten der ost-westlichen Trennungslinie gezwungen sehen, auf die Suche nach anderen, positiven Möglichkeiten zu gehen, die jene unlösbaren Knoten ersetzen, zu denen jede selbstmörderische Waffenart führt und nur führen kann.

Gibt es solche anderen Möglichkeiten?

Natürlich gibt es sie. Man braucht gar nicht weit nach ihnen zu suchen. Ein Anfang könnte mit tiefen Einschnitten bei den strategischen Langstreckenraketen gemacht werden. Es könnte eine vollständige atomare Abrüstung Mittel- und Nordeuropas geben. Atomtests könnten ganz verboten werden. Als allermindestes könnte man sich auf das Einfrieren der bisher aufgebauten phantastischen Arsenale einigen. Nichts davon würde irgend jemandes Sicherheit untergraben.

Von diesen Möglichkeiten ist zweifellos nicht zu erwarten, daß wir im Westen sie ganz allein verwirklichen könnten. Ich spreche nicht von einseitiger Abrüstung. Klar gesagt – zu diesem Spiel gehören zwei – und vielleicht sogar mehr als zwei.

Und auch diese Möglichkeiten wären nur ein Anfang. Sie wären allerdings ein außerordentlich hoffnungsvoller Anfang. Was ich vorschlagen möchte, ist, daß man wenigstens beginnen sollte, sie zu untersuchen, sie mit gutem Willen und Mut und Phantasie zu untersuchen, wovon ich bisher kein Anzeichen entdecken kann bei den Leuten in Washington, die unsere Geschicke in der Hand haben.

Das also müßte nach meiner Meinung getan werden – wird eines Tages getan werden müssen. Aber für dieses Land wird der Wandel nicht einfach sein, auch nicht unter den besten Bedingungen. So etwas läßt sich nicht von heute auf morgen erreichen, indem man es einfach einmal beschließt. Wenn wir diese Dinge anders wollen, dann gehört ein grundlegender und umfassender Wandel unserer vorherrschenden Ansichten in einer Reihe von Punkten dazu und auch eine umfassende Reform unserer gesamten Verteidigungshaltung.

Anfangen müßten wir damit, daß wir die Gültigkeit von zwei ganz fundamentalen Voraussetzungen akzeptieren. Die erste ist, daß in unserem politischen Verhältnis zur Sowjetunion nichts auf dem Spiel steht – keine Hoffnung, keine Angst, nichts, was wir anstreben, nichts, was wir lieber vermeiden würden –, was irgend erdenklich einen Atomkrieg wert wäre. Und die zweite ist, daß keine Form des Kernwaffeneinsatzes im Kampfe denkbar ist, die nicht die Möglichkeit, ja, die prohibitiv hohe Wahrscheinlichkeit der Eskalation zur allgemeinen Atomkatastrophe in sich trüge.

Wenn diese beiden Wahrheiten einmal Eingang in unsere Köpfe gefunden haben, dann werden wir als nächstes die Option aufgeben müssen, an die wir uns dreißig Jahre lang hartnäckig geklammert haben: den Ersteinsatz von Kernwaffen bei militärischen Auseinandersetzungen. Das ergibt sich mit eiserner Logik aus den beiden Voraussetzungen, die ich gerade genannt habe. Der Ersteinsatz dieser Waffen ist seit langem sinnlos geworden, weil die UdSSR zum entsprechenden Ge-

genschlag fähig ist. Das Beharren auf diesem Recht des Ersteinsatzes hat unsere gesamte Atompolitik verfälscht und verdorben, seit diese Waffen erstmals entwickelt wurden. Ich bin überzeugt, daß wir niemals imstande sein werden, in Fragen der nuklearen Abrüstung oder bei dem Problem der nuklearen Proliferation eine konstruktive Führungsrolle zu übernehmen, solange wir diese schädliche und unhaltbare Position nicht aufgeben.

Und wenn sie dann einmal aufgegeben worden *ist*, wird es vermutlich eine weitreichende Reform unserer Streitkräfte geben müssen. Der private Bürger ist natürlich in solchen Fragen nicht voll informiert; auch ich gebe nicht vor, es zu sein. Aber all dem, was öffentlich bekannt wurde, kann man nur entnehmen, daß Ausbildung und Ausrüstung dieser Streitkräfte, von der ihren Operationen zugrunde liegenden Strategie und Taktik gar nicht zu reden, in nahezu jeder Hinsicht von der Annahme ausgegangen sind, daß wir vielleicht mit Kernwaffen kämpfen müssen – ja, vielleicht mit Kernwaffen zu kämpfen wünschen – und durchaus diejenigen sein könnten, die sie in den Kampf einführen.

Das würde vermutlich zum großen Teil geändert werden müssen – nicht alles, aber immerhin vieles. Solange andere solche Waffen behielten, müßten wir sie auch selbst behalten, zum Zwecke der Abschreckung und zum Schutz unseres Volkes und anderer Völker. Aber wir könnten nicht mehr zu irgendwelchen aktiven Zwecken auf sie bauen, auch nicht bei Niederlagen auf einem konventionellen Schlachtfeld; und unsere Streitkräfte müßten dementsprechend ausgebildet und ausgerüstet werden – das heißt also, daß sie uns erfolgreich mit konventionellen Mitteln verteidigen können. Mir persönlich würde das nichts ausmachen. Aber niemand soll meinen, der Wandel wäre leicht zu bewerkstelligen. Hier gibt es ein enormes Beharrungsvermögen, das zu überwinden wäre; und nach meinen Erfahrungen ist das Beharrungsvermögen, einmal etabliert, nirgends so schrecklich wie in den Waffendiensten. Weitreichende Veränderungen mögen auch in Fragen wie Disziplin, Ausbildung und vor allen Dingen Rekrutierungsmethoden für die Mannschaften nötig werden.

Aber es gibt noch etwas anderes, das meiner Meinung nach geändert werden müßte, wenn wir eine Wende herbeiführen und eine konstruktive Haltung einnehmen wollen, und das ist das Bild von der Sowjetunion und ihren Völkern, dem sich unser staatliches Establishment und ein großer Teil unseres journalistischen Establishments in letzter Zeit verschrieben zu haben scheinen.

Ganz besonders in diesem Punkt möchte ich nicht mißverstanden werden. Ich habe keine und hatte nie irgendwelche Sympathien für die Ideologie der Sowjetführung. Ich weiß, daß dies ein Regime ist, zu dem voll befriedigende Beziehungen zu haben für uns unmöglich ist. Ich weiß, daß in vielen wichtigen Punkten zwischen uns keine Zusammenarbeit möglich ist, ebenso wie es andere Fragen gibt, in denen wir zusammenarbeiten können. Es gibt eine Reihe sowjetischer Sitten und Methoden, die ich tief bedauere und denen wir, meine ich, entschlossenen Widerstand entgegensetzen sollten, wenn sie gegen unsere Interessen verstoßen. Ich weiß auch, daß die Sowjetführung nicht immer zu ihrem eigenen Besten handelt – daß sie imstande ist, Fehler zu machen, und daß Afghanistan einer dieser Fehler ist, ein Fehler, den sie noch bedauern wird, unabhängig davon, was wir ihr zur Strafe antun mögen.

Schließlich: Mir ist bewußt, daß sich die sowjetisch-amerikanischen Beziehungen in letzter Zeit drastisch und sehr ernsthaft verschlechtert haben und daß sich diese Entwicklung durch jede Verschlechterung der Lage in Polen durchaus weiter verschärfen könnte. Diese verschärften Beziehungen sind ein eigenständiges Faktum, ein Faktum, das nicht leicht zu korrigieren sein wird; denn es hat auf beiden Seiten neue Bitterkeiten und neuen Argwohn hervorgerufen. Daß das Denken und die Gespräche über die sowjetisch-amerikanischen Beziehungen in der heutigen Atmosphäre Washingtons und in einem guten Teil unserer Presse fast ausschließlich in militärischen Bahnen verlaufen – eine Militarisierung, die, so scheint es mir manchmal, nicht anders aussehen könnte, wenn wir genau wüßten, daß wir uns innerhalb von Monaten mit der Sowjetunion im Krieg befinden würden –, ist für sich genommen schon ein gefährlicher Zustand, der sich nicht ohne weiteres korrigieren lassen wird. Ich glaube also nicht, daß ich das Problem in seiner ganzen Tragweite unterschätze.

All das vorausgeschickt, muß ich aber nun sagen: Ich finde die Vorstellung von der Sowjetunion, die heute in großen Teilen unseres staatlichen und journalistischen Establishments vorherrscht, so extrem, so subjektiv, so weit entfernt von dem, was jede nüchterne Untersuchung der außenpolitischen Realität enthüllen würde, daß sie als Leitfaden des politischen Handelns nicht nur untauglich, sondern gefährlich ist.

Diese endlose Kette von Entstellungen und unzulässigen Vereinfachungen; diese systematische Entmenschlichung der Führung eines anderen großen Landes; diese gewohnheitsmäßige Übertreibung der militärischen Kapazitäten Moskaus und der vermuteten Bösartigkeit sowjetischer Absichten; diese monotone Entstellung des Wesens und der Denkungsart eines anderen großen Volkes – eines leiderprobten Volkes zudem, schwer geprüft von den Wechselfällen des vergangenen Jahrhunderts –, dieses Übergehen seines Stolzes, seiner Hoffnungen, ja, auch seiner Illusionen (denn es hat seine Illusionen, so wie wir unsere haben; und auch Illusionen verdienen Respekt); diese hemmungslose Doppelmoral bei der Beurteilung des sowjetischen Verhaltens und unseres eigenen; schließlich diese Unfähigkeit, zu erkennen, daß viele seiner Probleme auch unsere sind, da beide Völker sich unaufhaltsam ins technologische Zeitalter fortbewegen, und die dazugehörige Tendenz, das Verhältnis ganz aus der Sicht eines angeblich totalen und unversöhnlichen Widerspruchs unserer Sorgen und Ziele zu beurteilen: Dies, glauben Sie mir, sind nicht Kennzeichen einer Reife und Urteilskraft, die man von der Diplomatie einer Großmacht erwartet; dies sind Kennzeichen einer intellektuellen Primitivität und Naivität, die für einen großen Staat unverzeihlich sind. Ich benutze das Wort Naivität, weil es nicht nur eine Naivität der Unschuld, sondern auch eine Naivität des Zynismus und Mißtrauens gibt.

Und wir werden so lange nicht imstande sein, auf dem Felde der militärischen und nuklearen Rivalität die gebotene Wende herbeizuführen, bis wir gelernt haben, diese kindischen Verdrehungen richtigzustellen – bis wir unsere Neigung korrigieren, die Sowjetunion nur für einen Spiegel zu halten, in den wir hineinsehen, um den Widerschein unserer eigenen Vortrefflichkeit zu erblicken – bis wir uns bereitfinden, dort ein anderes großes Volk zu sehen, eins der größten der Welt, in seiner ganzen Vielfalt und Unterschiedlichkeit, mit Gut und Böse, ein Volk, dessen Leben, dessen Ansichten, dessen Gewohnheiten, dessen Ängste und Hoffnungen, Erfolge und Mißerfolge genau wie die unseren nicht irgendeiner angeborenen Schändlichkeit entspringen, sondern Ergebnis der gnadenlosen Schule der Geschichte, der Tradition und der nationalen Erfahrung sind. Vor allen Dingen müssen wir lernen, in dem Benehmen der Führung jenes Landes zum Teil den Reflex auf die Behandlung zu sehen, die wir selbst dem Lande angedeihen lassen. Wenn wir dabei bleiben, diese Sowjetführer zu dämonisieren – sie absolut und unkorrigierbar als Feinde zu sehen, nur von ihrer Angst oder ihrem Haß auf uns besessen und nichts anderem als unserer Vernichtung geweiht –, dann werden wir sie am Ende mit Sicherheit genau so haben, und sei es aus keinem anderen Grunde als dem, daß unsere Vorstellung von ihnen gar nichts anderes zuläßt, weder für sie noch für uns.

Das also sind die Veränderungen, die wir vorzunehmen haben werden – die Veränderungen in unserer Konzeption vom Verhältnis der Atomrüstung zur nationalen Verteidigung, Veränderungen in der Struktur, der Ausbildung und dem Geist unserer Streitkräfte, Veränderungen unseres Bildes von dem fernen Lande, das unsere Militärplaner uns zum unvermeidlichen und unveränderlichen Feind erwählt zu haben scheinen, wenn wir hoffen, den furchtbaren Marsch in den letzten nuklearen Feuersturm noch umzukehren. Und es ist dringlich, daß wir diese Veränderungen auf den Weg bringen. Die Zeit bleibt für uns nicht stehen. Das zerbrechliche atomare Gleichgewicht, das in den letzten Jahren herrschte, wird rapide ausgehöhlt – nicht so sehr durch die stetige Aufstokkung der nuklearen Arsenale auf beiden Seiten (denn sie stellen schon jetzt nichts anderes dar als aberwitzige Ansammlungen von Overkill), sondern vielmehr durch technologische Fortschritte, die die Kontrollierbarkeit der jeweiligen Kapazitäten zu beseitigen und die Befürchtungen, die Versuchungen, die Zwänge einer »Erstschlagsmentalität« zu stimulieren drohen. Wir kommen dem heute schon sehr nahe.

Aber es ist auch noch aus einem anderen Grunde wichtig, daß wir mit diesen Veränderungen vorankommen. Denn über dies alles hinaus, hinter dem Schatten des Atoms und seinen Schrecken, stehen andere Probleme – gewaltige Probleme –, die beinahe genauso drängend unsere Beachtung verlangen. Da sind die großen Umweltprobleme, die jetzt über uns hereinzubrechen beginnen: die Frage, was wir den Weltmeeren mit unserem Schmutz antun, die Frage des Treibhaus-Effekts, des sauren Regens, die Frage, was aus dem Ackerboden und den Wasservorräten dieses Landes und anderer Länder wird. Und da sind die profunden geistigen Probleme, die der Unüberschaubarkeit und Unnatürlichkeit der modernen städtisch-industriellen Gesellschaft entspringen – Probleme, vor denen die Russen ebenso stehen wie wir und auf die weder sie noch wir bis jetzt besonders gute Antworten wissen. Auf Schritt und Tritt sieht man die Zeichen unseres gemeinsamen Versagens. Man sieht sie im Zynismus, in der Apathie, in der Trunksucht so vieler sowjetischer Bürger. Man sieht sie in der Kriminalität, dem Drogenmißbrauch, dem allgemeinen Niedergang und Verfall unserer städtischen Zentren. Bis zu einem gewissen Grade – nicht völlig, aber weitgehend – haben diese Mängel ihren Ursprung in Erfahrungen, die beiden Völkern gemeinsam sind.

Und auch diese Probleme werden nicht warten. Wenn wir nicht beide bald besser mit ihnen fertig werden als bisher, dann wird uns nicht einmal das Bannen der atomaren Gefahr sehr viel nützen.

Können wir nicht endlich unsere Voreingenommenheit für pure Zerstörung ablegen – eine Voreingenommenheit, die uns unseren Wohlstand kostet und die materiellen Mittel bindet, die der Lösung unserer großen sozialen Probleme, dem Fortschritt unserer jeweiligen Gesellschaft dienen sollten? Ist es uns wirklich unmöglich, diesen Wahnsinn der blinden militärischen Rivalität abzuschütteln und uns endlich, in aller Demut und in allem Ernst, daranzumachen, unsere Gesellschaften wieder in Ordnung zu bringen?

Denn diese ganze Atomkriegsbesessenheit ist eine Krankheit. Sie ist morbid im Extrem. Es liegt keine Hoffnung darin – nur Entsetzen. Sie ist nur als eine Form der unterbewußten Verzweiflung zu verstehen – eine Art von Todessehnsucht, eine Bereitschaft zum Selbstmord aus Angst vor dem Tode; ein Geisteszustand, der nur mit der Unfähigkeit zu erklären ist, den normalen Gefahren und Wechselfällen des menschlichen Daseins ins Gesicht zu sehen; ein Mangel an Vertrauen oder besser: ein Mangel an eben der Kraft, die nötig ist, um Vertrauen zu haben, wie zahllose Generationen vor uns es hatten.

Ich weigere mich zu glauben, daß dies der Zustand der

Mehrheit unseres Volkes ist. Bestimmt gibt es unter uns, wenigstens bei der Mehrheit von uns, genügend gesunden Geist, genug Bejahung des Lebens mit all seinen Freuden und Aufregungen und all seinen Gefahren und Ungewißheiten, um diese morbide Besessenheit abzustreifen, um sie als Krankheit, die sie ist, zu erkennen und abzulegen, um uns den wahren Herausforderungen und Möglichkeiten zuzuwenden, die jenseits sichtbar werden, und um uns so das Vertrauen in uns selbst wiederzugeben und die Hoffnung für die Zukunft der Zivilisation, der wir alle angehören.

16 Ansichten eines Christen zum Wettrüsten

Die öffentliche Diskussion über die Probleme der Atomrüstung, die in diesem Lande jetzt stattfindet, wird, denke ich, in die Geschichte eingehen (sofern freilich diese Geschichte überhaupt weitergeht und nicht selbst der Sorte von Rüstung, über die wir reden, zum Opfer fällt) als die bedeutendste, die eine demokratische Gesellschaft je geführt hat.

Ich selbst habe mich von Zeit zu Zeit an dieser Diskussion beteiligt, immer, wenn ich meinte, es könnte nützlich sein; aber wenn ich es tat, habe ich in der Regel nur in meiner Eigenschaft als Bürger gesprochen, der sich an andere Bürger wendet; und da diese anderen Bürger nicht alle Christen waren, fand ich, ich könnte nicht unmittelbar an christliche Werte appellieren. Statt dessen habe ich mich bemüht, nur solche Werte anzusprechen, die, wie mir schien, die Qualität allgemein akzeptierter Ideale unserer Gesamtgesellschaft angenommen hatten.

In diesem Aufsatz möchte ich einige dieser selben Probleme etwas strenger aus der Sicht des Christen ansprechen. Ich tue das mit einigem Widerstreben, denn ich halte mich zwar für einen Christen in der unvollkommenen Weise wie so viele andere auch, aber ich bin gewiß kein besserer Christ als Millionen andere; und ich kann auf dem Felde der christlichen Theologie keinerlei Gelehrsamkeit für mich beanspruchen. Wenn ich mir also vornehme, die Probleme der Atomrüstung vom christlichen Standpunkt aus zu betrachten, dann ist mir bewußt, daß es in diesem Falle, theologisch gesehen, ein primitiver Standpunkt ist, und das setzt seinem Wert Grenzen. Allerdings müssen ja sehr viele von uns das Problem auf diese Weise betrachten; und wenn man der primitiven Malerei einen gewissen ästhetischen Wert zubilligt, kann man vielleicht den Ansichten eines Laien über die Bezüge der Atomrüstung zu seinem Glauben ebensolche Schonung gewähren.

I

Die sogenannte Kernwaffe kann man, so glaube ich, auf zweierlei Art betrachten. Einmal kann man sie einfach als eine weitere Waffe sehen, eine Waffe wie andere auch, nur zerstörerischer. So wird sie im allgemeinen, fürchte ich, von unseren Militärs und von vielen anderen gesehen. Ich persönlich sehe sie nicht so. Eine Waffe ist ein Ding, das einem rationalen Zweck dienen soll – einem scheußlichen Zweck in der Regel, aber doch einem Zweck, der sich auf ein ernsthaftes Ziel staatlicher Politik bezieht, ein Zweck, der den Interessen der Gesellschaft, welche die Waffe anwendet, dienlich sein soll. Die Atomwaffe dürfte dieser Definition nicht entsprechen.

Aber die Leute, die sie so sehen, möchte ich darauf hinweisen, daß diese Waffe, wenn man sie als eine Waffe wie andere auch betrachtet, dann denselben Beschränkungen unterworfen sein muß – denselben Regeln der Kriegführung –, die mit dem Völkerrecht und internationalen Verträgen auf andere Formen der Bewaffnung anzuwenden sein sollen. Eine davon war die Definition, der Einsatz von Waffen sei so zu planen, daß er für Nichtkombattanten und für die gesamte Infrastruktur des zivilen Lebens das absolute Minimum an Härten mit sich brächte. Gegen diesen Grundsatz ist natürlich im Zweiten Weltkrieg in höchst gravierender Weise verstoßen worden; und deshalb, so scheinen unsere Atomstrategen anzunehmen, ist das nun durch Präzedenzfall sanktioniert und legitimiert.

Tatsache aber ist, daß diese Definition weiterhin auf dem

Papier steht, sowohl im Kriegsrecht als auch in internationalen Verträgen, denen wir beigetreten sind; und daran ändert sich auch nichts dadurch, daß wir selber sie vor dreißig oder vierzig Jahren bewußt verletzt haben. Und wäre sie nicht in dieser Weise durch Recht und Vertrag vorgeschrieben, dann müßte sie, so meine ich, vom christlichen Gewissen vorgeschrieben werden. Denn das Mittel des Krieges ist auch unter den denkbar besten Bedingungen vom christlichen Standpunkt her fragwürdig genug; und wer es als gläubiger Christ auf sein Gewissen nimmt, den Befehl zu solchem Gemetzel zu geben (und ich sage nicht, daß es niemals Situationen gäbe, in denen das als das kleinere von zwei Übeln erscheint), wer das tut, ist es seiner religiösen Verpflichtung schuldig, sicherzustellen, daß die Leiden, die durch die militärischen Operationen über unschuldige und wehrlose Menschen gebracht werden, sich auf das absolute Minimum beschränken – und das, wenn nötig, sogar auf Kosten des militärischen Sieges. Denn Sieg, auch der scheinbar beste, ist selbst ein fragwürdiger Begriff. Ich kann mir kein Urteil über Staatskunst in der modernen Zeit denken, bei dem wir größere Fehler gemacht hätten, bei dem das Verhältnis zwischen Plänen und Ergebnissen lächerlicher gewesen wäre als bei den Urteilen über angeblichen Siegesruhm und über die angeblichen Schrecken der Niederlage. Sieg, das haben die Folgen der letzten Kriege uns gelehrt, ist kurzlebig; aber die Tötung auch nur eines einzigen unschuldigen Kindes ist etwas Unabänderliches, eine Realität, die nie wieder auszulöschen ist.

Nun verstößt die Atomwaffe gegen dieses Prinzip wie keine Waffe je zuvor. Andere Waffen können durch Unfall oder Nachlässigkeit oder gefühllose Gleichgültigkeit Nichtkombattanten Schaden zufügen; aber sie tun es nicht zwangsläufig immer. Die Atomwaffe kann gar nicht anders, und sie tut es ganz massiv auch dort, wo die Leute am Auslöser das gar nicht beabsichtigen.

Noch schlimmer natürlich und meiner Meinung nach aus christlicher Sicht gänzlich unannehmbar ist es, daß man unschuldige Menschen als Geiseln gegen die Politik ihrer Regierungen nimmt und bereit ist oder droht, ihren Regierungen zur Strafe sie zu bestrafen. Wie viele Male – wie viele Male nur in diesen letzten Jahren – haben wir doch diese Möglichkeit in den Erwägungen jener Leute aufleuchten sehen, die mit dem möglichen Einsatz von Atomwaffen spekulieren und kalkulieren? Wie viele Male mußten wir uns diese schrecklichen Euphemismen anhören, wie viele Städte oder Industrieobjekte wir »nehmen« könnten, wenn ein Staat nicht täte, was wir von ihm wollten – so als ginge es hier um die säuberliche Entfernung eines leblosen Gegenstands, wie man jemandem auf dem Schachbrett einen Bauern wegnimmt, und nicht aller Wahrscheinlichkeit nach um die Tötung und Verstümmelung unschuldiger Menschen in einem nie gekannten Ausmaß (es sei denn in dem Holocaust jüngsten, beklagenswerten Angedenkens)?

II

Bis hierher habe ich nur von den Eigenschaften der Atomwaffe gesprochen, die gegen die hergebrachten Beschränkungen verstoßen, wie sie eigentlich auch der konventionellen Kriegführung auferlegt sind. Aber diese Frage hat noch eine andere Dimension, die weit über alles bisher Erdenkliche hinausreicht; und das ist natürlich die mögliche, wenn nicht wahrscheinliche Wirkung eines Atomkrieges auf die Zukunft der ganzen Zivilisation – und in gewissem Sinne auch auf ihre Vergangenheit. Vor kurzem erst ist überzeugend dargelegt worden (nicht zuletzt in Jonathan Schells beeindruckendem Buch *Das Schicksal der Erde*, 1982), daß ein Großeinsatz von Atomwaffen nicht nur dem Leben vieler Millionen heute lebender Menschen ein Ende bereiten, sondern auch aller Wahrscheinlichkeit nach in der Natur der nördlichen Hemisphäre und möglicherweise des ganzen Erdballs so entsetzlichen Schaden anrichten würde, daß er die Fähigkeit der natürlichen Umwelt, das zivilisierte Leben zu erhalten, vernichten und damit der Vergangenheit der Menschheit wie ihrer Zukunft ein Ende setzen würde.

Selbstverständlich, nur Wissenschaftler sind qualifiziert, über solche Dinge abschließend zu urteilen. Aber wir Nichtwissenschaftler haben sicherlich die moralische Pflicht, nicht nur die gewissen und voraussehbaren Wirkungen unseres Tuns, sondern auch die möglichen und wahrscheinlichen zu bedenken. Von daher ist es mir unmöglich, mich der These Schells zu versagen, daß wir schon heute mit unserem Herumspielen an der Atomwaffe die gesamte Zivilisation, der wir angehören, aufs Spiel setzen.

Denken wir einen Augenblick darüber nach, was das bedeutet. Wenn wir diese Waffen zu kriegerischen Zwecken anwenden oder wenn sie in nennenswertem Umfang durch Zufall oder Mißverständnis zur Explosion kommen sollten, könnten wir nicht nur der Zivilisation, wie wir sie kennen, ein Ende bereiten, sondern auch dem Gesamtergebnis aller menschlichen Bemühungen um die Entwicklung des zivilisierten Lebens – jenem Ergebnis, dessen Nutznießer wir sind und ohne das unser eigenes Leben keinen Sinn hätte: die Städte, die Kunst, die Bildung, die Beherrschung der Natur, die Philosophie – alles. Und wir würden nicht nur die Vergangenheit der Zivilisation vernichten; wir würden im selben Atemzug zahllose noch ungeborene Generationen verleugnen, würden ihnen in unserer grenzenlosen Dünkelhaftigkeit und Selbstsucht das Privileg vorenthalten, ein Leben auf dieser Erde zu führen – das Privileg, das wir selbst ohne Zögern und gierig genutzt haben, als wenn es etwas wäre, das man uns schuldig sei, ein selbstverständliches Recht, das denen, die nach uns kommen, gewährt oder verweigert werden kann – gewährt oder verweigert, je nachdem, wie es uns nach unserem allerhöchsten Belieben gerade passen mag.

Wie kann ein Mensch, der die Autorität der Lehren und des Vorbilds Christi anerkennt, hierfür auch nur als einfacher Bürger den mindesten Teil an Verantwortung übernehmen – nicht dafür, daß es getan wird, sondern schon dafür, daß die Gefahr heraufbeschworen wird, es könnte getan werden? Diese Zivilisation, von der wir reden, ist nicht das alleinige Eigentum unserer Generation. Wir sind nicht ihre Besitzer; wir sind nur die Verwalter. Sie ist etwas unendlich viel Größeres und Wichtigeres als wir. Sie ist das Ganze; wir sind nur ein Teil. Sie ist nicht unsere Leistung; sie ist die Leistung anderer vor uns. Wir haben sie nicht geschaffen; und sie wurde uns mit der stillschweigenden Verpflichtung anvertraut, sie zu hegen, zu bewahren, zu entwickeln, sie weiterzugeben – hoffentlich verbessert, auf jeden Fall aber intakt – an die anderen, die eigentlich nach uns kommen sollen.

Und das ist, so meine ich, mehr als bloß eine weltliche Verpflichtung. Die großen geistigen und intellektuellen Leistungen der westlichen Zivilisation: die Kunst (einschließlich der unermeßlichen christlichen Kunst), die Architektur, die Kathedralen, die Dichtung, die Literatur – diese Dinge wären weitgehend undenkbar ohne den Glauben und die Vision, die sie inspirierten, ohne die geistige und intellektuelle Disziplin, die ihre Vollendung ermöglichte. Auch wo sie nicht aus dem bewußt erfahrenen Glauben entstanden, kann man sie anders sehen denn als Werke des göttlichen Geistes – des Geistes der Schönheit, der Erhebung, der Barmherzigkeit und Harmonie –, des Geistes in allem, was dem Gemeinen, Häßlichen, Zynischen und Grausamen entgegengesetzt ist?

Müssen wir nicht annehmen, daß das ganze menschliche Sein, aus dem dies alles entstanden ist – unser eigener Charakter, das Wesen der natürlichen Welt, die uns umgibt, das Mysterium der Generationenfolge, die uns geformt hat, mit anderen Worten: der Gesamtrahmen der Umwelt, in der das Experiment Mensch sich entfaltet hat –, müssen wir nicht annehmen, daß eben dieser Rahmen von Gott zur Entfaltung des Menschen bestimmt war, daß uns dieses Haus zum Leben bestimmt war, daß diese Bühne dem menschlichen Drama, unserem Streben aus Wildheit und Barbarei hinauf zu etwas Höherem, zum Schauplatz bestimmt war? Wer also sind wir denn, wir, die Schauspieler, daß wir die Verantwortung für die Zerstörung dieser Bühne oder auch nur für das Risiko ihrer Zerstörung auf uns nehmen? Diese Zivilisation, die wir so bereitwillig aufs Spiel setzen, umfaßt auch das, was unsere Eltern und Großeltern dazu beigetragen haben, Menschen, an die wir uns erinnern. Was sie beitrugen, war in vielen Fällen bescheiden, aber sie haben es sich mit Not und Opfern abgerungen, und alles, das Bescheidene und das Bedeutungsvolle, ist vor Gott gleich. Diese Beiträge entstanden nicht nur aus den Anstrengungen unserer Eltern, sondern auch aus ihren Hoffnungen und aus ihrem Glauben. Wo ist Raum für diese Anstrengungen, diese Hoffnungen, diesen Glauben in der morbiden Lehre der gegenseitigen Zerstörung, die in unserem Lande so viele offizielle und private Anhänger hat? Was wird in dem irren Durcheinander von Berechnungen, wie man wo zuschlagen müßte, wie viele Millionen wohl übrigblieben, wie man hoffen könnte, die eigene armselige Haut zu retten, indem man Löcher in die Erde gräbt und so vielleicht überleben wird in eine Welt, in der zu leben nicht lohnt – was wird bei alledem aus den Hoffnungen und den Werken unserer Eltern? Wo ist hier Platz für das biblische Gebot »Du sollst Vater und Mutter ehren« – Vater und Mutter, die für uns nicht nur lebendige Erinnerungen sind, sondern Symbol aller Vergangenheit, aus der auch sie hervorgegangen sind und ohne die auch ihr Leben keinen Sinn gehabt hätte?

Ich kann mir nicht helfen. Ich hoffe, ich bin nicht ungerecht oder lieblos. Aber für mich ist auf dem Hintergrund dieser Gedankengänge die Bereitschaft, Kernwaffen gegen andere Menschen einzusetzen – gegen Menschen, die wir nicht kennen, die wir nie gesehen haben und deren Schuld oder Unschuld wir nicht ermessen können – und damit das natürliche Gefüge, auf welchem alle Zivilisation ruht, in Gefahr zu bringen, so als wären die Sicherheit und die vermeintlichen Interessen unserer Generation wichtiger als alles, was je in der Zivilisation stattgefunden hat oder noch stattfinden könnte: Für mich ist das nichts anderes als Anmaßung, als Blasphemie, als Beschimpfung – eine Beschimpfung ungeheuerlichen Ausmaßes, gerichtet gegen Gott!

Quellenverzeichnis

1 Aus George F. Kennan, *The Realities of American Foreign Policy*, 1954 (Princeton University Press), S. 84–85; und George F. Kennan, *Russia, The Atom and The West*, 1958 (Harper & Row), S. 55–60.
2 »The United States and the Soviet Union, 1917–1976«, *Foreign Affairs*, Juli 1976.
3 »Is Detente Worth Saving?«, *Saturday Review*, 6. 3. 1976.
4 Auszüge aus Interviews zwischen Eric Sevareid und George F. Kennan, CBS 9/7/75, S. 81–82 des Transkripts; *Encounter*, 9/76, S. 4–5; »A Current Assessment of Soviet-American Relationships«, *Encounter*, 3/1978, S. 8, 10–11.
5/6 George F. Kennan, *The Cloud of Danger*, 1977 (Little Brown and Co.), S. 173–227.
7 »Perceptions: Relations Between the United States and the Sovjet Union«, Superintendent of Documents, U. S. Government Printing Office, 1978, S. 335.
8 Festvortrag während des Zweiten Weltkongresses für Sowjet- und Osteuropastudien in Garmisch, 1. 10. 1980.
9 *New York Times*, 18. 2. 1981.
10 »Two Views of the Soviet Union«, *The New Yorker*, 2. 11. 1981. (Rede vor dem PEN-Club in Oslo am 14. 8. 1981).
11 *New York Times*, 1. 2. 1980 (abgedruckt im Bulletin of the American Committee on East-West Accord, April 1980).
12 Rede anläßlich der Verleihung des Albert-Einstein-Friedenspreises am 19. 5. 1981.
13 Rede vor der New York Association of Grantmakers am 14. 10. 1981.
14 *The New York Times*, 5./6. 1. 1982.
15 *The New York Review of Books*, 21. 1. 1982.
16 Vortrag am Princeton Theological Seminar, 27. 4. 1982.

KiWi

6
Joseph Roth
Hiob

»Dieses Leben eines alltäglichen Menschen ergreift uns, als schriebe einer von unserem Leben, unseren Sehnsüchten, unseren Kämpfen. Ein großes und erschütterndes Buch, dem sich niemand entziehen kann.« Ernst Toller
224 Seiten. DM 9,80

7
Isaac Asimov
Die schwarzen Löcher

Asimov, als Sachbuch- und Science Fiction-Autor ein hervorragender Kenner der astronomischen Forschung, schreibt die Geschichte der Schwarzen Löcher, die gleichzeitig die Geschichte der Sterne ist. 224 Seiten. DM 14,80

8/9
Kate Millett
Fliegen – Flying

FLYING, neben SITA Kate Milletts persönlichstes Buch, ist eine sehr genaue Beschreibung der ersten Jahre der Frauenbewegung und zugleich ein Stück Autobiographie einer ihrer aktivsten führenden Figuren. 780 Seiten. 2 Bände à DM 14,80

10
Heinrich Böll
Haus ohne Hüter

Heinrich Bölls Roman HAUS OHNE HÜTER ist ein lebendiges Stück Nachkriegsgeschichte, zugleich eines der gelungensten und wichtigsten Bücher der deutschen Literatur nach dem Krieg. Zwei Kinder, beide vaterlos, erzählen ihre Geschichte aus wechselnden Perspektiven. 336 Seiten. DM 9,80

11
Charles Bukowski
Der Mann mit der Ledertasche

Den »besten Dichter Amerikas« haben Sartre und Genet den in Deutschland geborenen Charles Bukowski genannt. Mit Witz und ironischer Schlagkraft erzählt er hier die Geschichte seiner Erfahrungen als Briefträger. 176 Seiten. DM 9,80

12
Ronald D. Laing
Liebst du mich?

Etwas von diesem Manöver aus Taktik und Emotion steckt in jeder menschlichen Beziehung. Wer sich Laings »Liebesgedichten« stellt, erfährt eine Menge über sich selbst und die anderen.
144 Seiten. DM 8,80

13
Gabriel García Márquez
Bericht eines Schiffbrüchigen

Auf der Fahrt von den USA nach Kolumbien gehen bei einem Sturm mehrere Matrosen über Bord eines Kriegsschiffes. Nur einem gelingt es, ein Rettungsfloß zu erreichen. Voller Spannung und Schaudern durchlebt der Leser mit dem Schiffbrüchigen zehn Tage auf diesem Floß. 176 Seiten. DM 10,80

14
Manfred Coppik/Jürgen Roth
Am Tor zur Hölle

Dieses Buch zur Kriegsdiskussion überrascht und schokkiert durch Mitteilungen, die der Bevölkerung und nichteingeweihten Politikern bisher vorenthalten wurden. Zum ersten Mal wird der Atomkrieg hier in seiner ganzen Grausamkeit anschaulich durch sogenannte »Szenarien«, die über die Auswirkungen eines Atomkriegs in Europa und den USA ins Bild setzen. Das Material dazu stammt aus amerikanischen Archiven; es ist der deutschen Öffentlichkeit noch völlig unbekannt.
Ca. 320 Seiten. DM 12,80

15
Boris und Lena Nikitin
Vom ersten Lebensjahr bis zur Schule

Das Buch des russischen Elternpaares Boris und Lena Nikitin DIE NIKITIN-KINDER.
EIN MODELL FRÜHKINDLICHER ERZIEHUNG hat bei Eltern und Erziehern ein ungewöhnliches Interesse gefunden. VOM ERSTEN LEBENSJAHR BIS ZUR SCHULE ist ein Teil des Buches DIE NIKITIN-KINDER, der jetzt von den Autoren um wesentliche Informationen (die Behandlung von Krankheiten ohne Medikamente, Ernährungsfragen, die Einrichtung des Nikitinschen Sportzimmers u. a.) erweitert wurde.
144 Seiten. DM 9,80

16
J. D. Salinger
Der Fänger im Roggen

»Worauf aber begründet sich der Ruhm J. D. Salingers? Seit Hemingway und Fitzgerald gibt es in der amerikanischen Prosa keinen Erzähler, der jede Distanz zwischen Leser und Autor aufgehoben zu haben scheint – außer Salinger«.
Helmut M. Braem in »Stuttgarter Zeitung«

272 Seiten. DM 8,80

17
Günter Wallraff
Zeugen der Anklage

Nach Günter Wallraffs Bestseller DER AUFMACHER erscheint jetzt auch sein Folgeband ZEUGEN DER ANKLAGE in der Reihe KIWI. Diese beiden Bücher, die die Macht-Struktur und die journalistische Praxis eines unserer größten und einflußreichsten Medienkonzerne enthüllen, haben bisher über eine Million Käufer gefunden. Wallraffs Appell, daß journalistische Auswüchse ein Mißbrauch der Pressefreiheit sind, ist von einer großen Öffentlichkeit richtig verstanden worden.

18
George F. Kennan
Im Schatten der Atombombe

Kennan analysiert die Entwicklung der amerikanisch-sowjetischen Beziehungen von ihren Anfängen bis heute. Zugleich macht er deutlich, daß sich die derzeitige Weltsituation in einer sehr gefährlichen Phase befindet. Wenn die Abrüstungsbemühungen scheitern, rückt der Wahnsinn ihres Atomkrieges in bedrohliche Nähe.
Friedenspreis des Deutschen Buchhandels 1982.

Ca. 300 Seiten. DM 14,80